神田 昌典　│　衣田 順一
Masanori Kanda　　Junichi Kinuta

売れる
コピーライティング
単語帖

The Perfect Word & Phrase Book for Copywriters

探しているフレーズが必ず見つかる　言葉のアイデア2000

SB Creative

ご質問の前の注意点

小社Webサイトで「正誤表」をご確認ください。最新の正誤情報を下記のWebページに記載しております。

本書のサポートページ https://isbn2.sbcr.jp/03076/

・ご質問はメール、または郵便など、必ず文書にてお願いいたします。お電話では承っておりません。
　Web　上記ページ内の「サポート情報」にある「この商品に関するお問い合わせはこちら」のリンクからお
　　　　願いいたします。
　郵送　〒106-0032 東京都港区六本木2-4-5 SBクリエイティブ読者サポート係　まで

・ご質問は本書の記述に関することのみとさせていただいております。従いまして、○○ページ○○行目とい
　うように記述箇所をはっきりとお書き添えください。記述箇所が明記されていないと、ご質問を承れないこ
　とがございます。
・ご返信は数日、ないしはそれ以上かかる場合がございます。ご了承ください。

●出典として、著者神（神）田昌典の過去の単著については、出版社のみの表記となっております。
●出典として、企業名あるいは商品名を表記しています。また、ウェブメディアの引用は掲載の年および月の表記をしています。
●本文中の商品名などは、一般に各社の登録商標または商標です。
●本文中では、TM、®マークは明記しておりません。

©2020 Masanori Kanda, Junichi Kinuta
本書の内容は著作権法上の保護を受けています。著作権者、出版権者の文章による許諾を得ずに、本書の一部または全部を無断で複写、複製、
転載することは禁じられています。

どんな文書を制作していても、
書く手が止まったときに、いつでも開いてください

そこにある言葉を選んで使えば、
またスムーズに、思考が流れはじめます

神田昌典

「ペンは、剣より強し」——

それを、読者のあなたと共に証明していくことが、本書の目的である。

コピーライティングは、売れないという自信のなさを、どんなものでも売れるという圧倒的な自信に変える技術だ。それだけでなく、ありとあらゆる社会問題さえも解決できると思っている。

しかし社会問題より、まずは目の前の、金欠問題を解決したい。

忙しいビジネスパーソンたちが、日々、数値目標をうるさく管理され、優先順位に追われているのは、痛いほど承知している。そこで、

あなたに仕事で実績を上げていただくために、コピーライティングの理屈を、時間をかけて学んでもらうよりも、

本書をパソコンの傍らに用意すれば、
すぐに手を動かし始められるように体裁を工夫した。

著者の私たちが目指したのは、成果を上げるコピーライティング技術を解説する本を手渡すのではなく、むしろ、こんな世界——

すなわち……、言葉と数値に20年以上向かい合ってきた、著者の神田昌典と衣田順一が、あなたの書く手が止まったとき即座に、必要な言葉を選べるようサポートする本である。

「ベテランが傍らにいるかのようなノウハウ書を目指した」とは、ちょいと大げさな表現だと思っただろうが、そこには嘘がない。なぜなら、そのような本は、誰よりも私たちが、切実に必要としているからだ。

文章指導を繰り返し、繰り返し行っている私たちにとってみれば、そのような単語集を一度、編纂してしまえば…、膨大な時間を節約できる。しかも、その単語集を、私どものクライアントの担当者に渡してしまえば、今、目の前にある商品・サービスをなんら変えることなく、売上結果として現れるのだから、私たちが実績をあげるうえで、非常に好都合なのだ。

営業職から大統領まで、誰でも「稼ぐ言葉の技術」が必要な時代

この本は、数値目標の達成に追われる、マーケティングや営業職、ライターのためだけの本ではない。

世界的ベストセラー作家の、ダニエル・ピンク氏の調査によれば、「他人を説得し、影響を与え、納得させること」という広義のセールスに、職種を問わず、仕事時間の40％がとられており、しかも年齢が高くなるほど、その重要性は増している。つまり自分自身がセールスという仕事に関わっていると自覚していない人たちも、言葉の力の使い方をマスターすることは、仕事で成功を収めるうえで、もはや誰にとっても不可欠になっているのだ。

そして、今や政治分野でも、コピーライティング技術は、選挙戦の決定打を握る

ほどになっている。2008年の大統領選で、オバマ陣営は、ウェブサイト上の申込ボタンのコピーを「Sign Up（登録する）」から「Learn More（もっと情報を知る）」に変えることで、18%多くの購読者を獲得した。また2016年の米国大統領選で、トランプ陣営は得票数の確保に効果の高い言葉を見極めるため、56,000パターンもの広告テストを行っていた。

人を動かす言葉は、通信販売ビジネス分野で蓄積してきた、約100年におよぶ広告テストの実証結果にもとづいていて、その効果測定が、デジタル革命によって精緻化されたことで、飛躍的に成否がコントロールしやすくなった。

デジタル変革の時代に、誰でも擦れる「魔法のランプ」があるとするなら、それは、すでに私たちが日常で使っている言葉の力を、最大限に引き出すコピーライティングの技術である。

人を動かす、文章の最小単位

コピーライティングは、デジタル時代に数値が把握しやすくなり、結果に直結することが明確になったものの……、残念ながら、この技術を仕事に役立てている人は、あまりにも少ない。それには、理由がある。

コピーライティングの世界は、奥深い。

私は、25年ほど前に、外資系企業の代表をしていた際に、売上目標を達成しなければ、クビという状況下に置かれ、必要性に迫られて、コピーライティングを学び始めた。当初は、この技術はあくまでテクニックで、そこで活用される知識も、セールスやプロモーションといった営業分野に限定されると考えていた。しかし結果を上げようとすると、ありとあらゆる分野の知見が、面白いほど紐づいてくる。

あるときには、「神田さんのセールスメッセージを読んでいたら、うつ病が治った」という連絡が入り、臨床心理士に理由を尋ねてみると、言葉の使い方が、カウンセリングとほぼ同じであると指摘された。

またノーベル経済学賞の受賞で注目が高まる行動経済学の事例には、コピーライターの間で昔から指摘されてきた原則がたくさんある。例えば、「顧客は意思決定の際に、合理性だけでなく、感情を重視する」という視点は、すでにコピーライターの間では常識だったことだ。

このように学び始めたら、膨大な資料の山に埋もれながら、広告メディアの急速な進化に合わせて、コピーライティングの技術自体を進化させていかなければならない。これは、かなり複雑なプロセスだ。その結果、求道者以外には、敷居が高かった。

しかも、比較結果を数値で出しやすいため、多くのマーケッターは、穴埋め式の見出し文やテンプレートに飛びついた。「売れる言葉」さえ手に入れば、それで仕事をしたつもりになり、本質を掘り下げて考えることがなかった。その結果、「言葉」と同様 —— いや、もしかして、それ以上に —— 「重要な要素」を、見逃してしまったのである。

「言葉」と同様に、「重要な要素」とは、何か？

その答えは ——、「構成」である。

「構成」とは、「何を」「どの順番で」言うか？
それに対して、
「言葉」とは、「何を」「どう」言うか？
つまり読み手の反応を上げる、文章の最小単位は、

構成 × 言葉 ＝ 反応率 となる。

この縦糸と横糸を紡ぎ、販売する商品を分かりやすく提示できたとき、「売り手」のもとに、ぴったりの「買い手」が集まることになる。

そこで改めて、いま手にとっている本を眺めてみると…

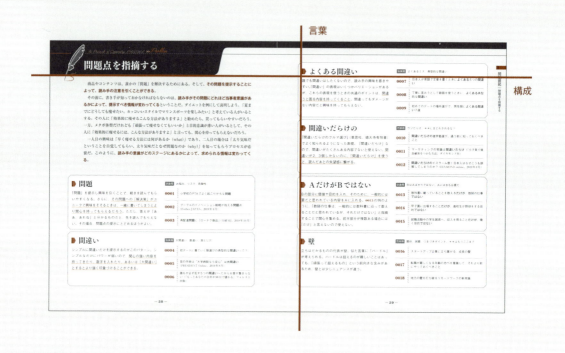

そう、横糸である「**構成**」と縦糸である「**言葉**」とによって、本書は成り立っている。だから、「本書をパソコンの傍らに用意すれば、すぐに手を動かし始められる」のだ。

「PASONAの法則」で、すぐに身につく構成力

読者が、すぐに使えるように、具体的に説明しよう。

人を動かす「構成」は、典型的に、次の順番を取ることになる。

Problem
問題　　｜ 買い手が抱えている「痛み」を、明確化する

Affinity
親近　　｜ 売り手が、買い手の「痛み」を理解し、
　　　　　解決する術を持っていることを感じてもらう。

Solution
解決　　｜ 問題の根本原因を明らかにし、
　　　　　「解決」へのアプローチ法を紹介する。

Offer
提案　　｜ 解決策を容易に取り入れられるように、
　　　　　具体的な商品・サービスの「提案」を行う。

Narrow
絞込　　｜ 解決策が功を奏して、購入後、
　　　　　満足いただける買い手の条件を「絞込」む。

Action
行動　　｜ 「痛み」を解決するために必要な、
　　　　　具体的「行動」を呼びかける。

この構成は、頭文字をとって、「PASONAの法則」と呼んでいる。

私、神田が、マーケティング・コンサルタントとして活動し始めた頃の話だ。クライアントのセールスメッセージを添削していたところ、商品は同じなのに、突然、何倍も売れ始めることが度々あった。その売れる文章に共通していたのが、この構成パターンだったのである。

具体的には、どう活用したらいいのか？
例題をあげながら、説明しよう。

今──、本書の販売メッセージを考える仕事が、あなたに与えられたとしよう。

初心者は、「何を」「どう」言えば、売れるのか──、はじめは見当がつかないので、とりあえず、わかっている商品情報を並べることになる。

こんな具合だ。

> 「稀代のマーケティング・コピーライターが、結果を求められる全てのビジネスパーソンに贈る、厳選、売れる言葉2000。人生100年時代を、豊かに生きるための必携・実用本、ついに刊行！」

ところが、この文章は、形容詞で飾り立てられてはいるが、詰まるところ、「すごいベテランが書いた本だから、選んで間違いない。コピーライティングを志す

— 12 —

なら、まずこの本から始めてください」という趣旨だ。

…結局、「すごいでしょ、私？」と言っているだけ。
これは、初めてのデートで、「すごいでしょ？　僕？」と言っているようなもので、2回目のデートは、まず、ない。

ところが、この頭の中の思考を、PASONAの法則で並べようとすると、まずは買い手の「痛み」は何か？　と考えなければならない。そのため自己視点から顧客視点へ、自然に思考を切り替えていくことになる。

すると…

「結果を具体的な数字で上げなければならない、強烈なプレッシャー（P）にある、今まで販売に関わったことすらない人（A）が、本書をペラペラとめくりながら10分で書いた投稿で、目を疑うほどの売上数字を上げた秘密は、厳選された2000語×実証された構成パターン（S）。ベテランコピーライターが自らの仕事を、弟子に引き継ぐために編纂した、世の中に広く使われるコピーの蓄積（スワイプ）ファイル（O）を、ついに公開。売るのに苦手意識がある方（N）に、売れる喜びを。これで売れなければ、一生、売れません。人生100年時代を豊かに生き抜くバイブルを、あなたの手元に（A）」

となると —— 見出しは、

> **「PASONAの法則」活用前**
> 稀代のマーケティング・コピーライターが、結果を求められる全てのビジネスパーソンに贈る、厳選、売れる言葉2000。

> **「PASONAの法則」活用後**
> 人生100年時代を豊かに生き抜くバイブル —— 2000語×実証された構成パターンで、売るのが苦手な人でも、売れる達人に。

視点が大きく異なることが分かるだろう。

ちなみに、この、まえがきの構成もまた ——

P　社会問題より、まずは金欠問題を解決したい。
A　数値目標がうるさく管理され、あなたが忙しく、優先順位に追われているのは、重々承知だ。
S　ベテランが傍らにいるかのようなノウハウ書を目指した。

O 構成×言葉＝反応率

N このコピーライティングが、世界のありとあらゆる問題を解決できると思っている。

A ぜひ、この本を使ってみて。

このようにPASONAの法則が使われていることがわかるだろう。

もちろん、これは基本系。言うべき情報を探索して、販売にとって必要なエッセンスを抽出できれば、各要素は順番を並び替えてもいい。

例えば、スマホを見ながら購入を検討している客に伝えるためには——

S 「厳選2000語×売れる型活用」といった商品のユニーク性を、絞り込んだ顧客に向けて、発信したほうがいいし、また

O 割引を、先に打ち出したほうが、知られたブランドについては、いいだろう。

実際に、このまえがきの冒頭——

「コピーライティングは、売れないという自信のなさを、どんなものでも売れるという圧倒的な自信に変える技術だ」という文章は、

対象顧客へのベネフィット——、すなわち解決Sについて、早々に言及していることが分かる。

一方、テレビCMのように、見込度を広くとる場合には、顧客が抱える痛みへの深い理解を、15秒のストーリーに凝縮して発信し、それに共感Aするようなタレントを起用する。

このように原理原則を押さえておけば、経験を積んでいった先に、自由自在に応用を効かせることができるようになるのだ。

 ## 生活のために、学び始めたけれど…

「PASONAの法則」に沿って、マーケティング・メッセージの下書きを書きはじめれば、売れる準備がスピーディに整う。なぜなら、買い手が購買決定する際に知るべき要素が、漏れなくダブることなく、順番に導き出されてくるからだ。

そのエッセンスは──、

① 他人の「痛み」（Problem）を
② 自分の「価値」（Offer）によって
③ 「解消」（Solution）する

これが「PASONAの法則」から導かれる、マーケティング・メッセージの幹となる。

あなたは、仕事で使えるという側面だけで本書を手にとったかもしれないが、PASONAの法則は、情報の流れを、読み手視点で整理できるので、ウェブサイトのレイアウト構成、卒論や脚本などなど、あらゆる文書に活用できる。

さらに他人の痛みを、社会の痛みと置き換えても、そのまま使えるので、社会的難問の解決を提案する文書に活用すれば、あなたが持って生まれた「価値」と「才能」を自然に引き出していく。

だから、冒頭で、「ペンは剣より強し」とお話ししたのだ。

告白すれば、ふたりの著者、神田と衣田とも、はじめは生活のために、この技術を学び始めた。しかし売上結果が出るにつれて、言葉の力で、これほどダイレクトに人を動かせるのであれば、どんな社会的難問も解決できる可能性があることに衝撃を受け、夢中になった。

本書を手にとった読者の中には、私たちと同じように言葉の力に目覚め、将来、私たちとともに同じプロジェクトに関わるご縁を持つ方もきっと現れると思う。

あなたとの出会いを、今から楽しみにしているが、まずは、
稼ぐ言葉の力を使って、目の前の仕事で成果を上げていただきたい。

一足先に生まれ、この技術を学んだことで、今度は、
あなたにその力を授けられることを、心から光栄に思う。

神田昌典

Table of Contents

まえがき ………………………………………………………………… 004

目次 ……………………………………………………………………… 019

Problem │ 問題提起する表現

- 問題発見の達人としての、コピーライター …………………… 024
- 問題点を指摘する ………………………………………………… 028

COLUMN 知られざるコピーライティングの歴史 ……………… 032

- 切迫感を出す ……………………………………………………… 033
- 欲望・欲求に訴える ……………………………………………… 039
- 質問を投げかける ………………………………………………… 045
- 好奇心をそそる …………………………………………………… 051

COLUMN マーケティングとは何か？ ………………………… 055

- ギャップを生む …………………………………………………… 056
- 比較で興味を引く ………………………………………………… 061

COLUMN 偉人たちのコピー① デイヴィッド・オグルヴィ ……… 065

- 注意を促し注目を集める ………………………………………… 066

Affinity │ 読み手に寄り添い共感する表現

- 文字だけで親近感をもたらす8つの方法 ……………………… 070
- ストーリー性を出す …………………………………………… 075

  COLUMN 書けない原因 ………………………………… 079

- 読み手に寄り添う ……………………………………………… 080
- 誘う ……………………………………………………………… 086
- 仲間意識を強める ……………………………………………… 091
- イメージを膨らませる ………………………………………… 094
- 親切さ・誠実さを出す ………………………………………… 100

  COLUMN 偉人たちのコピー② ジョン・ケープルズ …… 104

Solution │ 解決策を提示する表現

- コピーライティング技術は、あなたの本当の価値を掘り起こす … 106
- 重要なポイントを示す ………………………………………… 111
- 方法を提示する ………………………………………………… 117
- 簡単さを強調する ……………………………………………… 123

  COLUMN 「コピーライター」の呼び方 ………………… 128

- 効率性にフォーカスする ……………………………………… 129
- 期待を高める …………………………………………………… 134
- 秘密の雰囲気を醸し出す ……………………………………… 140
- 学びの要素を強調する ………………………………………… 146

  COLUMN 24時間365日働くセールスパーソン ………… 150

Offer | 提案する表現

- あなたの売る商品の価値を高めるオファーの作り方 152
- 提案内容を伝える 157
  - COLUMN 偉人たちのコピー ③ ロバート・コリアー 162

- 新しさを強調する 163
  - COLUMN キャッチコピーとヘッドライン 168

- 得する情報を伝える 169
- 面白い情報を提示する 175
- 独自性・優位性を強調する 181
- 販売条件を提示する 187
  - COLUMN コピーライティングの主人公は、「読み手」である 192

Narrow | 相手を選ぶ表現

- あえて断る勇気を持つことで、ぴったりのお客さんに出会える 194
- 読み手を特定し呼びかける 200
  - COLUMN 行動経済学とコピーライティング 203

- 限定する 204
  - COLUMN 文章力だけでは売れない!? 208

- 特別感を出す 209
- レベル別にする 215
- 女性に響く 221

- COLUMN 絞り込みの誤解 ········· **224**

Action ｜ 行動を促す表現

- 「行動」は、真実の瞬間を作る ········· **226**
- 具体的な行動を促す ········· **232**
  - COLUMN ツギハギの見出しを紡いでいくと、メッセージが伝わる「仕掛け」 ········· **234**

- 流行りを演出する ········· **235**
- 信頼感を得る ········· **238**
  - COLUMN 「ティーザー」という、ライティング・テクニック ········· **241**

- 権威を借りる ········· **242**
- 安心感を出す ········· **245**
  - COLUMN 専門用語は使うべき？ 避けるべき？ ········· **247**

- 雰囲気を盛り上げる ········· **248**

あとがき ········· **254**

Problem

売ることは、とても誇り高い行為だ。

なぜなら、その本質は……、

自分の「才能」を役立てながら、他人の「問題」を解決することだからだ。

PASONAの法則 —— 問題（Problem）

問題発見の達人としての、
コピーライター

売ることは、とても誇り高い行為だ。
なぜなら、その本質は……、
自分の「才能」を役立てながら、他人の「問題」を解決することだからだ。

そこで、「稼ぐ文章の達人」の、必携ツールである「PASONAの法則」は、
「問題（Problem）」を考えることから始めなければならない。

例えば、あなたが業務効率化に役立つITサービスの、
ウェブサイト・コピーを、これから書かなければならないと想定しよう。

顧客が抱える「問題」を、どう言葉にするだろうか？

　「少子高齢化が本格化し、人材採用難が予想される昨今…」
　「第4次産業革命についていけない社長の特徴とは？」
　「働き方改革が進んでいない会社の致命的な間違い…」

こんなアンダーラインを引いた言葉を使ったら、完全にNG。
その時点で、読み手はアクビが出ている。

稼ぐコピーライターは、政治家や経済評論家じゃないのだ。

だから、社会的な問題ではなく、顧客自身の、個人的な大問題 —— すなわち「痛み」
を、言葉にしなければならない。

— 24 —

ここは、非常に重要なので、何回も繰り返しておきたい。

フォーカスすべきは、社会的な問題ではなく、

個人的な…、「痛み」「痛み」「痛み」だ。

その視点を引き出すために、有効なのが次の質問だ。

【鍵となる質問】

- 読み手は、どんな場面で、怒鳴りたくなるほどの怒りを感じているか？
- どんなことに、夜も眠れないほど悩み・不安を感じているか？
- その「怒り・悩み・不安」を読み手が感じる場面を「五感」を使って描写すると？

このような質問の答えを考えたあとに、
先ほどの、業務効率化に役立つITサービスの、コピーを創作してみると、どうなるだろうか？

「少子高齢化が本格化し、人材採用難が予想される昨今…」
➡「えっ？　応募ゼロ？　ほんとに採用広告は出ているのか⁉」

「第4次産業革命についていけない社長の特徴とは？」
➡「若手ITエンジニアの"典型的な"会社の悪口をご存知ですか？」

「働き方改革が進んでいない会社の致命的な間違い…」
➡「管理職の"働かせ方改革"は、進んでいますか？」

上記のように、他人の痛みを掘り下げて考え、自分の痛みとして感じられるようになると、ぐっと身近で、顧客が共感する言葉を使えるようになる。

「…でも、私たちが販売している商品は、『お悩み解決商品』ではなく、どちらかと言えば『満足や快楽』を提供しているので、この理屈は当てはまりません…」

そのように反論する読者も、いるだろう。
たしかにファッション、エンターテイメントやグルメレストランなどの顧客は、とくに「痛み」を感じているわけではない、かもしれない。

しかし、それは、表面的にそう見えるだけではないのか？

• 帰宅途中の電車の中で、ファッションサイトに夢中になっているOLには、
　職場で個性を押し殺しているという「痛み」があるのでは？

• アイドルにハマるプログラマーには、
　引きこもりから抜けられないという「痛み」があるのでは？

• グルメレストランで優雅に過ごす夫婦には、
　普段はあまりにも忙しく、すれ違いの毎日という「痛み」があるのでは？

このように…、

• あれこれと勝手に心配して言葉をかけてくれる人や、
• 自分すらも気づいていなかった痛みを教えてくれた人に、

読み手は心を開き、耳を傾け始めてくれるのだ。

稼ぐコピーライターの条件は、
人の痛みに気づくための、思いやりの心を持つことだ。

— 26 —

他人の痛みを、自分の痛みとして感じることで、
いままで隠されていた問題を、ようやく言語化できるようになり、
解決への的確なアプローチを打ち出せるようになる。

逆に言えば、売上を上げるために、「問題」を見つけるのではなく、
真なる「問題」を見つけることで、売上が上がるのである。

だから、稼ぐコピーライターは、

「真なる問題発見の達人」とも言える。

そして、これからの日本、そして世界は、難問が山積している。
だから、コピーライティングの力を磨くと、不安に怯える世界が、
どこを見ても、希望に満ちた宝の山に変わり始める。

The Principle of Copywriting PASONA ▶▶ Problem

問題点を指摘する

　商品やコンテンツは、誰かの「問題」を解決するためにある。そして、その問題を提示することによって、読み手の注意を引くことができる。

　その前に、書き手が知っておかなければならないのは、読み手がその問題にどれほど当事者意識があるかによって、提示すべき情報が変わってくるということだ。ダイエットを例にして説明しよう。「夏までにどうしても痩せたい。カッコいいスタイルでマリンスポーツを楽しみたい」と考えている人がいるとする。その人に「効果的に痩せるこんな方法がありますよ」と勧めたら、買ってもらいやすいだろう。一方、メタボ体型だけれども「痩せなければならない」という目的意識が薄い人がいるとして、その人に「効果的に痩せるには、こんな方法がありますよ」と言っても、関心を持ってもらえないだろう。

　一人目の興味は「早く痩せる方法には何があるか（what）」であり、二人目の場合は「太り気味だということを自覚してもらい、太り気味だとなぜ問題なのか（why）」を知ってもらうプロセスが必要だ。このように、読み手の意識がどのステージにあるかによって、求められる情報は変わってくる。

▶ 問題

「問題」を提示し興味を引くことで、続きを読んでもらいやすくなる。さらに、その問題への「解決策」がユニークで興味をそそるときは、一緒に書いてしまうとより関心を持ってもらえるだろう。ただし、答えが「ああ、あれね」と分かるものだと、先を読んでもらえない。その場合、問題点の提示にとどめるほうがよい。

別表現	お悩み、リスク、危険性
0001	小学校のPTAでよく起こりがちな**問題**
0002	グーグルのイノベーション戦略が抱える**問題点**（Forbes JAPAN、2019年4月）
0003	再配達**問題**に「ローテク商品」（日経MJ、2018年10月）

▶ 間違い

シンプルに間違いだけを提示するのがこのパターン。シンプルなだけにパワーが弱いので、関心の強い内容を持ってきたり、数字を入れたり、あるいは「大間違い」とするとより強く印象づけることができる。

別表現	大間違い、勘違い、落とし穴
0004	初デートに着ていく服選びの典型的な**間違い**って？
0005	目の手術は"大学病院なら安心"は**大間違い**（PRESIDENT Online、2019年8月）
0006	誰もが必ず犯す5つの**間違い**〜だからお客が集まらない（『もっとあなたの会社が90日で儲かる』フォレスト出版）

▶ よくある間違い

誰でも間違いはしたくないので、読み手の興味を惹きやすい。「間違い」の表現はいくつかバリエーションがあるが、これらの表現を使うときの共通のポイントは、間違うと困る内容を持ってくること。間違ってもダメージがない内容だと興味を持ってもらえない。

別表現	よくあるミス、典型的な間違い
0007	日本人が英語で文章を書くときによくある5つの間違い
0008	丁寧に言おうとして敬語を使うときに、よくある典型的な間違い
0009	初めてのデートの場所選びで、男性側によくある間違い7選

▶ 間違いだらけの

『間違いだらけのクルマ選び』（草思社、徳大寺有恒著）でよく知られるようになった表現。「間違いだらけ」なので、間違いがたくさんある内容でないと使えない。間違いが2、3個しかないのに、「間違いだらけ」を使うと、読んだあとの失望感に繋がる。

別表現	ウソだらけ、＊＊にまどわされるな！
0010	間違いだらけの進学塾選び。通う前に知っておくべきこと
0011	マーケティングの常識は間違いだらけ（『小予算で優良顧客をつかむ方法』ダイヤモンド社）
0012	間違いだらけのイスラーム教！日本人はなぜこうも誤解してしまうのか？（DIAMOND online、2019年8月）

▶ AだけがBではない

Bの部分に「価値」や「目的」を入れ、そのために、「一般的に必要だと思われている内容」をAに入れる。0013の例のように、「教師の仕事は、一般的には教科書に沿って教えることだと思われているが、それだけではない」と指摘することで関心を集める。前半部分が複数ある場合には「だけ」と言えないので使えない。

別表現	BはAばかりではない、AにはBも必要だ
0013	教科書に載っていることを教えるだけが、教師の仕事ではない
0014	甲子園に出場することだけが、高校生が野球をする目的ではない
0015	就職活動中の学生諸君へ。収入を得ることだけが、働く目的ではない

▶ 壁

立ちはだかるものの代表が壁。似た言葉に「ハードル」が考えられる。ハードルは超えるのが難しいことはあっても、「頑張って超えるもの」という前向きな含みがあるため、壁とは少しニュアンスが違う。

別表現	難所、困難、つまづきポイント、＊＊はもうここまで
0016	スタートアップ企業に立ち塞がる、成長の壁
0017	転職が難しくなる年齢のカベを意識して、それより前にやっておくべきこと
0018	地方の壁を打ち破るリモートワークの新常識

問題提起 ── 問題点を指摘する

▶ 幻想

良いと思われていたことが、実はそうではなかった、あるいは実在しない「まぼろし」だったという意味で使う。言外に「あなたの考えは間違っていますよ」と言っている。

別表現 妄想、勘違い、＊＊は現実的ではない

0019	「自分なんて成功できない」という**幻想**
0020	勝ち組になれるという**幻想**（『口コミ伝染病』フォレスト出版）
0021	夢と現実のギャップ。逆玉婚の**幻想**

▶ ウソ

「事実だと思われていることが、実は違う」という問題提起なので、注意を引く力は強い。ただ、「ウソ」という語感は、ネガティブな印象なので、軽いトピックの文章より、どちらかと言うと深刻な問題に対して使うことが多い。

別表現 ＊＊の勘違い、＊＊を信じてはいけない

0022	「クルーズ船で観光振興」はとんでもない**ウソ**だ（PRESIDENT Online、2019年8月）
0023	ハラール認証の**ウソ** 本当のイスラムを知れば、今こそビジネスチャンスが見えてくる
0024	マーケティングの常識11の**ウソ**

▶ 悪い習慣

自分では悪い習慣だなと分かっていても、なかなか直せない習慣の1つや2つは誰にでもあるもの。「その習慣が悪い影響を与えていますよ」と指摘することで、そこに自分のライフスタイルが当てはまらないか確認したくなる。

別表現 悪習慣、知らないうちに損する＊＊

0025	20代の肌に**悪い**5つの**習慣**
0026	すぐに部屋が散らかってしまう人の**悪い習慣**15
0027	あなたのお子さんは大丈夫？小学校卒業までにやめさせたい11の**悪習慣**

▶ うまくいかない人

0028や0029のように「うまくいって欲しいこと（恋愛、スピーチ）」を前に持ってきて、それがうまくいかないのは何が問題なのかというパターンと、0030のように「普通はうまくいくと思われている条件」を前に持ってきて、それなのになぜうまくいかないのかというパターンがある。

別表現 ＊＊が苦手な人、＊＊へ苦手意識のある、＊＊下手

0028	いつも恋愛が**うまくいかない人**の思考パターン
0029	結婚式のスピーチが**うまく**できない**人**の最大の特徴
0030	あの人は高学歴なのに、なぜ会社で**うまくいかない**のか？

▶ 残念な

意味合いとしては「欠けている」と同じ。何かが欠けていることで、惜しかったり、期待はずれに感じられる状態。「がっかり」というような、人間の主観的な感情が含まれている。あるいは、「とても悪い」と、単にネガティブさを強調するニュアンスでも使われる。

別表現 期待はずれの、やってはいけない、こんな＊＊は嫌だ

0031 スーツ姿はビシッとキマっているのに、私服姿が**残念**な20代男性の服選びの基準

0032 「エース社員が辞める」**残念**な会社の特徴（PRESIDENT Online、2019年1月）

0033 **残念**な資産運用。だからあなたのお金はいつまで経っても増えない

▶ よくあるトラブル

「よくある」という言葉を付けると、「このトラブルは、自分だけじゃないんだ」と共感を誘うことができる。さらに、0036のようにあまり起こりそうにないトラブルだとしても、「いざ起こると厄介だな」と情景が浮かぶ話題であれば、興味を持ってもらえるだろう。

別表現 ありがちなトラブル、やってしまいがちな＊＊

0034 パソコンフリーズの**よくあるトラブル**に一番効果的な手立て

0035 進学塾に通う生徒の親と学校の先生との間で**よくあるトラブル**

0036 一戸建ての隣同士で**よくある**5つの**トラブル**。嫌な思いをしないために事前に予防を

▶ NG

「やってはいけない」「アウト」「常識から外れた」というニュアンスで使われる。語感としては、やや軽めな印象を伴うので、フォーマルな場面では違和感がないかをよく確かめたほうがよい。また、「我が身に該当しないか」と確認したくなる効果もある。

別表現 アウト、やってはいけない、こんな＊＊してませんか

0037 「頑張れ」はいつから**NG**ワードになったのか（東洋経済ONLINE、2019年7月）

0038 絶対にやってはいけない！愛犬のしつけ**NG**5選

0039 オークション購入**NG**商品。知らないと法律違反に

▶ 年々難しくなっています

技術の進化などで、年々簡単になるものもあるが、時代の変化や競争環境などが理由で、年々難しくなるものもある。年々難しくなるのだから、今やっておくほうが得だなと思ってもらいやすい。

別表現 日に日に難しくなる、＊＊はもう厳しい？

0040 美容室業界での新規集客は**年々難しくなっています**

0041 介護ヘルパーの確保は**年を追うごとに難しくなってきています**

0042 少子化の影響で、優秀な新卒学生を採用するのは**年々難しくなっています**

恥ずかしい思い

避けたいもののひとつに「恥をかく」がある。まず恥を
かきそうな場面を描写し、イメージを膨らませ、そのあ
とに続く文章で具体例を挙げるパターンが一般的。恥ず
かしい思いがまったく想像がつかないような場面より
も、いくつかパッと頭に浮かぶ場面を使うと、見た人の
興味を引きやすい。

別表現 赤っ恥、顔が真っ赤になる、思い出したくない＊＊

0043 授業参観で**恥ずかしい思い**をしたことはありません
か？

0044 プレゼンで**恥ずかしい思い**をしたことがある方へ

0045 あなたは、部下の前でこんな**恥ずかしい思い**をしたこ
とはありませんか？

＊＊にもほどがある

この表現は、ネガティブとポジティブの両方の使い方が
ある。一般的によく使われるのは、ネガティブなほうで
「度が過ぎる」、「いい加減にしてくれ」というニュアン
ス。一方で、コピーライティングにおいては、ポジティ
ブなことに対して、「たまらない」というニュアンスで
使うこともできる。

別表現 ＊＊ったらありゃしない、＊＊すぎて＊＊

0046 面倒**にもほどがある**、パスワードに文字数上限がある
理由（日経XTECH、2018年9月）

0047 早食い**にもほどがある**。糖尿病リスクが一気に高まる
1回の食事時間とは？

0048 カワイイ**にもほどがある**。一度見るとクセになる仔犬
の寝顔コレクション

知られざるコピーライティングの歴史 *COLUMN*

　コピーライティングは、アメリカでは100年以上も前から使われていた。これは、アメリカは
国土が広く、一軒ずつ家を回って営業するのは効率が悪いことから、「手紙」をセールスに使うよ
うになったからだと考えられる。それを書く上で、最も反応を得られる強力な言葉の使い方を、
ジョン・ケープルズやデビッド・オグルヴィら偉大な広告人たちが体系化してきた。

　一方、日本はアメリカよりはるかに国土が狭いので、対面で十分に販売できてしまう。そのた
め、長らく手紙を使ったセールスというのは、あまり行われてこなかった。しかし、インターネッ
トが登場して、急速にコピーライティングへの需要が生まれた。そして1990年代の後半、神田昌
典がアメリカのコピーライティングを日本に持ち込み、その手法を広げていったことから、一般の
人にも知られるようになった。

　しかし依然、学校でも職場でも教えられることはない。まだまだ一部の人にしか知られていない
希少なスキルだ。

The Principle of Copywriting. PASONA ▶▶ Problem

切迫感を出す

　あなたは、ちゃんと部屋の片付けをしようと思いながら、手つかずのままだったり、別の新聞を読んでみようと思いながら、ずっと同じ新聞を購読していたり、という経験はないだろうか？一般的に、**人は大きな変化や未知の体験を避けて、今の状態をそのまま維持したいという心理がはたらく。**やめたいと思いながら続けてしまう場合も、やろうと思いながらやらずにいる場合も、両方に共通するのは、「今の状態（現状）が維持されている」ということだ。この心理は、行動経済学では「現状維持バイアス」と呼ばれている。

　人に動いてもらうということは、現状を変えてもらうということだ。あなたが、商品・サービスを買ってもらおうとする場合、今やっていることをやめて、新たに「申し込み」という行動を取ってもらう必要がある。現状維持バイアスがかかった状態で、重い腰を上げてもらうためには、いくつかの方法がある。中でも、これから紹介する「切迫感」は大きな力を持っている。それは、**「今やらなければならない」**理由を与えるからだ。

　ただ、むやみに切迫感を強調しすぎると、危機感やリスクを煽るだけの「おどろおどろしい」文章になるので、バランス感覚が必要だ。

▶ 終わり

「時代遅れである」ということを直接的に表現する。「やめたほうがいい」というニュアンスも含んでいる。0049、0050のように「終わりだ」と言い切る断定系と、0051のように「終わりなのか？」と問いかける疑問形の2種類が使える。

別表現	おしまい、最後、ラスト、フィナーレ、ジ・エンド
0049	週休2日制で土日を休みにする時代はもう**終わり**
0050	検索の並べ替えで、つい「安い順」に並べ替えるのはもう**終わり**
0051	グーグル広告はもう**終わり**？

▶ 終焉

「終わり」と同じ意味だが、語感的には「終焉」のほうが重厚感と深刻さが強くなる。「もう終わり」という表現は、既に次の新しいものが登場している、という希望のニュアンスを含むことが多いが、「終焉」の場合は、「先が見えない」「破綻した」という悲観的な響きがある。

別表現	最後、最期、＊＊にさようなら、＊＊よさらば
0052	「太陽光バブル」の**終焉**（産経新聞、2019年8月）
0053	中国爆買いの**終焉**
0054	悲しみか？安堵か？結婚生活の**終焉**

▶ もう古い

読み手が知っている何かが、実は既に古くなっていることを指摘し、その後、最新の情報を提供して、興味をそそる表現。同時に、それを知れば人よりも一歩抜きん出ることができる、というイメージがある。

別表現 時代遅れ、オワコン、型落ち、＊＊のイノベーション

0055 感動サービスは、**もう古い**（『おもてなし幻想』実業之日本社）

0056 紙の通帳は**もう古い**？ Web通帳の便利な使い方って？（ファイナンシャルフィールド、2020年2月）

0057 「1塁に走者が出たらバントで送る」は**もう古い**

▶ 末路

行き着いた先がよくないと思われるときに使う。語感として、悲壮感が漂う。そのため、ポジティブな言葉と組み合わせては使わない。

別表現 幕切れ、成れの果て、最期、行く末

0058 やたらと上から目線。「同窓会ヒーロー」の**末路**（PRESIDENT Online、2019年9月）

0059 ある資産家がたどった悲しい**末路**

0060 自分の上司と激しくぶつかり合った男の**末路**

▶ 迫りくる

未来に起こるであろう問題が近づきつつあることを示す。その問題が深刻なものであるときによく使われる。恐怖感を伴う表現であり、「煽り表現」と紙一重のところがあるので使うシーンはよく考えたほうが無難。

別表現 忍び寄る、やってくる、近づく、押し寄せる、差し迫る

0061 第2のブラックマンデー？ **迫りくる**世界恐慌再来の恐怖

0062 **迫りくる**新型感染症の脅威から身を守れ

0063 「最後にもう一杯」あなたは大丈夫？ **迫り来る**脂肪肝の危険

▶ 昨日（きのう）の

コピーライティングでは、字の通りの「1日前の」という意味ではなく、「過去の」という意味合いで使われることが多い。そこから「時代遅れ」や「もう古い」とも似た表現として使うことができる。

別表現 過去の、時代遅れの、過ぎ去った

0064 あなたが知っているメモリは、**昨日**のメモリです（アップル）

0065 **昨日**の私に負けない！

0066 同僚から「**昨日**のコーデ」と言われないために、気をつけるべき配色はこれ

▶ もはや＊＊ではない

「以前はそうだったが、今はもう違う」ということを示す表現。自分の主張をかなり力強く表現できる。「時代が変わった」ということを訴えかけ、その変化が知りたくなるだろう。

別表現 今はもう＊＊ではない、今となっては＊＊ではない

0067 GAFA は**もはや脅威ではない**（『インパクトカンパニー』PHP研究所）

0068 賢いだけでは**もはや不十分**　リーダーに必要な４つのステップ（Forbes JAPAN、2018年8月）

0069 現代の女性の多くは**もはや**結婚をゴールとは**考えていない**

▶ 知らないと損をする

「これから提供する情報は、有益だったりお得だったりするが、知っている人は知っていて知らない人は知らない」という含みを感じさせる。その後明かす内容が読者の役に立てれば、信頼を得られ、権威として感じてもらえるだろう。

別表現 ＊＊をしない（防ぐ）ために知っておきたい

0070 **知らないと損をする**高機能エアコンに標準装備されている機能

0071 **知らないと損する！**医療費の「裏ワザと落とし穴」（DIAMOND online、2011年1月）

0072 せっかく買った新築一戸建て。**知らないと大損する**税金控除のしくみ

▶ 知っておくべき

「知らないと損をする」と意味合いは同じ。「損をする」という表現が直接的でキツい印象を伴うので、それを避けたいときには「知っておくべき」が使いやすい。「知っておかないとマズイよ」というニュアンスを伝える表現。

別表現 知っておきたい、知っているにこしたことはない

0073 ビジネスパーソンが**知っておくべき**110番の基礎知識（ITmedia、2011年10月）

0074 企業家がいま**知らなくてはならないこと**

0075 ホームページを作成するすべてのウェブデザイナーが**知っておくべきこと**

▶ 知らないと恥をかく

「知っておくべき」を逆説的に言う表現で、「知っておくべき」よりインパクトがある。「恥をかく」という言葉は、社会的な立場や自尊心を刺激するため、非常に強く読み手に訴えかける。ただ、後ろにくる内容が、恥をかくようなことでない場合には、避けたほうが無難。

別表現 知らないではすまされない、やってはいけない

0076 **知らないと恥をかく**焼香のマナー

0077 初めて人前でスピーチをする人は必見。**知らないと恥をかく**喋り方の基本

0078 **知らないではすまされない**、次世代PCの衝撃！

問題提起｜切迫感を出す

▶ 再来

過去にあったことが、もう一度起こるときに使う表現で、ポジティブにもネガティブにも使える。0079や0080のように、ポジティブなものに使うと「ワクワク感」が出て、0081のようにネガティブなものに使うと「不安感」が出る。

別表現 復刻、復権、再登場、＊＊リターンズ、帰ってきた＊＊

0079 ルービックキューブ人気**再来**？今子供たちがハマる理由

0080 地方のボウリング場が活況。ボウリングブーム**再来**の立役者は60歳代

0081 就職氷河期の**再来**を感じさせる、これだけの予兆

▶ リスク・危険

避けたいと感じさせる典型的な言葉が「リスク」や「危険」。危険があるという知らせは、問題があるという知らせより深刻に聞こえる。それだけに、大したことがないものに対して使うと「狼少年」と思われるので、乱用は避け、時と場合を見極めて使うのがおすすめ。

別表現 危うさ、冒険、賭け、博打

0082 あなたの何気ない言葉遣いが初対面での**リスク**になるかも

0083 **リスク**を冒してチャレンジしたものだけが味わえる最大の快感

0084 アクセルを踏み続ける会社に潜む3つの**危険性**（『神話のマネジメント』フォレスト出版）

▶ 罠

わなは、誰かが意図的に仕掛けるもの。自分以外の何者かによって罠が仕掛けられていることを伺わせる。自らネガティブな状況に陥る「落とし穴」と近い意味で使われることもある。「落とし穴」は落ちるイメージなのに対して、「罠」は誰かの思惑に引っ掛かるイメージ。

別表現 たくらみ、トラップ、策略、裏工作、仕掛けられた

0085 損失額は4億円！科学者ニュートン、相場の**罠**に落ちる（日経ビジネス2019年5月）

0086 会社を辞めて独立する人に潜む社会保障制度の**罠**

0087 投資信託の**罠**。退職金が半分になった老夫婦の失敗に学ぶ

▶ 落とし穴

この表現を使うときは、ポジティブなことが現在進行形で進んでいることが前提になる。いいと思って続けている場合に、思わぬところではまるのが落とし穴。そうでない場合は、「危険・リスク」を使う。カジュアルだが、「落とし穴」よりさらに強い印象の「ドツボにはまる」という表現もある。

別表現 蟻地獄、ドツボ、術中にはまる、計略、はまる

0088 健康・癒しビジネスで成功する秘訣と、**落とし穴**

0089 あなたの幸せをソーシャルメディアが奪う？「幸福感」を巡る定説の**落とし穴**（WIRED、2019年4月）

0090 「こんなはずじゃなかった！」順調な恋愛に潜む**落とし穴**

▶ 盲点・死角

「盲点」も「死角」も「見逃されがちな重要ポイント」という意味で使う。秘密や秘訣と似ている。しかし、秘密や秘訣は、その情報を持っている人しか知らないが、「盲点」「死角」の場合は、見えにくいだけで、言われてみれば知っていたと、微妙にニュアンスが違う。

別表現 弱点、＊＊の抜け穴、抜け道、隙間、スキ

0091 デジタル時代のマーケティングの**盲点**とは？

0092 「選べる保険」に**盲点**も　乗り合い代理店の勧めは最適？（朝日新聞DIGITAL、2019年8月）

0093 知っておきたい、建売住宅を購入するときの**死角**

▶ 限界

今まではうまくいっていたが、これからは、同じようにうまくいかないという警告的な意味合いで使われる。「同じやり方をしていると、いずれ行き詰まりますよ」ということを暗示している。

別表現 リミット、限度、極み、飯の食い上げ

0094 人事評価における成果主義の**限界**

0095 フェイスブック、「失敗尊重」文化の**限界**が見えた（日経xTECH、2019年8月）

0096 コールセンターの悲痛な叫び。「お客様は神様です」の**限界**

▶ 格差

元々の意味合いは、「標準品に対する品位の差」（『広辞苑 第5版』岩波書店）のことだが、良いものと悪いものや、高いものと低いものの差を表すために使われることも多い。コンプレックス感情を刺激する場合も多い。

別表現 ギャップ、不均衡、不釣り合い、違い、＊＊プア

0097 日本がはまり込んだ深刻な「貧富**格差**」の現実（東洋経済ONLINE、2019年1月）

0098 年代によって今後ますます広がるIT**格差**

0099 学力**格差**に直結する小学生の放課後の過ごし方

▶ 敵

競合相手やライバルを表す言葉だが、コピーライティングでは「妨害するもの」や「課題」といったニュアンスで使われることが多い。短い文字数が重要なインターネットでは、「＊＊の敵」という言い回しを覚えると便利。

別表現 ライバル、仇、妨害、課題、相手、対抗馬

0100 良いリーダーシップの**敵**は時間　ベースダウンの大切さ（Forbes JAPAN、2019年1月）

0101 間食は、ダイエットの**敵**か味方か？

0102 早寝早起きを習慣化させるのに最大の**敵**はこれだ

問題提起｜切迫感を出す

▶ 怖い

想像以上に問題が深刻であることや、思わぬ問題点が潜んでいることを提示する表現。「本当は怖い」という使い方の場合は、一般的には大したことがないと思われているが、実は大きな問題が潜んでいるという含みがよく伝わる。

別表現 危ない、ヤバイ、危険、リスク、＊＊に潜んでいるもの

0103	デジタル変革の**怖い**話
0104	バカでキレる子を量産する「ネット依存」の**怖さ**（PRESIDENT Online、2019年9月）
0105	本当は**こわい**肩こり。ただの肩こりだと放っておくと、とんでもないことに

▶ 欠けている

肝心なものが不足していて、その結果うまくいかないというニュアンスで使われる。「それが不足していると、頑張ってもうまくいかないので、ぜひ早めに知っておかなければ」という切迫感につながる。

別表現 足りない、不足している、なかった、気づかない

0106	MBAに**欠けていた**もの
0107	日本企業のオープンイノベーションに**欠けている**もの（ハーバード・ビジネス・レビュー、2018年10月）
0108	「話をスルーされがちな人」に**欠けている**視点（東洋経済Online、2019年8月）

▶ 緊急

誰にとって緊急なのかがポイント。よくある間違いは書き手・売り手が急いでいるだけで、読み手・買い手にとって関係ない場合だ。自己都合だけで急がせてもメッセージとしては響かないので、相手の得につながることを持ってくることが大切。

別表現 急ぎ、早いもの勝ち、至急、臨時

0109	会員の方に**緊急**のお知らせ　急遽オンライン配信が決定
0110	**緊急**解説　世紀の合併をどう見るか
0111	＜オンライン限定＞得赤　**緊急**セール！！年末までがお得！（日本旅行）

▶ カウントダウン

ある出来事に向かって時間が減っていっていることを強調する表現。カウントダウンと聞くだけで、なんとなくそわそわしてくる感じがしないだろうか。

別表現 秒読み、秒読み段階、目前、間もなく始まる

0112	東京オリンピックまであと1年の**カウントダウン**　インパクト勝負の2019年が始まった
0113	決断のタイミングが、**カウントダウン**に入っている（『あなたの会社が最速で変わる7つの戦略』フォレスト出版）
0114	「年の差婚」年収激減**カウントダウン**なのに備えなし（PRESIDENT Online、2016年4月）

The Principle of Copywriting PASONA ▶▶ *Problem*

欲求・欲望に訴える

人間の欲求は究極的には、「手に入れたい欲求」と「失いたくない欲求」の2つに集約される。

「手に入れたい欲求」：儲けたい、時間を節約したい、楽をしたい、快適に過ごしたい、健康になりたい、人気者になりたい、楽しみたい、身だしなみをよくしたい、ほめられたい、流行のおしゃれをしたい、好奇心を満たしたい、食欲を満たしたい、美しいものを所有したい、パートナーを引きつけたい、個性的でありたい、他の人たちと肩を並べたい、チャンスをものにしたい

「失いたくない欲求」：批判されたくない、財産を失いたくない、身体的苦痛を避けたい、評判を落としたくない、トラブルを避けたい

（『ザ・マーケティング【実践編】』ダイヤモンド社、ボブ・ストーン、ロン・ジェイコブス著、神田昌典監訳、齋藤慎子訳）

2つの欲求については、「手に入れたい欲求」よりも「失いたくない欲求」のほうが強いことが知られている。電気代が月に「1000円お得ですよ」と言うより、「1000円損してますよ」と言うほうが読み手には強く響く。

▶ モテる

別表現　人気の、好かれる、流行る、＊＊ブーム

生理的欲求のひとつ。この言葉は、異性に好かれるというのが、元々の意味で、そのまま欲求として使えるが、たくさんの人に好かれるというイメージを生かして、「人気がある」「人気が出る」というニュアンスで使うこともできる。

0115	神田昌典の未来にモテるマーケティング（日経MJ）
0116	"アライグマのように"メガネを洗う男はモテる（PRESIDENT Online、2019年8月）
0117	味一筋で無愛想でも、なぜかモテるラーメン店の秘密

▶ 稼ぐ

別表現　儲ける、黒字になる、収入を増やす、売上UP

経済的に豊かになりたいという欲求は、たいていの人が持っている。そのため、お金に関連した表現はよく使われる。それだけに、信用やしっかりとした根拠なしに使うと、「眉ツバ」や「胡散臭い」という印象になる。全体のトーンに注意しながら使うのがポイント。

0118	『稼ぐ言葉の法則』（ダイヤモンド社）
0119	これからはバランスシートで稼ぎなさい！
0120	脱サラせず「副業で月10万円以上稼ぐ」コツ（東洋経済ONLINE、2019年1月）

▶ 稼げる

意味合いも使い方も「稼ぐ」と同じだが、「稼げる」は「稼ぐことができる」というニュアンス。「稼ぐ」は「仕事内容」に焦点が当たりやすいが、こちらは「可能性がある」「機会や能力がある」という含みを持つ。前後の文章との相性や語感で使い分けるとよい。

別表現 儲けられる、得する、収益化、マネタイズ

0121	突きつめれば、まだまだ**稼げる**
0122	**稼げる**アフィリエイターはここが違う
0123	持っているだけで実は**稼げる**資格をそっと教えます

▶ 儲かる

「稼ぐ」「稼げる」が自ら努力してお金を稼ぐというニュアンスなのに対して、「儲かる」はやや受動的、自動的なニュアンスが含まれる。お金を集めるという点ではみな同じだが、強い欲求のため、微妙な違いのバリエーションが複数ある。

別表現 景気が良い、財布が潤う、得する、一発当てる

0124	『あなたの会社が90日で**儲かる**！』（フォレスト出版）
0125	少人数で、売上も少ないのに、しっかり**儲かっている**会社の特徴
0126	**儲からない**商品を諦めるだけで、会社はこんなに儲かる

▶ ボロ儲け

「儲かる」よりさらに強いイメージで、「濡れ手で粟」（骨を折らないで利益を得ることのたとえ、『広辞苑 第5版』岩波書店）というニュアンスを持つ。フォーマルなシーンでは避けたほうが無難。

別表現 濡れ手に粟、甘い汁、ひと山当てる

0127	未公開株で**ボロ儲け**。限られたチャンスはどうやって手に入れるのか？
0128	馬券の買い方を変えるだけで**ボロ儲け**も夢じゃない
0129	この週末は自分史上最大の**ボロ儲け**のチャンス

▶ 富

「お金」というと生々しいが、「富」という表現だと、少し高尚な印象になる。また、土地や株式、不動産など「お金」以外の資産も含まれる。言葉自体に「豊富な」というニュアンスを含んでいる。

別表現 お金、リッチ、財宝、宝、資産、ストック

0130	**富**に変わるアイデアを生み出す発想7つ道具
0131	米国で進む**富**の集中、上位3名の資産が国民の50%の合計以上に（Forbes JAPAN、2017年11月）
0132	**富**と名声を手に入れた人が、その次に望むもの

▶ 成功

成功が何を指すのか難しいが、「うまくいく」という意味で考えると、色々な場面で使える。この言葉を使った表現の前後で、具体的な「成功内容」がすぐわかるとよい。曖昧なままだと、メッセージ自体が抽象的で信じてもらいにくくなる。

別表現 繁栄、賑わい、サクセス、栄華を極める

0133 『ビジネスの**成功**はデザインだ』（マガジンハウス、神田昌典・湯山玲子著）

0134 『**成功**して不幸になる人びと』（ダイヤモンド社）

0135 **成功**するリーダーに共通する4つの特徴（Forbes JAPAN、2019年6月）

▶ 楽しい

「楽しむ」という快の感情を重視する人に効果的な言葉。そのため、「稼ぎたい」「効率よくやりたい」という別の欲求を強く持つ人たちには響かない。読み手によって、表現を選ぶ必要がある。

別表現 うれしい、愉快な、喜ばしい、幸せ、ハッピー

0136 **楽しい**100歳（富士フイルム）

0137 『**楽しい**仕事』（プレジデント社、神田昌典ほか著）

0138 ミシンを使いこなす、**楽しい**手芸

▶ 勝つ

競争に勝つという直接的な意味合いのほかにも、厳しい生存競争に勝って「生き残る」というニュアンスでも使われる。闘争本能に訴えかけることができる。

別表現 勝ち取る、制覇する、勝利の女神が微笑む

0139 時代に逆行したものがこれから**勝つ**！

0140 世界で「知の競争」に**勝つ**には、ドラッカーを読んでいるヒマはない（日経ビジネス、2019年6月）

0141 競馬で**勝つ**ために前日までに仕入れておくべき情報とは？

▶ 負けない

「勝つ」のほうが積極的なイメージがあるが、0143のように「負けない」＝「損をしない」という意味で使えば、訴えかける力が強くなるだろう。また、0144のように、病気など「ネガティブなものから自分を守る」というニュアンスで使うことが多い。

別表現 遅れを取らない、損をしない、守る、プライドを賭けた

0142 猛暑に**負けない**夏の食事メニュー15選

0143 株で**負けない**ためのチャートの読み方・使い方

0144 辛い透析に**負けない**心の持ち方

▶ たたかう

戦闘を表す言葉だが、病気などネガティブなモノ・コトに対して、「立ち向かい、防ぐ」という意味でも使われる。その場合は漢字の「戦う」や「闘う」より、ひらがなで「たたかう」とするほうが、よく馴染むかもしれない。

別表現	立ち向かう、防ぐ、チャレンジする、挑戦する
0145	歯周病菌とたたかうG・U・M（ガム）（サンスター）
0146	24時間戦えますか（第一三共ヘルスケア）
0147	加齢臭と闘うオヤジに好評な香水5選

▶ 守る

防衛本能は、基本的な欲求のうち、代表的なもの。自分自身の身を守りたい、家族の安全を守りたい、という欲求を刺激する表現。0150のように、「今ある状況を変えたくない」＝「現状を維持したい」感情に訴えかける用途もある。

別表現	防ぐ、＊＊プルーフ、固める、＊＊を許さない
0148	田舎の煩わしい近所づき合いから身を守る方法
0149	副流煙から子どもの肺を守るために必要なこと
0150	自分のペースを守るための仕事の受け方

▶ 備える

安全欲求を刺激する表現。これから起こりうるネガティブな出来事への対策をしておく、という意味合いで使われるのが一般的。0153のように、ポジティブなことに対して、「お楽しみに」という文意で使うこともできる。

別表現	準備する、対策する、覚悟する、用意する
0151	増大する「長生きリスク」、私たちは備えることができるのか？（Forbes JAPAN、2019年1月）
0152	まさかのデータ消失に備える効率的なバックアップ方法
0153	インサイト探索講座－「PASONAの法則」以上の、衝撃的体験に備えよ！

▶ 対策

あらかじめ準備するという意味なので、「備える」と似ている。こちらは、より重い事態に対して使われることが多い。また、「備える」は動詞で、「対策」は名詞なので、文章の中での使い方も違ってくる。

別表現	方策、打ち手、セーフティネット、＊＊予防
0154	相続税対策は、早ければ早いほど有利な理由
0155	迷惑メール対策が一気に効率良くできる方法
0156	皮膚科で聞いた、「日焼け対策」に効く食事

▶ 準備

差し迫った必要性がなければ、どんなに重要な準備だとしても、「予防」関連の商品やサービスは、一般的に売りにくいとされる。「将来に向けて備えをすることに、しっかりとした意味やメリットがある」と読者にわかってもらう必要がある。

別表現 用意、備え、根回し、まさかのときの＊＊

0157 30代、家を買う準備ができていますか？

0158 新市場誕生前の準備（日経MJ、2018年5月）

0159 #YAMADAで新生活準備（ヤマダ電機）

▶ ＊＊する前に

単に時間的に「前」ということだけでなく、「うまくいくため、失敗しないために、あらかじめ備えておく」という意味まで含んで使われることが多い。

別表現 先立って、＊＊してもいいように、＊＊を見越した

0160 文章を書く前にチェックすべき「2つの要素」

0161 ハワイ旅行に行く前に知っておきたい現地でよくあるトラブル10選

0162 プロゴルファーがラウンド前にしている、下半身トレーニング

▶ 買いたい

「何かモノを買いたい」という欲求は、必ずしも「それがないと支障がある」というような状況が背景にあるとは限らない。手に入れたい・所有したいという単純な「感情の高まり」が、買いたい気持ちを引き起こすことがある。そのような消費者の購買欲をストレートに示す表現。

別表現 欲しい、手に入れたい、ゲットしたい

0163 ボーナス3回分でも買いたい腕時計

0164 一度は買ってみたい駅弁ベスト10

0165 クリスマスプレゼントに買いたい、カワイイだけじゃない便利グッズ

▶ 見逃せない

「損をしたくない」という欲求につながる表現。「見落とすことによって機会を逃してしまう」ということを暗に含んでいる。TV番組など、文字通り目で見るものだけでなく、「存在していることに気づかない」と広い意味で使うことができる。

別表現 目が離せない、忘れたくない、うっかりできない

0166 スマホ決済がクレカより劣る見逃せない点（PRESIDENT Online、2019年7月）

0167 この冬見逃せない高機能ダウンジャケット

0168 絶対に見逃したくない旅行先の美術館の常設展示

問題提起｜欲求・欲望に訴える

— 43 —

▶ 失敗しない

一般的には、理想的な状態になることより、嫌なものから逃げたいという欲求のほうが強い。そのため、「成功する＊＊」というより「失敗しない＊＊」というほうが強い表現になる。ただし、「失敗するかも」とは微塵も考えていない人には、「成功する＊＊」のほうがより積極的で響きやすい。

別表現	ミスしない、間違わない、転ばぬ先の杖
0169	退職金の運用者必見！**失敗しない**資産運用のポイント
0170	**失敗しない**ソーシャルメディア・マーケティングガイド
0171	**失敗しない**マンション経営の極意（『禁断のセールスコピーライティング』フォレスト出版）

▶ 後悔しない

「失敗しない」と基本的には同じ。強いて言うなら「失敗」が「うまくいかなかった事実」を指すのに対して、「後悔」は「うまくいかなかったことを残念だと思う感情」のほうにフォーカスしている。ただし、前者は「失敗」という言葉自体に感情を伴うので、語感の違いくらいに捉えておくとよい。

別表現	悔いを残さない、悔しい思いをしない、悔やまない
0172	**後悔しない**クルマ選びのポイント
0173	売却時に**後悔しない**都心の新築マンション購入法
0174	社会に出てから**後悔しない**大学選び

▶ 脱

「嫌なものから逃げたい」という人の欲求は強い。「脱」は「脱出する、抜け出す」という意味なので、嫌なものから逃げるということをとても短く表現できる。短い時間で見た人に意味を伝えなくてはいけないコピーライティングの世界では、意味が1文字に凝縮されている便利な表現。

別表現	ストップ＊＊、＊＊からの逃走
0175	映像製作会社の**脱**・価格競争（日経MJ、2017年10月）
0176	ドン詰まりビジネスからの**脱却**
0177	**脱**中国を検討する企業、「タイに照準」も多数（Forbes JAPAN、2019年6月）

▶ さようなら・さらば

「脱」と同じニュアンスだが、「脱」が自分から抜け出す印象なのに対し、「さようなら」は問題の側が去っていくイメージとも捉えられる。また、漢字ではないぶん、こちらのほうがやわらかいニュアンスになる。

別表現	グッバイ、バイバイ、じゃあね、いざさらば
0178	**さよなら**プロキシワークフロー（アップル）
0179	エアコンのトラブルに**サヨナラ**してください
0180	脂肪よ、**さらば**

The Principle of Copywriting, PASONA ▶▶ Problem

質問を投げかける

問いかけの形になっている見出しはよく見かけるだろう。それらタイトルには2つの効用がある。

▶ 1. 読み進めてもらいやすくなる

質問をされると脳は答えを探そうとすることが知られている。例えば、見出しで「なぜ＊＊なのか？」と問われると、「＊＊だから」という説明が欲しくなり、その先を読んでみたくなる。

▶ 2. その後何らかの行動を促す効果がある

行動経済学では、「プライミング効果」と呼ばれる。「プライム」とは「先行刺激」という意味で、**先に刺激を与えられると、後の行動に影響が出ることが分かっている**。例えば、「今後6ヶ月以内に新車を買うつもりですか？」と問いかけると、購入率が35％上がったり、「投票に行きますか？」と問いかけることで、投票率が上がったりすることがわかっている（『実践行動経済学』日経BP、リチャード・セイラー、キャス・サンスティーン著、遠藤真美訳）。

読まれる見出しのポイントは、**文末に「？」をつけること**。これがあるのとないのとで、続けて読んでもらえる確率がずいぶん変わってくる。

▶ とは？

見出しとして、最も基本的で、使いやすく、よく目にする表現。それだけに、「＊＊とは？」の「＊＊」の部分に、興味を引く面白そうな内容を持ってこないと、なかなか読んでもらえない。

別表現	＊＊の定義、＊＊を考える、＊＊って何？
0181	「2022」全国講演ツアーとは？
0182	資金調達の選択肢として欠かせない「クラウドファンディング」とは？
0183	フランス美しき5都市の旅　パリにない魅力とは？（日本経済新聞、2019年9月）

▶ なぜ＊＊は＊＊なのか？

「＊＊とは？」と並んで、非常によくある見出し表現。謎かけをして、そのあとに続く文章で答えを述べる。ポピュラーな表現だけに、「とは？」同様、ありきたりなものにならないようにしたほうがいい。その理由が本当に知りたくなる、興味深いトピックを選ぶのがポイント。

別表現	どうして＊＊は＊＊なのか？、＊＊が＊＊な理由
0184	『さおだけ屋はなぜ潰れないのか？』（光文社、山田真哉著）
0185	なぜ高級フレンチのメニューは異様に長いか（PRESIDENT Online、2019年9月）
0186	なぜスポーツ選手はポルシェではなくフェラーリに乗りたがるのか？

▶ どうして＊＊なのか？

「なぜ＊＊なのか？」と同じパターンだが、「なぜ」より「どうして」のほうが使われる頻度が少ないため、既視感やマンネリ感は少ない。ただし、やや軽め、あるいはやさしい印象になる。

別表現	＊＊の理由（原因）、＊＊が＊＊であるワケ
0187	どうして彼はファーストクラスに乗れるのか（『インパクトカンパニー』PHP研究所）
0188	どうしてガラケーが廃れスマートフォンが一世を風靡したのか？
0189	カラー写真？どうしてモノクロ画像がカラーに見えるの？（ニューズウィーク日本版、2019年8月）

▶ どうやって

「どうやってやったか」という方法論があることを示すパターン。その商品、あるいはあとに続く文章が、「ノウハウ」や「手段」を扱っている場合、この言葉の相性が良い。

別表現	ハウツー＊＊、どうすれば、どのように、どうして
0190	再生は「難しい」と言われた会社を、どうやって上場まで持っていけたのか？
0191	右脳をどのように経営に生かすか？
0192	どうすれば公立高校の進学率を上げられるのか？

▶ なぜ一部の人は＊＊できるのか？

「なぜ＊＊は＊＊なのか？」と似たように見えるが、この表現は「あなた以外の一部の人は、うまくいく方法を知っていて、その秘密を公開しますよ」というニュアンスを伝えられる。

別表現	なぜ限られた人だけが＊＊できるのか？
0193	なぜ一部の人たちはフェイスブック広告で効果を上げられるのか？
0194	なぜ少数の人だけが、株で儲けられるのか？
0195	なぜ一部の人は寝る前に間食しても太らないのか？

▶ なぜ一部の人は＊＊できないのか？

「なぜ一部の人は＊＊できるのか？」の逆バージョン。できないことにフォーカスが当たっており、なんらかの「原因」があることを指摘する表現。暗に「できないのはあなただけではない」というニュアンスも含まれる。

別表現	なぜ限られた人だけが＊＊できないのか？
0196	なぜ一部の日本人はお酒がまったく飲めないのか？
0197	なぜ絶対に早起きできない人がいるのか？
0198	なぜ一部の人たちは変化を受け入れることを極端に嫌うのか？

こんな間違いを
していませんか？

この表現のポイントは「こんな」と「間違い」。「こんな」という言葉があると、どんなことか知りたくなる。ましてや、それが間違いなら、なおのこと知りたくなるだろう。そして、その次に続く文章で、「こんな間違い」の事例を挙げていくという使い方。

別表現 誰もがやりがちなミス、やってしまいがちな＊＊

0199	あなたは敬語でこんな間違いをしていませんか？
0200	あなたのお子さんは受験勉強でこんな間違いをしていませんか？
0201	あなたの奥さんは美容室選びでこんな間違いをしていませんか？

こんな症状が
出ていませんか？

「こんな間違い」と同じく、問題となる症状に気づいてもらうために効果的。このあとに続く文章で解決策を提示していく。病気の症状だけでなく、機械の不具合などに対しても使える。

別表現 ＊＊に心当たりはありますか？

0202	あなたには、こんな糖尿病の症状が出ていませんか？
0203	ご主人のスマホにこんな症状が出ていませんか？
0204	あなたの愛犬にこんな症状が出ていませんか？

このような予兆は
ありませんか？

症状まではいかないが、実際になってしまったら困る事象を持ってくるのがポイント。人は予防のためにはなかなか動かないので、大したことがない予兆だとスルーされる。例文の「登校拒否」「社員の退職」「認知症」など痛みを伴うものに使うと効果的。

別表現 あなたの＊＊、＊＊してませんか？

0205	あなたの子どもにこのような登校拒否の予兆はありませんか？
0206	若手社員に、こんな退職の予兆は出ていませんか？
0207	あなたの義理の両親にこのような認知症の予兆はありませんか？

どれ？

この表現のメリットは、いくつかの可能性を示すことができる点だ。それに加えて、「どれ？」と聞かれると、どれか見てみたくなる効果もある。

別表現 いずれ、＊＊オア＊＊、好みの＊＊

0208	「拒絶」に対する4通りの反応　仕事の幸福度を上げるのはどれ？（Forbes JAPAN、2018年6月）
0209	あなたなら、次のどれを選びますか？
0210	よくある5つの肌のトラブル―あなたはこのうちどれかが当てはまりますか？

問題提起｜質問を投げかける

▶ どのタイプ？

疑問形で問いかけ、選んでもらう。0211や0213のように人をいくつかのカテゴリーに分類したり、0212のように「自分が何に該当するか」を確認したくなるようにすることもできる。

別表現 何タイプ？、＊＊の＊分類（パターン）

0211 嫌なことがあったときの反応の仕方。あなたはどのタイプ？

0212 今度の風邪はどのタイプ？鼻、喉、咳タイプ別対処療法

0213 リスクとリターンのバランス。投資家タイプ別おすすめの投資信託

▶ 何派？

こちらも「タイプ」と同じニュアンスになるが、「タイプ」が自然とそうなるイメージなのに対して、「派」は自分の意思で選び取っているイメージ。好みや自尊心、アイデンティティと結びついている。

別表現 あなたは何志向？、＊派？＊派？

0214 あなたはキャッシュレス派、それとも現金派？（朝日新聞メディアビジネス局、2019年9月）

0215 朝食はご飯派？それともパン派？　意外と女性に多いのは？

0216 読書は電子書籍派？それとも紙の書籍派？

▶ どこが間違っている？

一見すると間違っていなさそうに思えるものに対して使うことで効果が発揮できる。読み手が知らない新しい情報を提供するという目的で使われる。単に教えるのではなく、問いかけることで興味に訴えているところがポイント。

別表現 どこが悪いのか？、＊＊の真実

0217 ピケティはどこが「間違っている」のか（東洋経済ONLINE、2015年2月）

0218 日本の義務教育はどこが間違っているのか？

0219 この料理手順のどこが間違っているでしょうか？

▶ していますか？

「＊＊していますか？」の「＊＊」の部分が、後に続く問いかけのおかげで記憶に残りやすくなる。0220のように、ズバリ商品名を入れるのが一番インパクトがあるが、関心のある話題で興味を引いてから、何かを紹介するステップでもよい。

別表現 してますか？、できてますか？

0220 セコムしてますか？（セコム）

0221 両親が二人とも80歳以上で健在の方。相続税対策していますか？

0222 春先の紫外線対策していますか？うっかりするとすぐシミの原因に

▶ 買いますか？

「新車を買うつもりですか？」と質問するだけで、新車の購入率が35%アップしたという事例がある（『実践行動経済学』日経BP、リチャード・セイラー、キャス・サンスティーン著、遠藤真美訳）。単に問いかけているだけのように見えて、その後の行動が促進される、という「プライミング効果」が期待できる表現。

別表現 購入しますか？、購入をご検討の方

0223 奥さんにクリスマスプレゼントを**買いますか**？

0224 ガンバった自分へのご褒美にアクセサリを**買いますか**？

0225 雛人形はどこで**買いますか**？

▶ ご存知ですか？

この表現は、2つの効果が期待できる。ひとつは、知らないであろう情報を提供して、興味を引くという効果。もうひとつは、あえて知っていることを改めて問いかけることで、その行動を促す効果が期待できる。

別表現 知っていますか？、知っていましたか？

0226 **ご存知ですか**？ PM2.5のこと

0227 「OKR」知っていますか？（日経MJ、2019年2月）

0228 青色申告と白色申告の違いを**ご存知ですか**？

▶ 手に入れたく ありませんか？

「自分のものにする」という意味で使われることが多い。「欲しくありませんか？」だと直接的すぎて違和感があるが、「手に入れたくありませんか？」なら自然に受け入れやすい。

別表現 ゲットしたくありませんか？、欲しくありませんか？

0229 10代の頃のようなツヤツヤ肌を**手に入れたくありませんか**？

0230 柔軟な思考を**手に入れたくありませんか**？

0231 ストレス激減！自分で時間をコントロールする自由を**手に入れたくありませんか**？

▶ 行きますか？

「買いますか？」と同様に、問いかけでその後の行動が促進される表現の代表例。「選挙に行きますか？」と問いかけるだけで、投票に行く人の割合が増える、という事例がある（『実践行動経済学』リチャード・セイラー、キャス・サンスティーン著、遠藤真美訳）。

別表現 行く予定ですか？、＊＊のご予定はありますか？

0232 衆院選の投票に**行きますか**？

0233 あなたは見たい映画があるとき、誰と**行きますか**？

0234 今年の年末年始にハワイ旅行に**行きますか**？

問題提起 — 質問を投げかける

▶ もし＊＊だったら どうしますか？

「どうしますか？」と問いかけられることで、「そうだな、自分だったら…」と読み手が考え始める。0235のように「こんな」とつけることで、見た人は興味を持つ。その後、続く文章に具体例を挙げる。広告でよく使われる自分ごととして考えてもらう表現。

別表現 もし＊＊ならどうしますか？、＊＊だったなら

0235 もし、あなたの結婚式でこんなことが起こったらどうしますか？

0236 もし、上司から厳しく注意されたとしたらどうしますか？

0237 「もし人類が水中に住むことになったら？」自然と技術を融合するデザイナーの問い（Forbes JAPAN、2018年8月）

▶ できますか？

YES/NOで答えやすい質問なので、「NO」もしくは「わからない」という答えが出る前提でないと、後に繋がらない。「はい。できます」という内容だと、解決策を売ることに繋がらないだろう。また、この表現は、読み手に対してやや挑戦的で、「あなたはできないでしょ」というニュアンスを含む。

別表現 やれますか？、可能ですか？

0238 あなたはまともに本の話ができますか？

0239 健康管理データ、会社と共有できますか？

0240 嫌なあの人からの誘いを断ることができますか？

▶ お忘れではないですか？

督促や確認するときに、違和感が少ない表現。0241のように、「お忘れではありませんか？」を見出しや件名に使うこともできる。内容に興味を持ってもらえるだろう。

別表現 忘れていませんか？、＊＊をご確認ください

0241 「お忘れではありませんか」（メールなどの件名に使う）

0242 愛車のコンディションを保つために必須のオイル交換をお忘れではありませんか？

0243 医療費控除を申請するのをお忘れではありませんか？

▶ どうなる？

未来の展望を予測する表現。シンプルな言い回しだが、「今後の動向が気になる内容」を持ってくると興味を引ける。

別表現 どうか？、＊＊を大胆予測！、＊＊の行方に迫る

0244 どうなる？ゴールデンウイーク商戦（『禁断のセールスコピーライティング』フォレスト出版）

0245 保険 どうなる節税どうする見直し（『週刊ダイヤモンド』2019年6/15号）

0246 えっ、銀行が…!? その時、預金はどうなる（全国銀行協会）

The Principle of Copywriting. PASONA ▶▶ Problem

好奇心をそそる

「好奇心」は人間がもつ強い欲求のひとつだ。これから紹介する表現は、そういった「知りたい気持ち」を刺激する。例えば「結婚できない原因」「金曜の夜に限って仕事が入る理由」などと言われれば、「なぜ、そうなのか？」という興味がかき立てられ、知りたくなるだろう。

これらの表現を使うときのポイントは、**トピックの選び方**だ。そもそも「好奇心」は、広辞苑では「珍しい物事、未知の事柄に対する興味」とされている。つまり、**ありふれた物事やすでに知られている事柄は好奇心の対象になりにくい**。例えば、「エプロンが白いワケ」と言われても、「汚れが目立って衛生状態が一目で分かるようにでしょ」となり、特に好奇心は刺激されない。

同じ「ワケ」でも、「飛行機に白が多いワケ」だと、興味を持つ人は増えてくる。エプロンの例でも「エプロンが白い“意外な”ワケ」とひと工夫すれば、「何か自分には知らないことがあるのかも」という興味がわく。このように、**できた文章を、「読み手にとって好奇心がそそられる内容になっているか？」**という視点でチェックしてみるのがおすすめだ。

▶ 理由

「＊＊の理由」と言うことで、その理由が気になってしまう。シンプルなので、使いやすく、よく見かける表現。しかしスタンダードな言い回しなので、凡庸になってしまいがち。「その理由の中身」をよく考えるのがポイント。

別表現	理屈、根拠、いわれ、所以（ゆえん）
0247	大好きな母の迷いのセリフ、女性を助ける仕事を始めた**理由**
0248	乗り換える**理由**（アップル）
0249	「大倒産時代」が今秋から始まるといえる、これだけの**理由**（DIAMOND online、2019年6月）

▶ ワケ

「理由」と同じ意味で、硬めのトーンの文章には「理由」のほうが馴染む。しかし、カジュアルな感じを出したいときや、「隠された本当の理由」というニュアンスで使うときには「ワケ」のほうがピッタリすることも多い。

別表現	原因、事情、ロジック、＊＊と＊＊の因果関係
0250	日本でスマートスピーカーが流行らない**ワケ**
0251	真面目な人ほどお金が貯まらない**わけ**
0252	彼女が新婚旅行から戻ってきてすぐ離婚した**ワケ**

▶ 意味・意義

「理由、ワケ」と似ているが、理由やワケは、どちらかと言うと背景にウェイトがあり、対して、「意味・意義」は、より価値そのものにウェイトがあるイメージ。

別表現 価値、本質、核心、背景

0253 スマートスピーカー導入の**意義**（日経MJ、2018年3月）

0254 すべての形には**意味**がある（アップル）

0255 高層マンションの最上階に出没するゴキブリは何を**意味**しているのか？

▶ すべき理由

誰しも「＊＊だから＊＊すべきだ！」と指図されたくないものだ。正論だとしても、そのように直接的に命令されると防衛本能がはたらき、拒絶される可能性が高い。この表現は、回りくどいものの、判断をしてもらう余地を残すことで、聞こえの強さを和らげている。

別表現 するべき理由、なぜ＊＊しないといけないか

0256 借金してでも高校生が海外留学**すべき理由**

0257 新年の抱負を**やめるべき理由**と、代わりにすべきこと（Forbes JAPAN、2019年1月）

0258 定年を待たずに、サラリーマンを卒業**すべき7つの理由**

▶ 失敗する理由

「失敗を恐れるな」「失敗から学ぶ」と言われるように、失敗は決してネガティブな側面だけではないが、避けられるなら避けたいものだ。失敗の理由をあらかじめ知ることができるなら、それに越したことはない。この言葉を使う場合、あとの文章で失敗する理由が明確に述べられることが前提。

別表現 うまくいかない理由、なぜ＊＊したほうがいいのか

0259 デジタル時代の集客が**失敗する2つの理由**

0260 恋愛を理論的に考える人が**失敗する明確な理由**

0261 自宅でハンバーグを焼くときに**失敗しやすい理由**

▶ 本当の

日本人には、「本音」と「建て前」の文化があるので、表向きの言葉と本当の意図が違うことを体感的に知っている。なんとなくイメージ感はあるけど、「本当のところはどうなのだろうか？」という疑問がわくような内容には最適。

別表現 真の、リアルな、＊＊の本音

0262 働き方改革が進まない**本当の理由**がデータ分析で明らかになった！（『おもてなし幻想』実業之日本社）

0263 みんなが忘れている「学校の宿題」の**本当の目的**（PRESIDENT Online、2019年9月）

0264 今どきの小学生が、塾通いか習い事に分かれる**本当のワケ**

▶ 本当の原因

一生懸命努力しているのに成果が上がらない、対策はしているはずなのにうまくいかない。そういった状況で、「原因」という言葉は、<u>悪い状況を引き起こしている何かがある</u>ということを訴えかける。

別表現	真の原因、実は＊＊が＊＊だった！
0265	［年収別］家計が赤字になる**本当の原因**（PRESIDENT Online、2017年6月）
0266	あなたの恋愛がうまくいかない**本当の原因**と3つの解決策
0267	**本当の敵**がなんであるか見失っていないか（『小予算で優良顧客をつかむ方法』ダイヤモンド社）

▶ 本当はすごい

「大したことはない」と思われているものに対して、「実はすごい」と、<u>意外性を強調しながら情報を提供する方法</u>。一般には知られていない秘密があることを伺わせ、好奇心を誘う表現。

別表現	実はすごい、＊＊再考、再評価
0268	**本当はすごい**1300年の歴史を持つ奈良の魅力
0269	たった3分。でも**本当はすごい**ラジオ体操の威力
0270	デジタルネイティブの子どもたちに伝えたい。**本当はすごい**手書きの力

▶ 源流・根源

「おおもと」という意味。<u>「その流れが起こった原因・要因は何か」</u>ということが気になってくる。「源流をたどる」という表現があるように、探究心に訴えることができる。

別表現	源、根っこ、＊＊のルーツ、＊＊のふるさと
0271	ムーブメントの**源流**は、どうなっているのか？
0272	インスピレーションが訪れる瞬間　現象学から見た発想の**根源**
0273	写真家の**源流**をたどる。with LEICA DG LENS（Panasonic）

▶ こうして

「こうして」と言われると「どうやって？」と理由が知りたくなる表現。「こそあど」言葉には共通して、同じ効果がある。この表現は、<u>背後に「あるキッカケで上手くいった」という物語</u>があることを暗に感じさせる。

別表現	このようにして、こうやって
0274	こだわりのスープは**こうして**出来上がる。24時間密着取材
0275	私は日本にいながら**こうやって**中国語をマスターした
0276	**こうして**、最年少プロ棋士の記録は更新された

▶ いかに

「運命やいかに」という言い方で、「どうなるんだろう？」と次の展開を期待させるフレーズはお馴染みだろう。それだけでなく、「どのようにして」というハウツーの意味で使われることも多い。

別表現 （いったい）どうやって、＊＊した方法、＊＊のカラクリ

0277	複数の収入源を**いかに**作るか？（『不変のマーケティング』フォレスト出版）
0278	平社員だった私が**いかにして**年商10億の会社の社長になったか
0279	愛犬に噛み付かれた主人。思わずのけぞった、その結末は**いかに**？

▶ こんなに

続きを知りたくなる「こそあど」言葉のひとつ。「こんなに」と言われると、「どれくらい？」と程度を聞きたくなる。平均的な水準よりもずっと良い／悪いことを彷彿させる。

別表現 これほど、これだけ、これぐらい

0280	**こんなに**小さくて、**こんなに**高性能（アップル）
0281	なぜ物を捨てるのは**これほど**難しいのか？（ライフハッカー［日本版］、2016年3月）
0282	パワーストーンは**こんなに**綺麗で、**こんなに**すごい

▶ 明らかに

「不明だった理由や原因が分かった」ということを訴える。秘密が明かされる、というようなニュアンスを含んでいる。文末を「明らかに」で締めくくることで、続きが読みたくなる効果が期待できる。

別表現 明かされる、白日の下に、＊＊暴露、告白、解明

0283	大切な仕事が一気に進む要因が学術的に**明らかに**
0284	超富裕層のプライベート機利用、意外な実態が**明らかに**（Forbes JAPAN、2018年11月）
0285	現地調査によって**明らかに**されたパプアニューギニアの実態

▶ グローバル

「グローバル」＝「世界の」という意味だが、実際に使われるときには、「世界的な」「世界に展開する」という意味が多い。今は国内でとどまっているものの、いずれ世界を相手にしたいという国際志向の強い人にも効果的。

別表現 ワールドワイド、ユニバーサル、世界の＊＊、国際＊＊

0286	**グローバル**企業をつくる方法
0287	**グローバル**SAMURAI結集セヨ。（日清食品ホールディングス）
0288	地方の地元密着の企業にも**グローバル**化の波はおし寄せているという現実

▶ ウソ・ホント

間違いの指摘（ウソ）だけではなく、正しい認識（ホント）も同時に示すことで、「中立的な立場から、脚色されていない情報を教えます」という印象が出る。特定の見方に片寄っていない第三者的な立ち位置を表明できる。

別表現　真偽、＊＊の検証、あることないこと、＊＊のリアル

0289　鰻と梅干。天ぷらとスイカ。食べ合わせのウソ・ホント

0290　輸入サプリメントのウソ・ホント

0291　人口減少時代のウソ・ホント（日経ビジネス、2016年1月）

▶ 注目

「注目！」と文頭に出して使う場合や、「＊＊に注目」と文末に使う場合など、文章の中でいろんな場所で用いることができる。注目させるということは、読み手の期待値を高めるため、書き手はそこで何を見せるか考える必要がある。

別表現　注意、クローズアップ、刮目、着目、今ホットな＊＊

0292　注目！幻想を捨てた女性たちが先導する市場のニュートレンド

0293　2020春新色コスメ、注目は「溶け込みゴールド」！（non-no、2020年2月）

0294　筆者が選ぶ、この夏公開される注目の映画3選

マーケティングとは何か？　COLUMN

　マーケティングとコピーライティングは一心同体の関係で、マーケティングの中にコピーライティングがあると理解してもらうといいだろう。

　では、そもそもマーケティングとは何なのか。マーケティングとセールスはどう違うのか。これについて、端的に言い表しているのは、経営の神様、ピーター・F・ドラッカーの言葉だ。「マーケティングの理想は、販売を不要にすることである。マーケティングが目指すものは、顧客を理解し、製品とサービスに顧客を合わせ、おのずから売れるようにすることである」（『ドラッカー名言集』ダイヤモンド社、P.F.ドラッカー著、上田惇生編訳）

　神田昌典はこの「製品とサービスを顧客に合わせる」ということを「PMM（Product Market Matching）」と呼んでいる。プロダクトとマーケットがマッチしていると、おのずから売れるようになるのだ。逆に言うと、このPMMがズレていると何をやっても売れない。そして、あなたの商品・サービスが、顧客にピッタリであることを言葉で表現するのが、コピーライティングの役割だ。

問題提起─好奇心をそそる

The Principle of Copywriting PASONA ▶▶ Problem

ギャップを生む

あなたは今、職場にどうしても苦手な人がいて、毎日顔を合わせるのがうんざりで、もう我慢の限界だと感じているとする。そんなとき、嫌な気分を瞬時に爽快な気分に変えられるストレッチ（残念ながら実際にはないと思うが）があることを知り、そのやり方を解説した動画が、手頃な価格ですぐ見られるサイトがあったとしたら、試してみたいと思うのではないだろうか。これは、**あなたの「今の状態」と「なりたい状態」の間にギャップが生じているからなのだ。**

神田昌典は、「顧客の反応は、広告やチラシに使われる単なる言葉ではなく、ギャップの量で決まる」という言い方をしている。つまり、「**現実」と「期待できる幸福度」のギャップ、あるいは「現在」と「未来」のギャップが大きくないと、人はアクションを起こさないということなのだ。**このギャップは、必ずしも現状に不満がある場合だけではない。思いもかけない素晴らしい未来があるという場合でもギャップは生み出せる。

「読み手の置かれた状況」をよく考え、**「あなたの提供する商品・サービスが実現する未来」**との間にあるギャップを言葉で表現できれば、**売れる確率はグッと高くなるだろう。**ぜひ、ここに紹介する表現と合わせて、「ギャップ」を見つけることをおすすめする。

▶ （怠け者）が（成功した）

「怠け者がお金持ちになった」など、<u>何か理想の状態になるために、一般的に必要だと考えられている常識と真逆の主人公を立てる</u>ことで、意外性を演出する。「自分にもチャンスがあるかも」という期待に繋がる。

別表現　こんな私が＊＊、なんであの人が＊＊

0295	遊ばない奴は、儲からない！
0296	営業経験がまったくない元役人の私が、面白いように数字を上げ始めた（『不変のマーケティング』フォレスト出版）
0297	ゴルフ未経験者の私が、2ヶ月で110をコンスタントに切れるようになった練習法をご紹介

▶ 人生を変えた

大きな転機、きっかけとなったというシチュエーションで使われる。この言葉は、<u>人生や生き方が変わるほどドラマチックな出来事を形容する</u>のにふさわしい。軽いものに使うと、過剰表現に聞こえるので避けたほうが無難。

別表現　人生を一変させた、ドラマチックな、転機となった

0298	誰にでもあるはず。**人生を変えた**1冊の本との出会い
0299	累計5万人以上の**人生を変えた**、幸せ論
0300	開業3年で2000人以上の**人生を変えた**テーラーの採寸技術がすごい

— 56 —

▶ 半端じゃない

「中途半端ではない＝完璧だ」ということを間接的に言っている。一般的に「これくらいが相場」と思われている水準を、遥かに超えた状態を表すときに使われる。平均的な水準との差（ギャップ）が、読者の興味を引くのだ。

別表現 並外れた、只者ではない、稀代の、型破り

0301 交通系ICカード「導入費用」は**半端じゃない**（東洋経済ONLINE、2018年3月）

0302 ゲリラ豪雨の雨量が**半端じゃない**理由

0303 遮光性が**半端じゃない**！真夏の昼間でも真っ暗になるカーテン

▶ ハンパない

「半端じゃない」と意味は同じ。とてもカジュアルな表現なので、フォーマルなシーンでは使えない。使う場所を選べば、読者の胸の高まりを代弁できる。

別表現 ヤバイ、本気で、どえらい、ただならない、驚愕の

0304 癒し力ハンパないっ♡「アーススパ by クラランス」非日常体験で身も心もトロけまくり（Oggi.jp、2019年12月）

0305 リゾート地で夕食のあとに行く岩盤浴のリラックス感が**ハンパない**！

0306 ウワサの栗ご飯体験。栗の量が**ハンパない**！

▶ 飛躍的

大きく伸びる様子を表す。しかし、表現が曖昧なので、0307の「セールスを飛躍的に伸ばす4つの方式」のように、前後に根拠となる情報を入れることで、「ふわっと」した印象を避けることができる。

別表現 急速、とんとん拍子に、急激に、どんどん

0307 セールスを**飛躍的**に伸ばす4つの方式

0308 夏休みに勉強した子どもが2学期から**飛躍的**に成績が上がった事例を紹介

0309 セカンドサーブの精度が**飛躍的**にアップするスピンサーブの打ち方

▶ 前代未聞

「今までに聞いたことがない」という意味。この言葉を聞くと、全く新しい何かがあることを期待する。本当に前例がないということ以外に使うと、過剰表現になってしまうので、何に対して使うかは、注意が必要。

別表現 画期的、歴史を塗り替える、記録的、前人未到

0310 **前代未聞**の2種目同日優勝

0311 **前代未聞**の大量退職に社長と幹部は騒然

0312 マジ？「接待卓球」なんて**前代未聞**！

問題提起─ギャップを生む

▶ 魔法

魔法はないとはわかっていても、実際に予想以上の結果が出たり、予想以上のスピードで効果が出れば魔法のように感じるもの。そのような「想像を超えるほど良い状態」を表すメタファーとして使う。安易に使うと、ただの過剰表現になるので注意が必要。

別表現 魔術、マジック、魔力、不思議、神秘、トリック

0313 12分の**魔法** 繁盛する行列とダメにする行列

0314 **魔法**のてんぷら粉（昭和産業）

0315 ダブルボギーが激減する**魔法**のパター

▶ オキテ破りの

定められたルールや慣習に従わない、画期的である、というニュアンス。ポジティブな意味にも、ネガティブな意味にも取れるので、書きたい意図に反していないかチェックしてみるのがおすすめ。

別表現 ルール違反の、反則技の、禁断の、禁じ手の

0316 **掟破り**の逆ショコラ。男が女に渡すならコレ！（PRESIDENT STYLE、2019年2月）

0317 **掟破り**の馬券購入術

0318 **オキテ破り**の極太そうめんに、一部業者から大クレーム

▶ 門外不出

限られた人やコミュニティの中だけで共有される、貴重なモノや情報というニュアンス。その人やコミュニティのもとに行けば、ほとんどの人が知らないモノや情報を得られる、という含みがある。

別表現 秘密の、代々受け継がれてきた、秘蔵

0319 「**門外不出**のコンサルティングノウハウ」を期間限定公開

0320 海外展開か**門外不出**か、大チャンス時代の経営戦略とは（Forbes JAPAN、2017年8月）

0321 **門外不出**の秘伝のタレをここに再現

▶ 異次元

2次元、3次元、4次元など、「次元が違う＝世界や価値観が違う」という意味合い。「ものすごい」というニュアンスを強調するための表現として使われることも多い。

別表現 別世界、世界が違う、非日常

0322 大容量動画を**異次元**の速さでダウンロード可能に

0323 **異次元**の軽さで、どこでも連れ出す新型ノート

0324 魅せた！**異次元**の高速ドリブルで世界を翻弄

▶ 圧倒的

他のものを寄せ付けないほどの大きな違いがあるというニュアンス。0325のように「質」に対しての違い、0327のように「量」に対しての違い、どちらでも使いやすい。

別表現 抜きん出た、ズバ抜けた、ブッチギリ、段違いの

0325 圧倒的な魅力を持つマルタ島のオーシャンビューホテル

0326 圧倒的な成果を上げた「動と静」のギャップの法則（DIAMOND online、2016年7月）

0327 日本が圧倒的不利な得点差から、奇跡の大逆転

▶ 驚き

ギャップを生み出す最もポピュラーな要素が「驚き」。今までに、見たり聞いたりしたことがない、経験したことがないという要素が驚きに繋がる。「驚きの白さ」（花王）などでお馴染み。

別表現 驚愕、サプライズ、目を疑う、思わず声をあげる

0328 名前にふさわしい驚きを（アップル）

0329 わずかスプーン一杯で驚きの白さに（アタック、花王）

0330 休日出勤していたときに同僚からもらった驚きの差し入れとは？

▶ 驚異

ニュアンスとしては「驚き」と同じだが、「驚異」のほうがより強い印象の表現になる。「驚異的」とした場合は、「驚くべき」というニュアンスに近くなる。

別表現 驚くべき、ファンタスティック、仰天、感激

0331 自然が生んだ驚異に息をのむ、世界各地の奇観24選（CNN.co.jp、2019年6月）

0332 科学が解明、渡り鳥たちの「驚異的方向感覚」のミステリー

0333 離れた距離から自撮りできる驚異のカメラ機能

▶ 10倍

10倍になるという一定の数字的根拠のもとに使うが、広告では10倍かどうかの測定が不可能と思われるものに対しても、「すごく」というニュアンスで使われるようになっている。ただし、明らかに2、3倍にしかならないものには使えない。

別表現 10X、テンバガー、10回（個）分

0334 『あなたもいままでの10倍速く本が読める』（フォレスト出版、ポール・R・シーリィ著、神田昌典監修、井上久美訳）

0335 サッカーW杯を10倍楽しむ方法

0336 10X目標発見と実行プログラム

問題提起—ギャップを生む

▶ 眠れないほど

何か気がかりなことがあって眠れない経験は誰にでもある。それほど気になるという状態を表す。あるいは、熱中しすぎて寝る時間が来てもやめられないという意味。

別表現 夢中になるほど、のめり込むほど、夜ふかし

0337	どちらも夜も**眠れないほど**興奮しますが…
0338	**眠れなくなるほど**おもしろい歴代アカデミー賞の舞台ウラ
0339	**眠れないほど**面白い日本の怪談話の矛盾点

▶ フツー

「普通」のことを指しているが、カタカナで書くほうが、よりカジュアルで等身大に響く。「普通の人が大きな結果をあげる」という意外性＝ギャップに繋がる表現。「私にもチャンスがあるかも」という期待に繋がる。

別表現 ありふれた、一般の、どこにでもいる、なんでもない

0340	地方発**フツー**の企業が、世界を変える！
0341	**フツー**のOLだった私が、本を出版し、講演会で話すようになった、ほんの小さなきっかけ
0342	定年退職した**フツー**のおじいさんが、ロト6で人生様変わりした話

▶ 衝撃

「頭をハンマーで殴られたような衝撃」という表現があるが、それほど大きく揺さぶられること。「インパクト」と同じ意味だが、前後の文章によって収まりの良い・悪いが出てくる。「衝撃を受けた」vs「インパクトを受けた」だと、衝撃のほうが違和感がないだろう。

別表現 ショック、インパクト、驚愕、頭を殴られたような

0343	ホスピタリティを実現するクラウドシステムの**衝撃**
0344	世界に再び、軽さの**衝撃**を（アップル）
0345	あなたは知っていた？　食に関する**衝撃**の事実11選

▶ 想像を超えた

文字通りに受け取ると「考えられる以上の」「常識では考えられないほどの」という意味なので、それなりの驚きがある内容に対して使う。ただし、「思った以上の」というような軽めの内容を、大げさに表現するために使われることも多い。

別表現 想像を絶する、予想を超えた、見たこともない

0346	あなたの**想像を超えた**景色がご覧になれます
0347	超高速CPU搭載で**想像をはるかに超えた**処理速度を実現！
0348	甲子園初出場・初勝利　**想像を絶する**プレッシャーを克服

The Principle of Copywriting, PASONA ▶▶ Problem

比較で興味を引く

　興味を引くための効果的な表現方法のひとつは、**何かと何かを比較すること**だ。これによって、読者の興味を引く「ギャップ」を生み出すことができる。どういうことか説明しよう。

　大ベストセラーとしてお馴染みの『金持ち父さん、貧乏父さん』（筑摩書房、ロバート・キヨサキ著、白根美保子訳）という本がある。このタイトルを見るだけでも分かるように、「望ましいもの」と「望ましくないもの」を対比させられると、「その違い（＝ギャップ）はどこにあるのか？」と自然に知りたくなる。

　コピーライティングの歴史上、最も有名なセールスレターの1つにウォール・ストリート・ジャーナル購読の広告がある。**この手紙一本で、累計数千億円を売り上げたとも言われている。**この手紙の中では、よく似た大学時代の同期の2人が登場する。25年後に再会したときもよく似ていた。しかし、一人は社長で、一人は管理職にすぎなかった。そして、その違いは「ウォール・ストリート・ジャーナルを読んでいたかどうか」だった、というオチになっている。

　このように、2人の主人公を比較するだけで、すんなりと理解できるようになる。「対比」という演出方法は、**明暗を分けたストーリーがあることを暗に示し、読み手の心をつかむことができる**のだ。

▶ できるvsできない

できる人（組織など）とできない人（組織など）を対比し、その「違い」を強調する。「できない原因」と「できるようになるための方法」、のどちらも分かるため、一石二鳥のイメージが出せる。

別表現	＊＊はできるのか？、＊＊の条件
0349	巨大市場・中国でチャンスをつかめる会社vsつかめない会社
0350	成功する人と失敗する人　間にある5つの間違い（Forbes JAPAN、2018年8月）
0351	別れてもすぐに恋人ができる人と、必死で探しても相手が見つからない人の最大の違いとは？

▶ 泣く人、笑う人

うまくいく人といかない人の対比なので、「できるvsできない」と基本的には同じ。「できる vs できない」の場合は、できる人が前に来るのに対して、「泣き、笑い」の場合は、泣く人が前に来ることが多い。

別表現	勝敗（明暗）を分ける、得する人、損する人
0352	定年で仕事を辞めた後、自由に使えるお金で泣く人、笑う人
0353	今まで身につけた能力を手放さざるを得ない人vs発展させられる人
0354	あなたは、貧す人、稼ぐ人どっち？（『稼ぐ言葉の法則』ダイヤモンド社）

▶ なれる人、なれない人

「泣く人、笑う人」のバリエーションのひとつ。この表現は、0355～0357からも分かるように、職業やステータスをはっきり出す場合に使いやすい。能力のあるなしを示唆しており、人のコンプレックスを刺激することもあるので、反感を持たれないよう注意が必要。

別表現 ＊＊の資質、向いてる人vs向いてない人

0355	カリスマになれる人、なれない人の差
0356	コンサルタントになれる人、なれない人 (PRESIDENT Online、2017年1月)
0357	年収3000万円を稼ぐ人、1500万円で止まる人

▶ いいvs悪い

この対比は、人だけでなく、モノに対しても使える。0359のように、「いい、悪い」の形容詞を出さないパターンもある。その場合、読み手が一般的に「いい」と認識するモノと「悪い」と認識するモノとを、そのまま対比させて使えばよい。

別表現 賛否、善悪、良し悪し、裏表、陰陽、黒か白か

0358	運のいい人、悪い人、あなたはどちら？
0359	読まれるDMとゴミ箱直行のDMは何が違うのか？
0360	休日に出かけるときの私服のセンスがいい人とダサい人のコーディネートの差

▶ A vs B

「いいvs悪い」の対比と基本的には同じだが、0362や0363のように必ずしも「悪い」と定義できないような場合にも、並べて対比できる。

別表現 AかBか、A or B、AするかBするか

0361	高齢経営者が選択を迫られる事業継承 vs 事業売却
0362	給料は高いが残業が多い仕事 vs 給料は低いが定時で終わる仕事 あなたはどちら派？
0363	地方の明暗を分ける「京都化」と「大阪化」(Forbes JAPAN、2015年5月)

▶ 光と影

「いいvs悪い」が「2つの違うモノ」の良し悪しを対比しているのに対して、こちらは「1つのモノ」の正の側面と負の側面を対比させる表現。表裏一体だったり、紙一重だったり、賛否両論だったりする何かを、2つの視点から形容する言葉。

別表現 陰と陽、表裏一体、＊＊の良いとこ悪いとこ

0364	成功した経営者の光と闇
0365	足尾銅山観光 「日本一の鉱都」光りと影を知る（日本経済新聞、2019年5月）
0366	安定した給料か自由なライフスタイルか？ 脱サラ起業家の光と影

▶ ＊＊を超える

「想像を超える」という表現は、「想像力」の部分が読み手任せになるので、抽象的になりがち。対してこちらは、比較の対象が具体的なので、イメージがわきやすい。「想像を超える東洋医学」より「免疫療法を超える東洋医学」のほうが具体的。

別表現	＊＊をしのぐ、＊＊超え、オーバー＊＊
0367	創業20年を超える信頼と実績
0368	4Kを超える高画質
0369	このおいしさはゴディバをはるかに超えている

▶ AではないBでもない

似たような商品・サービスがあふれている中で、消費者は答えや商品を想定できてしまうことが多い。そういった中で、オリジナリティの高い商品を持っている場合、この表現がふさわしい。見た瞬間「どうせ、アレのことでしょ」と頭に浮かんで、興味がなくなるのを未然に防ぐことができる。

別表現	AでもBでもない
0370	塾ではないよ！教材・通添でもないよ！（『禁断のセールスコピーライティング』フォレスト出版）
0371	必要なのは、クリエイティブな才能ではありません。詩的センスでもありません。
0372	この新型手帳は、ただの電子手帳ではありません。手書きソフトでもありません。

▶ ＊＊なし、＊＊なし、＊＊なし

「ないもの」を3つ並べることで、あれもない、これもないというリズム感が出せる。逆に「ある」ということを表現するのに「＊＊あり、＊＊あり、＊＊あり」とはあまり言わない。

別表現	＊＊も＊＊も＊＊すらもなし
0373	「カネなし、コネなし、人脈なし」からスタートした数々の起業家たち
0374	ヒトなし、モノなし、カネなしの状況から事業を立て直した経営者の物語
0375	受験にはタネもシカケもテクニックもなし！正攻法の学習指導

▶ AではなくB

「○○といえば××」と、一般的にすぐ思い浮かぶものをAのほうに出して、「違う」と言うパターンが最も反応が得られる。例えば、「これからの医者は人ではなくAI」といえば、興味を強く引くだろう。「AよりもBがいい」という意味でも使える。

別表現	Aはもう古い？今はB、AがBになる
0376	料理は足し算ではなく、掛け算が基本
0377	「迎合」ではなく「尊重」を。終身雇用崩壊後の日本企業のあるべき姿とは？（Forbes JAPAN、2019年5月）
0378	会議は「議論する場」ではなく「決定する場」

問題提起 ── 比較で興味を引く

▶ より＊＊、より＊＊

0379のように、「あちらが立てばこちらが立たず」というような2つのメリットが、両立しうることを伝える。「もっと～、もっと～」でも同じように使えるが、「より～、より～」は字数が少ない分、スピードのあるリズム感が出せる場合が多い。例文を「もっと」に置き換えてみると語感の違いがわかる。

別表現	もっと＊＊で、もっと＊＊、さらに＊＊、さらに＊＊
0379	より少ない時間で、より多く動かそう（アップル）
0380	より高く、より早く中古戸建を売却（Forbes JAPAN、2019年6月）
0381	より美しく、より可愛くを目指す女性のためのサロン

▶ ＊＊よりも効果的

比較対象を明言して、それよりも効果があることを直接的に訴える表現。「＊＊よりも」の「＊＊」に入る部分が、一般的にベストな方法であると思われているとき、最も人の興味を引くことができる。

別表現	＊＊よりも効く、＊＊を上回る
0382	報酬よりも効果的？部下の満足度を高める承認欲求の満たし方
0383	毎日続けるよりも効果的な筋トレ術
0384	ウオーキングよりも効果的に血流を高める方法とは？

▶ ＊＊が○個分

具体的な実感のわかない数値を、「例え」で直観的に分かりやすくする手法。「ビタミンC2000mg配合」と言われても、それが多いのか少ないのかピンとこないが、「レモン100個分」と聞けば、イメージがわく。球場やディズニーランド何個分という比較も同じ。

別表現	1日あたりコーヒー＊＊杯分、＊＊冊（個）分
0385	ビタミンCがレモン100個分
0386	東京ドーム2個分の広さ
0387	1日あたりコンビニコーヒー1杯分のお値段

▶ ベター

何かと比べて、「それよりもいい」ということを示す。比べるものを実際に書く場合は、「＊＊より」と日本語で表現することがほとんど。「現状より」「すでにあるものより」という前提で、比べる対象を出さずに使う場合もある。

別表現	よりよい、改善、アップデート、＊＊の進化
0388	あなたにとって、よりベターな選択を
0389	いまよりちょっとだけ贅沢。ベターライフを目指しませんか？
0390	離婚の危機を避けるベターな夫婦関係とは？

▶ 紙一重

大きな違いは誰にでも分かるが、小さな違いに気づく人は少ない。「あなたはその小さな違いに気づいていますか？」というニュアンスになる。普通なかなか気づかない、小さな違いなら、「自分も気づいていない可能性がある」と思ってもらいやすい。

| 別表現 | わずかな、際どい、危うい、危機一髪、ギリギリの |

0391	富を生み出せる人は知っている紙一重の違いとは？
0392	日本代表、紙一重の差で一次リーグを突破
0393	パワハラと教育は紙一重。これまでの考えが悲劇を生む原因

▶ グレー

良し悪しや善悪など、どちらかはっきりと白黒つけられない状態を指摘する表現。「グレーゾーン」と呼ぶことが多い。「怪しい」というニュアンスも含む。

| 別表現 | 賛否ある、すれすれの、法律が追いつかない |

0394	事業を拡大するときに寄ってくるグレーな会社を見抜く方法
0395	著作権のグレーゾーンは「黒」になるか「白」になるか——有識者が議論（CNET Japan、2008年4月）
0396	マネジメントとは「グレーな世界」を生きる覚悟（PRESIDENT WOMAN、2019年6月）

問題提起——比較で興味を引く

偉人たちのコピー①デイヴィッド・オグルヴィ　　COLUMN

アメリカの長いコピーライティングの歴史の中で、超有名なセールスレターのヘッドライン（「つかみ」となる大見出しのこと）をいくつかご紹介しよう。

デイヴィッド・オグルヴィ (1911-1999)：

イギリス生まれで、後にアメリカに渡り、「現代広告の父」と呼ばれるまでになった。日本でも広告に携わる人で、彼の名前を知らない人はいないと言われるくらいだ。D.オグルヴィの業績は多々あるが、広告史上に残る有名なヘッドラインは、

「時速60マイルで走る新型ロールス・ロイスの車内で、最大の騒音は電子時計の音だ」（筆者訳）新型ロールス・ロイスが「いかに静かであるか」を見事に描写している。

もう1つ。「（石鹸の中で）Dove(ダヴ)だけが、1/4の潤いを与えるクリームだ」（筆者訳）このコピーのポイントは、石鹸を「汚れを落とす商品」としてではなく、「潤いを与える」＝保湿の商品として位置付けている点だ。単なる日用品を超えて、「美しくありたい」という欲求までくすぐっている。これによって、保湿を気にする女性など、新しいマーケットを作り出したのだ。

The Principle of Copywriting. PASONA ▶▶ Problem

注意を促し注目を集める

　人間は、「のぞかないでください」と言われると、なぜか、のぞいてみたくなる。心理学では「カリギュラ効果」と呼ばれている。

　「カリギュラ」という名前の由来は、ローマ帝国の皇帝「カリグラ」をモデルにした『カリギュラ』というイタリア映画だそうだ。内容の過激さからアメリカで公開禁止になり、それが原因で逆に話題になってしまった逸話から来ているとか。

　ここでは、命令したり禁止したりすることで注目を集める表現をご紹介する。禁止されると余計にやりたくなる心理を逆手に取って、コピーの世界でも「読むな」「買うな」「するな」などの表現がよく使われる。そういった表現は、読み手の注意を引くが、使い方には注意が必要だ。**禁止や命令をされることを好む人はほとんどいないので、誰から言われるかがポイントになる**。その道の権威者や達人、信頼する誰かから言われれば、「何だろう」となるが、よく知らない人から言われた場合、「あなたに言われる筋合いはない」と拒絶される危険性がある。

　また、「するな」という直接的な表現が強く聞こえすぎる場合は、「しないでください」などマイルドな表現にするとよい。

▶ やってはいけない

主に形容詞として「やってはいけない＊＊」のように使われる。実際には注意を促しているが、「しないでください」より間接的で、マイルドに響く。0397や0399のように、前後に数字を入れたり、内容を具体的にすることで、伝わる力がアップする。

別表現	してはいけない、するべきではない
0397	腰痛持ちが深夜にやってはいけない3つの習慣
0398	絶対に買ってはいけない中古一戸建ての間取り
0399	採用面接でやってはいけない5つのこと

▶ 買ってはいけない

「やってはいけない」のバリエーションで「購買」に絞った表現。多くの人はお金を出すことに慎重だ。彼らの持つ「買って後悔するのを避けたい」という強い欲求に訴える効果がある。特に0402の「マンション」のように、単価が高い商品ほど、こうしたコピーが響きやすい。

別表現	買うべきではない、買うと損する
0400	タワマンは「オワコン」なのか？憧れだけで買ってはいけない理由（DIAMOND online、2019年8月）
0401	漢方医が教える買ってはいけないサプリメント
0402	絶対に買ってはいけない中古マンションの見分け方

▶ しないでください

人に向けた文章というのは、「してください」という
メッセージが圧倒的に多い。この表現は逆に、「するこ
と」のデメリットにフォーカスし、その代替策を勧める
場合に適している。

別表現 待ってください、不要です、いりません

0403	この事実を知るまでは生命保険に入らないでください
0404	カーシェアで変わるカーライフ　もうクルマは買わないでください
0405	エンドレスの会議が好きな人はこの先は読まないでください

▶ ＊＊はもういらない

今使っているものの代わりの製品や方法を提案するのに
効果的な表現。「いらない」と言われたものが、これまで
重要だと思われてきたものであるほど、効果的。

別表現 ＊＊はもう不要、＊＊はもうお役御免

0406	ピアスホールはもう要らない？若者にイヤリング人気の意外な理由（Forbes JAPAN、2019年7月）
0407	ガイドブックはもういらない！ディズニーシーで行くべきスポットをタイプ別に厳選して解説
0408	機能満載の高級家電はもういらない　シンプルライフ的家電の選び方

▶ ＊＊は忘れてください

「もういらない」と同じように使える表現。ただし、「い
らない」は形のあるものに対して使われることが多く、
「忘れてください」は、形のない知識や技術などに使わ
れる傾向がある。

別表現 ＊＊は気にしないでください

0409	あなたの時間を無駄にすることになりますから、このメールは忘れてください
0410	いままでのスイングは忘れてください。プロも唸るドライバーショットのスイング軌道
0411	AIによる完璧な文章校正　もうスペルチェックは忘れてください。

▶ 捨てろ！

「いらない」「忘れてください」から踏み込んで、手放す
ことを強く指示する表現。ただし、命令形なので、読み
手との関係性に配慮する必要がある。知らない人、権威
のない人、信用のない人からいきなり命令されると、拒
否反応を示すのが普通だ。

別表現 手放しなさい、やめなさい、＊＊はゴミ箱に

0412	定年退職までに"女性からの手紙"は捨てろ（PRESIDENT Online、2018年4月）
0413	世界展開したければグローバル思考をまず捨てろ！
0414	カッコよく見られたいという願望は今すぐ捨てろ！

問題提起｜注意を促し注目を集める

▶ 警告！

禁止することによって、注目を集める。元々はアメリカのコピーライティングで「Caution！」や「Warning！」という形で使われていたものが、逐語訳的に広まったもの。「警告！」という日本語は、扇動的にも聞こえるため、注意を引きつけるものの話題を選ぶ必要がある。

別表現 警報、危険、教訓、＊＊禁止、忠告

0415 医師が**警告**！「内臓脂肪」に潜む怖い病気リスク（東洋経済ONLINE、2019年4月）

0416 **警告**！これを読む前に分譲マンションを買ってはいけません

0417 1つ**忠告**しておきたいことがある

▶ 注意

「警告！」よりマイルドで、日本語的にも違和感なく受け入れやすい。警告するほどではないが、注意が必要という場合にも使える。「警告！」と比べて、より「読者の味方」という立場から使える言葉。

別表現 注意報、アテンション、＊＊に備えよ

0418 入会を決定する前に、3大**注意**

0419 **注意**！中学生に初めてスマホを持たせる親御さんへ

0420 スマホ漬けの人は**注意**！怖い"鶏首"解消法（東洋経済ONLINE、2017年4月）

▶ ちょっと待ってください！

警告で注意を引くパターンの中では、この表現が最もマイルド。他の表現が多かれ少なかれ「上から目線」なイメージを与えるのに対して、この表現はそういった印象がないのが特徴。

別表現 ちょっと待った！、待て！、ストップ！

0421 では、コピーライティングは社外の専門家に頼めばいいのでは？**ちょっと待ってください**！

0422 コールセンターに電話？**ちょっと待ってください**！

0423 だが、**ちょっと待った**！（『不変のマーケティング』フォレスト出版）

▶ ＊＊しろ！

誰でも人から命令はされたくないもの。この表現が効果的に使えるのは、語り手にある程度の権威や信用があって、読み手が指示を受け入れやすい関係性にある場合。安易に使うと、読み手の反感を買うので、注意して使うべき表現だ。

別表現 ＊＊せよ！、＊＊しなさい、＊＊すべし

0424 『バカになるほど、**本を読め**！』（PHP研究所）

0425 50代・60代はこう**攻めろ**！

0426 国家を**ブランディングせよ**！エストニア精鋭デザイナーたちの挑戦（Forbes JAPAN、2019年2月）

大事なのは、ロジックよりも、好き嫌い。
印象がよくなければ、あなたの提案が
どんなに素晴らしくても、聞く耳を持たない。

PASONAの法則 ── 親近（Affinity）

文字だけで親近感をもたらす
8つの方法

読み手の痛みへの深い理解を通して、あなたが解決できる「問題」が明確に
なり始めたら…、次に、「解決」策に急ぐ前に、やるべきことがある。

それは、相手に「親近感」を持ってもらうことだ。
なぜなら読み手は、提案内容を、論理的・理性的に検討する前に、
直感的・生理的に、あなたの話を聞くかどうかを判断してしまうからである。

つまり、大事なのは、ロジックよりも、好き嫌い。
印象がよくなければ、あなたの提案がどんなに素晴らしくても、聞く耳を持たない。
即座に、別サイトや別チャンネルへ移ってしまうのだ。

だから、ここでのポイントは……、見知らぬ相手に対し、「どうすれば文字だけで、
親近感を持ってもらえるか？」ということである。

文字だけで親近感をもたらす、主な8つの方法を列挙すると…、

1. 親しい友人にメールを出す気持ちで、顧客に文章を書く
2. 読み手の、いままでの失敗を正当化する
3. 読み手と共通の敵を想定する
4 自分の失敗や恥ずかしい秘密を打ち明ける
5. 自分の家族や友人の噂話を共有する
6. 絶体絶命の大危機から大成功する、一発逆転ストーリーを語る
7. 専門家でないと知らない、専門用語を使う箇所がある

8. 顧客の社会的地位と、同じ地位に並んでいる印象を与える

以上の、どれも効果的ではあるが…、
その中でも最重要項目は、あなたは何番だと思うだろうか？

正解は…、6番の「一発逆転ストーリー」である。

一発逆転ストーリーとは、何か？
10秒で分かりやすく説明すると…、こうだ。

「困難な問題に遭遇した人物が、それを自らの力で乗り越えると決意し、
試行錯誤をしながら前進し始めるが、
行く手を遮る敵に邪魔されて、
失敗し失敗し失敗し、それでも諦めなかったが、
ある時、想像をはるかに超える危機に直面し、もはや最期と目を瞑ったとき、
思いもよらない突破口がひらけ、大成功を収める」

という、劇的な、しかし典型的なストーリーだ。

メガヒットとなるシナリオの筋書きは、たいてい、このようなパターンになっている。
これが、なぜ最重要かと言えば——、
その他、すべての、親近感をもたらす項目の根源になっているからである。

一発逆転ストーリー、すなわち「顧客と同じ問題を抱え、克服したという体験」を、
売り手が歩んできたならば、自然の帰結として——、

1. 同じ問題を抱えた先輩（メンター）として、顧客に対して声かけできるし、
2. 顧客の失敗は、自分も通ってきた道だし、

3. 敵を知っているから、効果的な戦い方を指南できるし、

4. 自分の失敗や恥ずかしい秘密を打ち明け、相手に自信をもたせられるし、

5. 自分の家族や友人の噂話を共有し、相手に安心感を提供できるし、

7. 熟達者として、専門的用語を使った会話を日常的に交わしているし、

8. 当然、業界内で一目置かれる存在になっているのだ。

このように一発逆転ストーリーを発掘し、
コピー中で、さらりと触れることにより、売り手と買い手の距離が近くなり、
売り手を買い手のメンター的な立ち位置に据えることができるのだ。

このメンター的な立ち位置を確保するのは、

売上をあげるうえで、決定的だ。

今の時代、商品も、情報も溢れている。
だから、人気のブロガーやYoutuberが発言すると、
それまで売れなかった商品が、爆発的に売れ出すことから分かるように、
「何を言うか？」だけでは十分ではなく、

「誰が言うか？」が、売上を大きく左右するのだ。

「一発逆転ストーリー」を発掘することにより、
あなたは、「誰が言うか？」という売り手の価値と、
「何を言うか？」という商品の価値の双方を、
顧客に伝えられるようになるわけだ。

一発逆転ストーリーの、ひとつの例として、映画化もされた「奇跡のリンゴ」をあげよう。
あらすじをご紹介すると…、

「サラリーマンから農家に転身した木村さんは、農薬散布によって体調を崩しがちな妻のために、無農薬によるリンゴ栽培を決意。

しかし、その栽培法は、絶対不可能だと考えられており、何年たっても成果は全く出ない。
借金に追い込まれた木村さんは、ある日、自殺するため、ひとりで山に入る。すると、彼はそこで自生した1本のくるみの樹を発見。

木は枯れることなく、また害虫も発生していなかった。木村さんはその樹を見て、同じことが、リンゴの木でもできるのではないかと閃いた。

そして農薬の使用をやめてから8年目、ついに2個のリンゴを収穫した。
驚くほどおいしいリンゴだった。」

このような逆転劇を聞くと、木村さんは、もはや他人ではなくなる。

親しみとともに、敬意を払える人物として、あなたの心の中に位置づけられる。
だからこそ、木村さんの話には耳を傾けるし、
木村さんが手がける農作物は、すべて特別な価値を持つブランドになる。

ちなみに、一発逆転ストーリーが効果的だと聞いたとたん、
「よしっ。自分も、木村さんと同じように、人生のどん底の話をすればいいんだな」
と、マーケティング・メッセージの冒頭で、いきなり身の上話をしてはならない。

よほどの著名人でない限り……、誰も、あなたの苦労話などに、興味はない。

だから、稼ぐ構成パターンである「PASONAの法則」では、
読み手が直面している「P（問題）」から、文章を考えることになる。
その後、「S（解決）」策に、耳を傾けていただくためには、
あなたが、読み手が感じている「痛み」を、
自分の「痛み」として感じられる人──

すなわち、
今、読み手が直面している問題を、
あなた自身が乗り越えてきた人であることを知ってもらうこと
が効果的だ。
こうして自らの経験からつかんだ知恵は、圧倒的な説得力を持つからだが、
普段の日常では、忘れ去られていることが多い。
だから、「一発逆転ストーリー」を思い出す作業は、とても効果的なのだ。

「うちに、そんな劇的なストーリーはないよなぁ？」と思った場合でも、
それに気づいていないのは自分だけ、ということが非常に多い。

だから、今、この文字を目にしている読者は、
この機会にぜひ、一発逆転ストーリーを思い出していただきたい。

そのストーリーからは、あなたにしかない独自の強みや、
読み手が親近感を感じてくれるためのエピソードが、
てんこ盛りになって、見つかるはずだ。

The Principle of Copywriting. PASONA ▶▶ Affinity

ストーリー性を出す

子どもの頃は、絵本などで物語に親しむが、大人になっても、物語は人を惹きつけるものだ。「ストーリー」は人間にとって自然で、分かりやすい形式だと言える。中でも、時を超えて受け継がれてきた「神話」には、人の心をつかむ"普遍的なストーリー・パターン"がある。有名な『スターウォーズ』など映画のシナリオも、そのような神話のパターンに沿って作られていることが知られている。

コピーライティングにおいても、物語には特別な力がある。読者はストーリーを読むとき、**登場人物に自分を重ね合わせて、同じ経験をしているかのように感じるのだ**。なぜこのようなことが起こるのかと考えると、心理学で言うところの「エピソード記憶」で説明できるだろう。人は過去に経験した出来事の記憶に関して、「その場の雰囲気」や「心理状態」など、関連した情報も一緒に記憶していると言われている。ストーリーは、そういった読み手のエピソード記憶と結びつき、過去の思い出や感情を呼び起こすことになる。だから、**あなたの文章を物語にすることによって、よりリアルに、より没入して、読んでもらえるのだ**。

▶ 物語・ストーリー

シンプルに「物語」と表現してしまう。単純にノウハウや一般論が書かれているのではなく、紆余曲折のストーリーがあることを伝える。

別表現	ヒストリー、生い立ち、ドキュメント、エピソード
0427	50代で大手企業を早期退職して起業した男の**物語**
0428	夏の奇跡の**物語** 甲子園旋風録（『Number』984号、文藝春秋）
0429	医師を続けながら上場企業を創った男のリアル・ストーリー

▶ みんなは笑いました。でも

バカにされたけど、見返したという典型的な一発逆転のストーリー。0430はジョン・ケープルズの有名なヘッドライン。「でも＊＊すると－」と途中で止めることで、先が知りたくなるという手法が、映画やTVでもよく使われている。

別表現	みんなは馬鹿にしました。でも
0430	私がピアノの前に座るとみんなが笑いました。でも弾き始めると－（『ザ・コピーライティング』ダイヤモンド社）
0431	ウエイターが私に英語で話しかけたとき、みんなは笑いました。でも注文し始めると－
0432	同業者には笑われた。でも私の本が売れ始めたとたん…（『もっとあなたの会社が90日で儲かる』フォレスト出版）

▶ なんで私が＊＊に

0433のように、「理想的な状態になぜなれたのか」を伝える場合が多い。一方、0434のように「避けたい状況」を持ってくることもできる。「なぜそうなったのか」と、背後にあるストーリーや因果関係に興味をそそられる表現。

別表現 どうして僕が＊＊に

0433	なんで私が東大に。(四谷学院)
0434	どうして私の会社が倒産に
0435	なぜ日本の片田舎で農業をやっていた私が、アフリカに？

▶ 崖っぷち

追い詰められた状況がリアルに感じられると同時に、そこからの巻き返しのストーリーに期待が高まる。崖っぷちからそのまま落ちてしまってはストーリーにならないので、逆転の物語があることが前提となる。

別表現 絶体絶命、追い詰められた、お手上げ、八方塞がり

0436	左遷寸前の崖っぷちサラリーマンが営業成績でトップになったきっかけとは？
0437	3月まで就職先未定だった崖っぷち大学生が考えた驚きの起業とは？
0438	超崖っぷちに立つ「地銀」に欠けている視点（東洋経済ONLINE、2019年5月）

▶ 奇跡の

奇跡という言葉には、「人間業では考えられない不思議な現象」というニュアンスがある。そのため、それが起こる背景や、起こった内容そのものに神秘性を伺わせる（例：奇跡のリンゴ）。

別表現 ミラクル、神がかり的な、神業的な

0439	コミュニティが支える奇跡の商店街
0440	奇跡のアラフォー　あの肌艶はどうやってキープできるのか？
0441	森の中の学校の奇跡の授業

▶ 伝えたい

人間はいいことや、嬉しいことがあれば、誰かに話したくなる。ソーシャルメディアで使われる「シェア」という言葉は、まさにそのような人間の感情を表している。「シェアしたい」よりも「伝えたい」のほうがストーリー性を感じられ、自然な印象を受ける。

別表現 言っておきたい、一言、共有

0442	「目標を決められない」と焦る人に伝えたい3つの視点（Forbes JAPAN、2018年12月）
0443	子どもたちに伝えたい日本の武道精神
0444	育児ノイローゼ気味のママに伝えたい、子どもとの距離を置くのに使える公的支援

▶ ウソのようなホントの

ニュアンスとしては「奇跡の」と似ているが、「奇跡」と言うと大げさな感じがする場合、この表現を使えば、親しみやすくユーモラスな印象になる。

別表現 信じられない、アンビリーバブル、まさかの

0445	本当にいるの？ウソのようなホントの海中生物
0446	山中湖でウソのようなホントの絶景が見られるほんのわずかな時間帯
0447	ウソのような本当のチャンスが舞い込んできたウラにあった必然

▶ 復活

以前良い状態にあったものが、その後悪くなり、また良くなったというシナリオ。たった2文字の言葉だが、そこには凋落と再生のストーリーがあることを伺わせる。その「振れ幅」に、人間はスリルや共感を覚えるのである。

別表現 蘇る、リバイバル、起死回生、復興、V字回復

0448	「モノ造り革新のリアル」―マツダ復活の証言（日経ビジネス、2019年4月）
0449	V字回復をもたらしたヒットの法則（『USJのジェットコースターはなぜ後ろ向きに走ったのか？』KADOKAWA、森岡毅著）
0450	昭和の特撮番組が最新のCG技術で令和に復活

▶ 贈り物

「＊＊の贈り物」の＊＊の中には、「人」だけでなく、抽象的な「概念」や「団体」、「自然」なども入る。「プレゼント」も同じ意味合いだが、「贈り物」という日本語のほうが「背景にあるストーリー」に意識が向くだろう。0452のように、「日本海産」を「日本海からの贈り物」とすると、大きく印象が変わる。

別表現 プレゼント、ギフト、たまもの（賜物）、＊＊から贈る

0451	家族を愛するリンゴ農園から、家族を愛するあなたへの、一生の贈り物（『稼ぐ言葉の法則』ダイヤモンド社）
0452	日本海からの贈り物
0453	ミステリアスな国ミャンマーからの贈り物

▶ はじまる

未来に向かって、物語が展開されていく、というような期待感が高まる。あるいは、「そんな未来をともに作りましょう」というメッセージにもなる。動詞としてではなく、0456のように「＊＊のはじまり」と名詞としても使える。

別表現 スタートする、幕を開ける、幕が開く

0454	お金を考えない社会がはじまる
0455	それは、あなたのすべてのスクリーン上にある、一つの場所で始まります（アップル）
0456	これはとても小さな一歩ですが、ゼロエミッション実現への大きな始まりです

親近感を出す｜ストーリー性を出す

▶ 挑戦

ヒーローは何かに挑戦することで生まれる。困難に挑むドラマの中で、挑戦のキッカケとなったストーリーや乗り越えようとしている問題に興味をそそられる。

別表現 チャレンジ、対抗、挑む、受けて立つ

0457 READY TO GO! その**挑戦**が、未来を変える。(東京海上日動)

0458 自然食品のプロ、ジェラートに**挑戦**(日経MJ、2018年2月)

0459 学級崩壊への**挑戦**。ある女性教師の奮闘の記録

▶ 逆襲

追い詰められた状況から盛り返すというニュアンス。劣勢になった背景と、そこからの巻き返しの方法(どうやって局面を打開したのか)にストーリー性が感じられる。

別表現 反撃、切り返し、反攻、カウンターアタック

0460 『凡人の**逆襲**』(オーエス出版、神田昌典、平秀信著)

0461 高齢化社会の日本を救う、製造業の**逆襲**が始まる!(Forbes JAPAN、2018年11月)

0462 就活生の**逆襲**!?(NHK、2019年4月)

▶ 下克(剋)上

元々は戦国時代に身分や権力が下の者が、上のものを脅かしたり、勝つという意味。そのため、不利だと一般的に思われている人や集団が、有利な人たちを打ち負かすことを示す比喩として使える。あるいは、単に「逆襲」と似たニュアンスで使うこともできる。

別表現 逆襲、番狂わせ、反逆、アメリカン・ドリーム

0463 改元は**下克上**のはじまりの合図

0464 伊藤忠商事社長「万年下位からの**下剋上**」(PRESIDENT Online、2016年12月)

0465 最年少役員の**下克上**出世

▶ ワケあって

「理由があって」と言っているため、その理由がいったいどんな理由だったのか、知りたくなる。同時に、その背後には何らかの物語があるということを醸し出す。

別表現 いわくつき、色々あって、特別な理由で

0466 **わけあって**、安い(無印良品)

0467 『**わけあって**、絶滅しました。』(ダイヤモンド社、丸山貴史著、今泉忠明監修)

0468 **ワケあって**在庫処分しますが、品質にはまったく問題ありません

▶ 舞台

「憧れ」や「華やかさ」という雰囲気が醸し出される表現。また「舞台＝主役」というイメージもあることから、主役になるというニュアンスも含まれる。0471のように「ステージ」も同じ意味だが、少し印象が変わる。

別表現 ステージ、檜舞台、シーン、光景、情景、主役

0469	音楽と映画のための完璧な**舞台**（アップル）
0470	**舞台**は街から個室へ　ハロウィンのトレンドに変化（Forbes JAPAN、2017年10月）
0471	あなた自身が人生の**ステージ**で輝くために、今日から一歩を踏み出そう

▶ 運命

色々な意味を持つ言葉ではあるが、一般に使われる場合は、「行く末」という意味を表す。似た言葉に「命運」があるが、こちらは「巡り合わせ」という意味なので少し違う。

別表現 定め、天命、巡り合わせ、因縁

0472	電気自動車はガソリンエンジンの**運命**を変えるのか？
0473	サンマの不漁が続けば、うなぎやマツタケと同じ**運命**をたどるのか？
0474	ブラックマンデーで潰れた会社と生き残った会社を分けた**運命**の株価

書けない原因
COLUMN

　ブログでもメールでも、何か文章を書く必要があり、「よし！書くぞ！」とパソコンに向かったものの、うーんと唸って真っ白な画面を見つめ、指が止まったままになることはないだろうか？書けないのは、一般的に思われているライティングスキルの問題ではなく、「リサーチ不足」が原因だ。プロのコピーライターでも、純粋に書いている時間より、ネタ集めをしたり、構成を考えたりする時間のほうが圧倒的に長いのだ。「現代広告の父」と呼ばれているデイヴィッド・オグルヴィでさえも、書く前の調査には3週間くらいの膨大な時間をかけたという。

　だから、「書けない」と手が止まったら、潔く書くのをやめて、トピックに関連するネタ集めをするのがおすすめだ。ライティングは料理と同じで、集めた素材以上のものは書けない。「いい文章」を書くには、「いいネタ」が必要なのだ。

The Principle of Copywriting. PASONA ▶▶ *Affinity*

読み手に寄り添う

　初対面の人と話をしていて、相手が自分と同じ都道府県の出身だと分かった。詳しく聞くと、なんと自分の育った家の近所。ローカルな話題で盛り上がり、すっかり意気投合した…。そんな経験はないだろうか。そういうときには、妙な親近感を覚えたのではないだろうか。あるいは、出身地も年代も違うのに、「大学が同じ」ということで、急に「先輩・後輩」の間柄になったりすることもある。こんな些細なことでも、人は自分との「共通点」があると他者に親近感を感じるものだ。これは、「類似性の法則」とも呼ばれている。

　そして、共通点を見つけるだけでなく読み手の感情に寄り添うことで、さらに強く親近感を感じさせる。寄り添うというのは、読み手を励ましたり、読み手の立場に理解を示し、同意することである。「あなたの味方or理解者ですよ」とエールを贈るわけだ。

　実際のコミュニケーションでも、自分の考えに理解を示して、賛同してくれた相手に好感を持つことは多いが、コピーにおいてもこの原則は変わらない。書き手は読者の立場に寄り添うことで、「自分の主張」にも理解を示してもらえる。つまり、「共感」はセールスにおける頼もしい武器なのだ。

▶ うんざり

「嫌だ」という気持ちを代弁する。「嫌悪感」とも言うべき強い拒否感情、あるいは「毎度同じようなことばかりで、飽きて、嫌になる」という不快・ストレスを描写する。そのような読者のネガティブな気持ちに寄り添い、共感を誘う表現。

別表現　嫌い、まっぴらごめん、飽き飽き、食傷気味

0475	コメツキバッタのような営業はもう、うんざり
0476	あなたは今の上司にうんざりしていませんか？
0477	年功序列はもう、うんざり。呼び方も欧米流の職場で年齢を気にせず働きたい

▶ 面倒

「面倒だと思っているのはあなただけはありませんよ」というメッセージも含まれるため、共感が得られやすい。悩みを抱えているのは一人ではなく、他の人も同じように悩んでいる、という安心感を与える。

別表現　やっかい、煩わしい、面倒臭い、うるさい、困った

0478	化粧直しは面倒と約86％の女性が思っています（資生堂）
0479	昼食後の歯磨きは面倒と80％の人が思っています
0480	「毎日の夕食の献立を考えるのは面倒」そんな専業主婦の方へ

▶ 悩まない

「もう悩まなくてもいいんですよ」と顧客感情に寄り添った言い方。同時に「悩みがなくなる」＝「問題を解決します」と、なんらかの解決策があることを示している。そういった複数の役割を担っているため、この表現は使い勝手がいい。

別表現 煩わされない、考えない、＊＊からの解放

0481	出力中のエラーに悩まされることはもうありません（アップル）
0482	雨の日の通勤靴でもう悩むことはない！究極の雨の日シューケア用品
0483	もう悩まない。旅先の不眠を気にせず熟睡できるホテル選び

▶ ご一緒

丁寧で汎用性があるため、使いやすい表現。0484のように「（あなたと私は）同じ」という意味や、0485のように「セットで」という意味でも使える。また、0486のように「同行する」、あるいは発展させて「仲間になりませんか？」という文脈でも用いることができる。

別表現 同じく、同席、＊＊は分かります

0484	家族のために最良のことをしたい。その気持ちは私たちも一緒です（アップル）
0485	素敵なディナータイムには、秋限定のスペシャルワインをご一緒に
0486	新しい門出にご一緒できて光栄です

▶ 諦めた

過去にトライしたけど、できそうになくて諦めてしまった経験は誰しも心当たりがあるだろう。辞めてはいるものの、心の底ではまだ「できるようになること」を望んでいるケースも多い。この言葉には、そういった人達に、もう一度希望を与える力がある。

別表現 ギブアップした、リタイア、ドロップアウトした、断念した

0487	マヨネーズをあきらめた人に、新発売（キユーピー）
0488	英会話を断念した方へ、もう一度チャレンジするチャンスです
0489	夜眠れなくなるからとディナーのコーヒーを諦めた方にはデカフェがオススメ

▶ 諦めない

「無理かもしれない」と薄々感じているが、それでも簡単に諦めたくはない、という気持ちを代弁している。

別表現 ネバーギブアップ、へこたれない、くじけない、粘る

0490	年齢をあきらめないセサミン（サントリー）
0491	それでも野球を諦めない。現役にこだわり続ける選手の心
0492	男50代　髪はまだ諦めない

親近感を出す｜読み手に寄り添う

▶ 支える

「応援している」という立場を表明し、親近感を感じさせる。読み手には、共感するだけでなく、頼もしさを感じてもらえる。「支援」「サポート」「応援」など単語のバリエーションも多い。

別表現 サポートする、支援する、応援する

0493 各分野の精通したパートナーが実践会のイベントを通して、あなたを強力に**サポート**

0494 出す年賀状の数は、僕を**支える**人の数です。(郵便事業)

0495 中小企業後継者の婚活**支援**（日経MJ、2018年4月）

▶ ○歳からでもできる

一般的にそれを始めるには、「まだ早い」(0498) あるいは「もう遅い」(0498、0497) と思われることに対して使うのが効果的。「○歳ではできないのでは？」という心理的な不安を取り除く。

別表現 ○歳からでも＊＊可能、○歳からでも大丈夫

0496 60歳からでも活躍できる！充実の教育と環境が揃っています

0497 20歳からでも世界のトップを目指せるスポーツ

0498 2歳からでもサッカーはできる！始める前に伝えておきたい3つのこと

▶ 遅くない

「やりたいという希望はあるが、タイミング的に無理だろうな」と諦めかけている人を、励まし、行動に向けて背中を押している。労働寿命の伸びている日本では、さまざまな領域で使えるだろう。

別表現 まだ間に合う、滑り込みの＊＊、セーフ

0499 起業に「**遅すぎる**」ことはない（バーバード・ビジネス・レビュー、2019年6月）

0500 今からでも全然**遅くない**！思い切って始めましょう。シニアのパソコン教室

0501 スキルアップのための勉強を始めるのに**遅すぎる**ことなんかない

▶ 等身大

人には、今の状態より成長して「大きくなりたい」という願望もあるが、一方で「背伸びせず、ありのままの状態を見て欲しい」という願望もある。この表現は、無理をしていない、自然体のさまを表す。

別表現 身の丈にあった、同じ目線の、飾らない

0502 ミレニアル世代の代表選手「ハンソン兄弟」　**等身大**のビジネス戦略（Forbes JAPAN、2015年11月）

0503 人からよく見られたい欲求の強い人には**等身大**のコミュニケーションがおすすめ

0504 **等身大**の言葉で語ろう

小さな会社

「小さい」の定義が明確にあるわけではなく、大企業に対して規模が小さいという意味。この言葉を使うシーンのターゲットは、零細～小規模企業であることが多い。ビジネスシーンで共感を誘うことができる。

別表現 小規模企業、零細企業、スモールビジネス

0505	**小さな会社**を急成長させる実践的MBA
0506	高収益企業に学ぶ**小さな企業**のための、成長に応じた人材採用法
0507	経理まるごとサポートシステムが**小さな会社**の経営を支えます

ひとり

ここで紹介する使い方は、「新しいことに一人で立ち向かう人への応援」という意味。大人数で行うことはハードルが高く感じられるため、「ひとりで」という言葉があることによって、身近に感じてもらいやすい。

別表現 お一人様、独力で、ロンリー、孤独な

0508	**ひとり**からのブロックチェーン革命
0509	自営業なら知っておきたい「**ひとり**働き方改革」の5つの方法
0510	無農薬・無施肥栽培　周囲の反対を押し切り、たった**一人**でスタート

やさしい（ソフトな）

ここでは「簡単な」ではなく「あたりがキツくない」のほう。人の「心配な気持ち」に寄り添った表現。「お口にやさしい」「お肌にやさしい」など口当たりや肌触りなどにも使える。

別表現 マイルド、やわらかい、しなやか、柔和、温和

0511	今どきの新入社員が求めるのは、**優しい先輩**か、厳しい先輩か？
0512	**やさしい**カフェラテ
0513	お年寄りの歯にも**やさしい**干物

共有

0514のように、「共有します」と読み手を巻き込むことで仲間意識を持ってもらえる。あるいは、0515、0516のように、読み手が「他の誰かと一緒に体験する」という意味でも用いられる。「シェアします」という言葉は、英語的な発想ではあるが、SNSの拡散ボタン「シェア」が普及した今では広く受け入れられる。

別表現 シェア、＊＊をあなたと、WINWIN

0514	この情報をあなたと**共有**します
0515	冬の夜空の感動体験を家族で**共有**できます
0516	会員同士で楽しい情報を自由に**シェア**

親近感を出す — 読み手に寄り添う

▶ 伴走

別表現 寄り添う、二人三脚で、肩を寄せ合って

「寄り添って一緒に進む」ことを2文字で伝えることができる。伴走（ばんそう）とは字の通り、伴って走ること。つまり、主体者と同等以上のスキルがあることが前提になる。読み手にとってだけでなく、書き手にとっても、一緒に走ってくれる存在は貴重でありがたいもの。

0517 コミュニティ・メンバーの**伴走**により、一人だけで頑張ることの限界を超えていきましょう。

0518 鬱屈としていた店長たちを変えた**伴走**型の「モチベーション改革」（Forbes JAPAN、2018年4月）

0519 3ヶ月間の新人管理職**伴走**プログラム

▶ 心をつかむ

別表現 どストライク、ハートをつかむ、グッとくる

「人の気持ちを引きつけて離れないようにする」（『広辞苑 第5版』岩波書店）が元々の意味。しかし実際には、単に「非常に気に入られる」という意味で使われることが多い。「好まれる」と言うよりも「心をつかむ」と言うほうが、ビジュアルイメージが浮かぶ。

0520 昭和世代の**心をつかむ**懐かしの画像をプレゼンに活用する方法

0521 「肉好き」の**心を鷲掴み**にする味、神戸牛スペシャルステーキ

0522 女性の**ハートをつかんで**離さないデザイン

▶ ＊＊ファースト

別表現 ＊＊を第一に考える、＊＊一番、＊＊主義

「第一に考える」「何よりも優先させる」といったニュアンス。その商品や人・組織が、価値を置いて大事にしているものを、はっきりと端的に表現できる。

0523 「**顧客ファースト**」を本気で実現する、自律分散型チェーン展開

0524 いま連盟職員が考えるべき「**アスリートファースト**」の大会運営

0525 顧客満足度を高めたい大企業が結果的に「**自社ファースト**」になってしまう原因

▶ 人生の

別表現 一生の、生涯の、一代、今生

人の生活の中で大きなウェイトを占めるものに対して使える。0527の「人生の半分」というような言い回しはお馴染みだろう。大げさになる懸念もあるので、内容をよく確認して使うのがおすすめ。

0526 『**人生の勝算**』（幻冬舎、前田裕二著）

0527 **人生の**半分以上を海外で過ごす日本人は今後増えるのか？

0528 犬と生活していなければ**人生の**大部分を無駄にしていたかも

▶ 愛

一般的には、愛したり・愛されたりというのは、「特別な誰かに対しての感情」と認識される。そのため、「愛」という言葉自体、個人的な関係や感情を彷彿とさせる。あるいは、「好き・好かれている」という軽いニュアンスで使われることも多い。マザーテレサのごとく「万人に愛を」と大きな意味を表す場合もある。

別表現 ＊＊に愛される、ラブ、＊＊派、＊＊精神、絆

0529 お金に愛される人と嫌われる人の決定的な違いはどこにあるのか

0530 地域に愛される工務店を目指して日夜励んでいます

0531 沖縄をこよなく愛する東京人のための沖縄料理店

▶ 自慢

誰かに認められたいという「承認欲求」は誰にでもある。自慢すると嫌がられることを多くの人は知っているので、堂々と自慢できる機会は少ない。0532、0533のように、あえて許容して、注目を引くこともできる。

別表現 ＊＊が誇る、当＊＊イチオシの、＊＊きっての

0532 私のバッグ自慢

0533 わが家自慢の見せるロフト

0534 SNSでついやってしまう忙しさ自慢…。百害あって一利なし

▶ くん・さん

人ではないものを擬人化し、人のように呼ぶことで、親近感を出す表現テクニック。「さん」も「くん」も子どもだけでなく、大人に対しても使う。「くん」のほうがカジュアルな印象になることが多い。

別表現 ちゃん

0535 賢索くん（パソナキャリア）

0536 新築そっくりさん（住友不動産）

0537 ラベル屋さん（３Ｍジャパン）

▶ 救う

「助ける」は問題がある・ないに関わらず、サポートする、手伝う、という意味である。対して、「救う」は「困った状況から抜け出す」という印象が強くなる。また、手を差し伸べるというニュアンスから、「サポート」より上から目線に聞こえる可能性もある。

別表現 助ける、＊＊からの救済、手を差し伸べる

0538 『あなたの悩みが世界を救う！』（ダイヤモンド社）

0539 医師を「燃え尽き」から救うAIアプリ、診療記録を自動化（Forbes JAPAN、2019年7月）

0540 イヤイヤ期からママを救う精神安定化策

親近感を出す──読み手に寄り添う

The Principle of Copywriting PASONA ▶▶ *Affinity*

誘う

あなたが誰かに本を勧められたとする。次の①〜④は、それぞれどう感じるだろうか？

① 「この本を読みなさい」　　　　　② 「ぜひ、この本を読んでください」

③ 「あなたもこの本を読みましょう」　④ 「この本を読んでみませんか？」

①に近づくほど、押し付けがましく、有無を言わせない迫力がある。逆に④に近づくほど、Noと言いやすいのが感じられるだろう。①のように、強制的に命令されると、「ムッ」としたり防衛本能がはたらく。②は言葉遣いこそ丁寧だが、選択の余地を残しておらず、少し無礼に聞こえるかもしれない。③は命令形ではないため、興味があれば、抵抗なく受け入れられるだろう。しかし、興味がなければ、断るのが億劫で、「重い」という印象を持つかもしれない。④ならば、嫌なときには「ごめんなさい、結構です」と抵抗なく言いやすい。「提案に乗るか・断るかは、あなた次第ですよ」という選択肢を与えてくれているように聞こえる。

このように、同じ「誘い」の表現でも、トーンごとに「丁寧／無礼」「断りやすい／断りにくい」が変化する。抵抗なく受け入れやすい表現は、同時に断りやすくもなる。コピーライティングにおいては、これらの間に正解・不正解があるわけではない。シーンに合わせて使い分けるのがポイントだ。

▶ さあ

同じ目線に立って何かを促す表現。単体でも使えるが、「＊＊しよう」と組み合わせて使われることが多い。

別表現　ほら、それ、レッツ

0541	さあ、始めよう。全身で音楽を楽しめるエレクトーン。（ヤマハミュージック）
0542	さあ、この簡単な方法で都心に家を建てましょう
0543	車椅子でも心配無用　介助付きタクシーで、さあ、旅に出かけよう

▶ いざ

「いざ鎌倉」「いざ出陣」「いざというとき」などでお馴染みの表現。「さめ」と同したか、「さあ」よりも少し古めかしい、あるいは重厚な印象になる。

別表現　それ、さあ、今こそ

0544	いざ北陸へ、私のとっておき　女子組スペシャル・金沢編（朝日新聞DIGITAL、2018年5月）
0545	いざ定年、資産取り崩しか働くか（日本経済新聞）
0546	いざ、夏！絶対に日焼けしないファッションとメイク

▶ ＊＊しよう

「＊＊しよう」「＊＊しましょう」は、疑問形の「しませんか？」「してみませんか？」に比べると、若干、上から目線的な印象があるが、ガイドのような立場から読み手を誘う場合には適している。しかし、よりやわらかく誘う場合は、「しませんか？」のほうが適している。

別表現 ＊＊しましょう、レッツ＊＊、Let's ＊＊

0547	笑顔の時代にしよう。（江崎グリコ）
0548	未経験でも大丈夫。始めよう！クラシックギターレッスン
0549	大好きな音楽を、どこへでも連れて行こう（アップル）

▶ ＊＊しませんか？

やわらかいトーンで誘う。疑問形になっているので、答えを出すのは読み手側で、書き手は提案しているに過ぎない。そのため、押し付けがましい感じがしない。より直接的に誘いたいときには、「＊＊しよう」のほうが適している。

別表現 Shalle we ＊＊？、＊＊への誘い

0550	私たちと一緒に半日真剣に学びませんか？
0551	あなたの１ヶ月の収入をあと５万円増やしませんか？
0552	思い出のつまった故郷にＵターン就職しませんか？

▶ ＊＊してみませんか？

「してみる」というのは「する」より曖昧で間接的な印象がある。軽めに誘いたいときには適している。「しませんか？」より「してみませんか？」のほうが、誘われる側の心理的なハードルが下がることが期待できる。

別表現 ＊＊はいかが？、＊＊へのいざない

0553	四国八十八ヶ所巡りに参加してみませんか？
0554	あなたの会社にもマーケティングオートメーションを導入してみませんか？
0555	休日にボランティア活動をしてみませんか？

▶ ＊＊のように＊＊しよう

単に「＊＊しよう」と誘うよりも、「＊＊のように」と比喩を用いて、鮮やかなイメージを持つ言葉を抱き合わせる。こうすることで、読者の頭にありありとした情景が浮かび、セールスメッセージの持つパワーが強くなる。

別表現 ＊＊みたいに＊＊しよう、＊＊のごとく＊＊を

0556	スナップを撮るようにすばやく取り込もう（アップル）
0557	ネイティブスピーカーのように英語を使おう
0558	コンピューターのように正確に記憶しよう

▶ きれいさっぱり ＊＊しましょう

嫌なものから解放されて、清々しい状態になることを誘う。今抱えている悩みや不快な状況をどこかで言及する必要がある。

別表現 金輪際＊＊するのはやめましょう

0559 きれいさっぱり、退職後のお金の心配から解放されましょう

0560 きれいさっぱり、口臭の悩みを忘れましょう

0561 別れた男のことなんて、金輪際忘れましょう

▶ 苦労して＊＊するのは もうやめましょう

単に何かを「やめる」のではなく、「苦労して」という言葉が前についていることがポイント。この言い方によって、もっとラクな方法が他にあるということを暗にほのめかす。

別表現 頑張って＊＊するのはもうやめましょう

0562 自宅で苦労してヘアカラーするのはもうやめましょう

0563 苦労して人事評価をするのはもうやめましょう。すべてはこのマトリックスにお任せください。

0564 苦労してホームページを作るのはもうやめましょう

▶ お悩みの方は ご相談ください

いきなりの申し込みではなく、「相談」なので、行動へのハードルが下がる。ウェブサイトの申し込みフォームなどでよく見かけるように、使い勝手が良い。

別表現 お悩みの方はご一報ください

0565 出産や子育てにお悩みの方はご相談ください

0566 アレルギー性鼻炎の症状にお悩みの方はご相談ください

0567 相続でお悩みの方はご相談ください

▶ 救ってあげよう

「＊＊から救ってあげよう」の＊＊を敵に設定することで、読み手を味方につけることができる。「個人の悩み」ではなく、「社会的なミッション」として呼びかけているため、正義感に訴える。

別表現 助けてあげよう、教えてあげよう

0568 エアコンから吹き出すハウスダストから、子供を救ってあげよっ！

0569 あなたのお友達の家庭も助けてあげてください

0570 保健所の殺処分から猫たちを救ってあげてください

▶ 募集

「募集」「大募集」の形で人材採用やイベント集客に使える。集めるのは人とは限らず、「体験談」や「作品」を受け付けるコンテストやコンペにも用いられる。「大募集」のほうが、枠が大きい印象があり、圧倒的に人は集まるが、さりげなく「募集」のほうが少数の意識の高い人材が集まるかもしれない。

別表現	大募集、募る、＊＊あつまれ！
0571	滅多に募集しない当社ですが、優秀な人材を若干名**募集**いたします（『口コミ伝染病』フォレスト出版）
0572	緊急案内　神田昌典が、ともに働く有志を、**大募集**！（『禁断のセールスコピーライティング』フォレスト出版）
0573	面接ズッコケ体験を**大募集**

▶ 急募

字の通り、「急いで集めたい」という意味。この表現は、人員の不足で切羽詰まっている状況であることが伺えるため、単なる「募集」より強い印象になる。応募する側にも「できるだけ早く参加したい」という人は多々いるだろう。

別表現	緊急募集
0574	バリ島ツアー、15室30名の同行者を**急募**！
0575	**急募**！土日勤務できる人を探しています
0576	介護職員**急募**。経験者優遇あり

▶ 求む！

人やモノを集める広告などでポピュラーな表現。0577のように「求む！＊＊」で条件を後ろに持ってくるパターンと、0578、0579「＊＊求む！」と条件や対象を先に持ってくるパターンがある。

別表現	来れ、＊＊探しています、＊＊な方いませんか
0577	**求む**！ランディングページのデザインを得意とするウェブデザイナー
0578	挑戦者**求む**！超大盛りカレー5皿完食チャレンジ
0579	若者による農業振興促進のため休耕地**求む**！

▶ ＊＊できる人を求めています

「求む！」の後ろは名詞でないと座りが悪いが、「求めています」は、表現に融通が利きやすい。しかし、「求めています」は字数が多いため、見出しなどで短く表現したいときには「求む」のほうが使いやすい。

別表現	＊＊経験者歓迎
0580	ウェブデザインが**できる人を求めています**
0581	土日出勤**できる人を求めています**
0582	積極的に行動**できる人を求めています**

親近感を出す──誘う

▶ 探しています

「求む！」より自然な言葉づかいであるため、受け入れやすい印象を与える。「探す」は広く見つけ出すことで、「求める」は手に入れること、というニュアンスの違いがある。

別表現 ＊＊ウェルカム、＊＊を待っています

0583 大型２種免許をお持ちの方を**探しています**

0584 土曜日の夕方にボランティア活動ができる人を**探しています**

0585 地方の活性化のために使える古民家を**探しています**

▶ 他にいませんか？

人を集めるときに使いやすい。「募集」や「求む」は直接的だが、この表現は間接的に「誘い」の意図を伝えることができる。「他に」と言うことで、既に参加者がいることが伝わるため、安心感を与えるだろう。

別表現 他に誰かいませんか？

0586 世界最大級の読書会ファシリテーターになりたい人は**他にいませんか？**

0587 日本料理店を開業したい人は**他にいませんか？**

0588 たった30日で日常英会話をマスターしたい人は**他にいませんか？**

▶ 不問

「問わない」（＝「関係ありません」「問題にしません」）ということを、2文字で短く表す便利な表現。特に「自分は役不足かもしれない」と思っている人には、背中を押すメッセージになる。

別表現 無条件、必要としません、＊＊一切不要

0589 社会人経験**不問**の中途採用情報

0590 学歴**不問**・未経験歓迎のお仕事

0591 資格・経験**不問**でもできるパートタイムの仕事

▶ チャレンジ

「何かに挑戦してみましょう」という切り口で、参加者を募集する表現。漢字で「挑戦」や「挑戦する」だと、重たい印象になり、気軽にやってみようという雰囲気にならない。対して「チャレンジ」は、好奇心やワクワクを刺激し、楽しい雰囲気を醸し出す言葉。

別表現 コンテスト、＊＊への挑戦、＊＊アタック

0592 デジタルマーケティング30日**チャレンジ**

0593 修造**チャレンジ**（松岡修造）

0594 夏休み！子ども向けパン手作り**チャレンジ**会

The Principle of Copywriting PASONA ▶▶ Affinity

仲間意識を強める

人は自分と似た人に対しては好感を持つ傾向がある。ここでは、ある共通項で人の集団をひとくくりにする例をご紹介する。年代や趣味などでくくるフレーズがポピュラーだ。当然、そのくくり方はみな同じというわけではない。同じものを見ていても、人にはそれぞれ違うイメージがある。心理学ではこのことを「ラベリング」と呼び、「ラベルをはる＝レッテルをはる」と考えると分かりやすい。そのレッテルの領域は人によって違うのだ。

そういう意味で、「AといえばB」という表現は、とても奥が深いことが分かる。例えば、ハンバーガーといえば、どの店を思い浮かべるだろうか？牛丼といえば？マクドナルドや吉野家を答える人が多いだろう。中には、モスバーガーやすき家と答える人もいるかもしれない。それはそれでOKなのだが、**大事なことは答えがパッと頭に浮かんでくるかどうかだ**。検索エンジンをイメージすると分かりやすい。キーワードでヒットした結果ページは、上から順にクリックすることが多い。逆に候補に上がってこなければ、クリックされることはない。つまり、**頭の中に浮かぶ順番が、すなわち市場の中での位置付けということなのだ**。浮かんでこないのは、認知されていないということを意味するため、セールスでは苦戦を強いられることになる。

▶ AといえばB

この表現は、市場の中での位置付けが反映される。「Aといえば」と言われたとき、その商品や人が真っ先に頭に浮かぶのであれば、効果は大きい。No.1になれる分野を見つけて、Aに入れるのが重要だ。

別表現	＊＊というと＊＊、＊＊なら＊＊
0595	浜名湖といえば、やっぱり鰻
0596	ごほん！といえば龍角散（龍角散）
0597	「夏といえば高校野球」という、高校野球ファンの方必見

▶ ＊＊人間

「何かの特徴＋人間」という形で、非常に多様な言葉のバリエーションを作ることができる。特に「＊＊大好き人間」や「＊＊嫌い人間」などであればいくらでも言葉を生み出せる。

別表現	＊＊人（じん）、＊＊ピープル
0598	『あなたは「24時間働く」仕事人間になれるか』（ダイヤモンド社）
0599	夜型人間から朝型人間に変わるための効果的な生活習慣
0600	『コンビニ人間』（文藝春秋、村田沙耶香著）

▶ ＊＊男子、＊＊女子

「理系女子」や「草食系男子」などでお馴染みの言葉。「＊＊人間」と同じく、バリエーションは豊富に作れる。こちらは、「＊＊」という何らかの商品を、「男子・女子」と性別でさらに区切っているところがポイント。

別表現	＊＊彼氏、＊＊彼女、＊＊マン、＊＊ウーマン
0601	ラーメン女子が絶対に外せない都内のラーメン店ベスト30
0602	自転車男子の雨の日対策

▶ アラ＊＊

年代を区切り、そこに該当する人に強くアピールできる。「アラ」は「アラウンド」で、概ね、「アラサー」は30歳前後、「アラフォー」は40歳前後、「アラフィフ」は50歳前後を指す。他にも「アラカン」（還暦前後）などがある。

別表現	＊十代、＊＊世代
0603	アラサー女子に「僧職系男子」が大ブレーク中（PRESIDENT Online、2012年10月）
0604	子どもの教育費が重くのしかかるアラフォーサラリーマンの小遣い事情
0605	アラフィフを迎え男女格差歴然　元気なバブル女子と岐路に立つバブル男子（DIAMOND online、2014年8月）

▶ 昭和・平成・令和

その時代を最もよく象徴する言葉として、元号によって時代の特徴を一括りにする表現。他にも「大正ロマン」や「明治のこころ」、「江戸の粋」など、さまざまな元号や区分を用いて、その時代ごとの雰囲気や価値観を、現代に思い起こさせる。

別表現	時代の、昔の、今の
0606	昭和の香りが漂う商店街で、レトロな気分に浸るのもおすすめ
0607	平成30年間のヒットソングを振り返る
0608	令和時代のマーケッターの仕事

▶ ＊＊世代

ある一定の年代に生まれた人をまとめた表現。古くは「団塊の世代」などがある。必ずしも、生まれた年に起こった現象で名付けるわけではない。バブル世代のように、バブルの時期に就職活動をした、入社した世代を指すなど、同時期に同体験をしたという意味で名付けられることも多い。

別表現	ジェネレーション、年代、＊＊っ子
0609	ミレニアル世代の3割が「副業あり」理由は追加収入と充実感（Forbes JAPAN、2016年10月）
0610	ポケモン世代の経営者（日経MJ、2018年6月）
0611	あなたの上司はバブル世代、それとも氷河期世代？ジェネレーションギャップが生む職場の問題5選

▶ ＊＊ライフ

特定の生活スタイルを指す。「それに囲まれた生活」「没頭する生活」という意味で使われる。「＊＊」に入るものを「堪能する」というニュアンスを、名詞として表すことができる。

別表現	＊＊生活、＊＊人生、＊＊のある生活
0612	豪華？喧騒？総勢12匹に囲まれるトイプードルライフ
0613	憧れのノマドライフを実現するために、会社員時代にやっておくべきこと
0614	キャンパスライフに欠かせないアイテム10選

▶ ○代からの＊＊

その年代への共感を誘う（A）と同時に、ターゲットを明確にして絞り込む（N）、という2つのはたらきがある。年代を明記することで、該当する人にはより強くアピールできるだろう。

別表現	○代から始める、○代からでも遅くない
0615	70代からの生き方、現代版「伊能忠敬モデル」（Forbes JAPAN、2017年10月）
0616	10代からの芸能活動は子どもの将来をどう変えるか？子役俳優のその後の人生
0617	人生100年時代、40代からのセカンドキャリア構想

▶ 朝・昼・夜

朝、昼、夜でそれぞれ一括りにして、ネーミングに使われる表現。このカテゴリー化の方法で成功した代表例は「朝専用缶コーヒー　WANDA モーニングショット」（アサヒ飲料）。コーヒーを朝飲むことは普通だが、朝専用というポジショニングと合わせて大ヒットした。

別表現	モーニング、デイ、ナイト
0618	10X朝活
0619	昼の瀬戸内感動クルーズ（フェリーさんふらわあ）
0620	夜のCoffee（サントリー）

▶ 時代

「＊＊時代」「＊＊の時代」という使い方で、流行や社会現象を表現しているが、「トレンド」という表現よりも少し硬派な印象になる。

別表現	年代、世紀、＊＊ピリオド、＊＊エイジ
0621	採用難時代の人材育成（日経MJ、2018年12月）
0622	デジタル時代の中小企業のビジネス戦略
0623	マスクが「必須のアクセサリー」になる時代、NYファッションショーにも登場（ニューズウィーク日本版、2020年3月）

親近感を出す — 仲間意識を強める

The Principle of Copywriting. PASONA ▶▶ Affinity

イメージを膨らませる

　言葉だけでは、言いたいことを伝えようとしても限界がある。「文章表現の本なのに…」と思われるかもしれないが、「**メラビアンの法則**」と呼ばれる、我々の脳の特徴を表す心理学の用語がある。これによれば、聞き手は話し手から受け取る情報のうち、視覚情報55%、聴覚情報38%、言語情報7%、の順に影響を受けるという。**言語情報（＝言葉そのもの）は、たった7％しか占めていない。** 声の大きさやトーン、顔の表情やジェスチャーなど、視覚や聴覚からより大きな影響を受けるのだ。

　また、「**VAK**」と呼ばれる理論は、それらに個人差があることを示している。**V**がVisualで視覚、**A**がAuditoryで聴覚、**K**がKinestheticで触覚（体感覚）のこと。人によって、目で見るのが得意な人、耳で聞くのが得意な人、触れたり体を動かすのが得意な人がいて、優位な感覚が違うという。書いてある文字は視覚情報であり、聴覚優位の人にとっては、文字ではなく音声になっているほうが理解しやすい。

　そういったさまざまな人間の認知の傾向に対応するためにも、画像や音、映像を併せて使うのがよい。しかし、言葉遣いによっても、人間の想像力をかき立てる工夫が必要だ。**読み手のイメージを膨らませ、五感を刺激するような表現を知っておくと、言葉の力が最大限引き出されるだろう。**

▶ 想像してみてください

基本的には、**0624**、**0625**のように、「理想的な状態になること」を想像してもらう場合が多い。ただし、**0626**のように避けたい状況をイメージしてもらうことにも使える。

別表現	イメージしてみてください
0624	想像してみてください。スピーチのあと拍手喝采を浴びているところを
0625	想像してみてください。会社を辞めて、ストレスから解放されているところを
0626	開業直後に1人もお客さんがいない状況を想像してみてください。

▶ ＊＊のように

「＊＊のように」と具体例を出すことによって、読み手の頭の中にそのイメージが広がる。ポイントは「＊＊」の中に、イメージが浮かぶような具体的な言葉を使うこと。抽象的・概念的な言葉であれば、比喩にする意味がない。

別表現	＊＊みたいに
0627	見込客が磁石に引き寄せられるように電話をかけてくる方法（『小予算で優良顧客をつかむ方法』ダイヤモンド社）
0628	社長のように考える社員を育てる方法～オープンブック・マネジメントの簡単・導入法
0629	ドラッグは友達のように近づいて、悪魔のようにあなたを殺す。（公共広告機構）

▶ まるで

基本的には「＊＊のように」と同じだが、「まるで」とつけるとより似ているというニュアンスになる。0632から分かるように、何らかの強いイメージのある言葉を持ってくることで、売りたい商品にもそのイメージを付与できる。

別表現	あたかも、すっかり、まさに、本当に、完全に
0630	目にも耳にも、**まるで**映画館（アップル）
0631	**まるで**車のテーマパーク、BMWのテストコース付きディーラー（Forbes JAPAN、2017年10月）
0632	**まるで**マシュマロのような肌触り

▶ ワクワク・ゾクゾク

いずれも「楽しい」「興奮する」という感情を、身体の感覚として表している。心臓の鼓動の高鳴りや背筋を伝わるふるえがイメージとして伝わる。「ワクワク」と「ゾクゾク」では受けるイメージが少し違う。

別表現	ウキウキ、ルンルン
0633	やっぱり「**ワクワク**するビジネスに不況はない」
0634	『**ワクワク**することが人生にお金をつれてくる！』（フォレスト出版、本田健著）
0635	**ワクワク**、ドキドキ。子どもも大人も大興奮

▶ 目を奪う

美しくてくぎづけになる、じっと見とれてしまう、というやや修辞的な言い回し。単に「ずっと見てしまう」と言うより、読み手の頭に映像が浮かぶ。「目を奪う＊＊」、もしくは「＊＊に目を奪われた」という形で使える。

別表現	目を引く、注目を集める、目を釘付けにする
0636	**目を奪う**400万ピクセル。目の覚めるようなデビュー（アップル）
0637	CMにも登場する沖縄の古宇利大橋。海の青さに**目を奪われ**ます
0638	**目を奪う**カラフルな帯コレクションが一堂に

▶ 目を見張る

「目を奪う」と似ているが、使い方は少し違う。「目を奪う」がほとんどの場合、目で見た感じが美しいことに驚き、見とれるイメージなのに対して、「目を見張る」は、成績や効用など、強いビジュアルを伴わないものに驚いて、目が見開いたままになってしまう状態を意味する。

別表現	仰天する、たまげる、驚愕する、目の玉が飛び出る
0639	視界の外にも成長分野「農業」**目を見張る**伸び（日本経済新聞、2020年1月）
0640	新入社員の**目を見張る**活躍で職場全体が活性化
0641	**目を見張る**進歩を遂げたタブレット端末の最新情報を一挙公開

親近感を出す──イメージを膨らませる

▶ 軽やか

「かろやか」という語感自体に、「いかにも軽そうで、軽快な」雰囲気が漂う。今にも浮かび上がり始めそうなイメージを持つ。物理的な重量が軽いという意味でも使えるが、どちらかと言うと「人の気分」を表す表現としてよく使われる。

別表現 爽やか、軽快な、身軽に、スマートに

0642 まったく新しいMacbook Air、**軽やか**に登場（アップル）

0643 「信念」を持ちつつも、「**軽やかに**」生きる術とは（Forbes JAPAN、2019年1月）

0644 **軽やか**な着心地のリネンシャツを羽織って出かけよう

▶ 見える化・可視化

複雑だったり、曖昧だったり、ごちゃごちゃして分かりにくいものを整理するときに「見える化」は有効。ただ、見えているだけでは意味がなくて、「分かりやすく見える」ということが前提条件になる。

別表現 ビジュアル化、ビジュアライゼーション

0645 ランディングページの構成要素を「**見える化**」できる究極のテンプレート

0646 嗅覚の**可視化**まであと一歩

0647 『**見える化**-強い企業をつくる「**見える**」仕組み』（東洋経済新報社、遠藤功著）

▶ 続々

後から後からどんどんと続く様子がイメージできる表現。「盛り上がっていること」「賑わっていること」を暗に示すため、他にどんなものがあるのかも自然と気になってくる。

別表現 次々、次から次へと、とめどなく、ひっきりなしに

0648 あの急成長する会社は知っている　優秀な社員を**続々**採用する方法

0649 大手企業が**続々**とAI開発に力を入れる理由

0650 季節感あふれる秋色アイテムが**続々**登場

▶ 吹きとぶ（笑いとばす）

「とぶ」という表現から、「一気になくなる」というイメージが浮かぶ。単純に「なくす」と言うより、爽快感や豪快な響きがある。

別表現 ぶっ飛ばす、一笑する、＊＊の悩みはもう不要

0651 お金の心配なんて**吹さとばせ**！

0652 もう人間関係の悩みなんて**笑いとばせ**ます

0653 住宅購入の心配を**吹き飛ばし**ましょう

▶ 濃厚

「味にコクがある」という意味で、食べ物や飲み物などを形容するとき、最もよく使われる。別の使い方の例として、試合展開などで「敗色濃厚」と、可能性の高さを表すこともある。

別表現	リッチ、濃い、豊潤、＊＊100%、芳醇
0654	アンコウの濃厚さを味わう「どぶ汁」(Forbes JAPAN、2018年12月)
0655	濃厚仕立てのクリームシチュー
0656	濃厚な甘みの厳選完熟マンゴーを沖縄から直送

▶ ジューシー

五感に響く、代表的な言葉。肉類に使われることが多いが、野菜類などでも使われる。果物類のように元々汁成分が多いものよりは、通常あまり含まれていないものに使うと効果が高い。「ジューシー＊＊」「ジューシーな＊＊」「＊＊のジューシーさ」など、バリエーションが考えられる。

別表現	したたる、＊＊汁たっぷりの、瑞々しい
0657	あつあつジューシードッグ（ミスタードーナツ）
0658	自宅でジューシーなサーロインステーキが焼ける、ちょっとしたコツ
0659	ジューシー唐揚げをおうちでも簡単に。ポイントは3つだけ

▶ アツアツ

加熱する料理で、熱い状態で食べるのが適しているものに最適。「熱い」「冷めていない」という五感に訴えるだけでなく、「できたて」のニュアンスも含んでおり、料理の魅力をより引き立てられる。

別表現	フーフー、ほかほか、グツグツ
0660	さらにアツアツ焼きたてのおいしさを！（ドミノピザジャパン）
0661	アツアツをフーフーしながら食べるのがアウトドアバーベキューの醍醐味
0662	真夏の外回りから帰ってきたときの、アツアツのおしぼりの感激

▶ サクサク

食感を表す擬音語としてよく使われる。または、「パソコンがサクサク動く」など、何かの動きや進行がスムーズであることを表す場合もある。

別表現	きびきび、さっくり、小気味よい、テキパキ
0663	サクサクとした食感がたまらない
0664	大量のデータ入力もサクサクスムーズ
0665	サクサクわかる消費税のしくみ

▶ 香ばしい

香りがよいという意味で、人間の持つ嗅覚の記憶に訴えかける。漢字としては「芳ばしい」を使うこともある。香水などの匂いに対しては、「芳ばしい」のほうがピッタリする。

別表現 芳ばしい、かぐわしい

0666 香ばしい焼きとうもろこしのにおいが食欲をそそる

0667 サクッと香ばしい、歯ごたえが魅力のクランチチョコ

0668 芳ばしい香りが漂う珈琲とともにゆったりとした時間をお過ごしください

▶ とろける（食品）

単に「溶ける」というより、「溶けてとろとろになる」というイメージがよく伝わる。「口で溶ける」と「口でとろける」の語感の違い。食感だけでなく、生地やブラシなど「肌触り」に対しても使うことができる。

別表現 とけるような、トロンとした、トロトロの

0669 お口でとろけて手にとけない（M&M'S、マースジャパンリミテッド）

0670 甘い香りと、とろける食感のクリムブリュレが最高

0671 真綿布団はシルクのとろけるような肌触りが魅力です

▶ ふわふわ

主に食品などが「やわらかい状態」を表すオーソドックスな表現。文字でも感触がよく伝わる。「やわらかいパン」と「ふわふわのパン」。意味は同じでも、受ける印象がずいぶん違うのが分かる。

別表現 ふんわり、ふわっと、やわらか

0672 いま、ふわふわかき氷に注目が集まる理由

0673 ふわふわオムレツの簡単な作り方

0674 触っても、食べてもフワフワのシフォンケーキ

▶ ふわとろ

ふわふわ＋とろとろで「ふわとろ」。全部ひらがなで書く場合が多いが、「フワトロ」「ふわトロ」などカタカナ表記にすると少し受けるイメージが変わってくる。

別表現 外は＊＊、中は＊＊

0675 子どもにも人気のふわトロ天津飯の作り方

0676 ふわとろ感がたまらない親子丼がやみつきに

0677 この秋は"ふわとろ"ニットを羽織るのがオススメ

▶ ガッツリ

「しっかり、十分に、たっぷりと」といった感じを表す。食品や食事以外を形容する言葉としても一般的に使われ、0679や0680のように、仕事やモノの程度の大きさを表すことが多い。

別表現 しっかり、十分、たっぷり、＊＊三昧

0678 食べ盛りの子どもがいるご家族でもガッツリ召し上がっていただけます

0679 労働時間は長いがガッツリ稼げる仕事10選

0680 ガッツリ週末ギターレッスン

▶ 刺さる

相手に対してよく伝わる、よく響くというニュアンス。コピーライティング的には、特定の層に特定の何かが強く訴求することを意味する。「訴求する」という抽象的な言葉を使うより、矢が物を射抜くようなビジュアルイメージを伴う。

別表現 染みる、響く、ヒットする、ハートを射抜く

0681 刺さるビジュアル＝守り神（日経MJ、2018年6月）

0682 凄腕営業マンの流儀！経営者の心に突き刺さる「本音トーク」（PRESIDENT Online、2016年5月）

0683 アラフォー女子に刺さる褒め言葉はこれだ！

▶ シャキッと

食感や歯ごたえを表す言葉。0684、0685のように、野菜などの質感・感触を伝えられる。また「緊張感がある」という意味も持つ。0686のように、背筋が伸びて、真面目な様子を伝えられる表現。

別表現 シャキシャキ、テキパキと

0684 シャキシャキピーマンのチンジャオロース

0685 お湯でレタスをシャキッとさせる方法（NHK）

0686 目覚まし時計のスヌーズはもういらない。毎朝シャキッと早起きできる習慣の身につけ方

▶ サラサラ

「流れるもの」に対して、淀みなく、滞りなく流れていくさまを表す。多くは、血液や髪の毛などに用いられる。0687や0688のように、手触りの感触を表現することにも使える。実際のモノ以外で流れる様子に対して使うときには、「スラスラ」が使われる（「スラスラ読める」など）。

別表現 さらりと、スルッと、つやつや、スラスラ

0687 風になびくサラサラヘアがあなたのものに

0688 肌に塗ったあとでも、サラサラ感抜群のマッサージオイル

0689 血液サラサラ対策

親近感を出す｜イメージを膨らませる

The Principle of Copywriting, PASONA ▶▶ Affinity

誠実さ・親切さを出す

　何か困っていることがあって、人に頼んだり、助けを求めたいときには、誠意をもって正直に状況を伝えるのが、結果的に一番の近道になる。**変に強がって弱みを隠そうとするより、自己開示したほうがかえって共感が得られやすい。**これを心理学では、「アンダードッグ効果」と呼ぶそうだ。「アンダードッグ」というのは、「負け犬、勝ち目のない人」という意味で、要するに、**弱い立場にある人を応援したくなるという「判官びいき」**の心理のことだ。

　コピーライティングでも同じで、「実は……」と洗いざらい打ち明けた瞬間に、読者に受け入れてもらい、続きを読んでもらいやすくなる。ただし、「正直に言うと」と言いながら、白々しいウソをつくと一気に信頼をなくすリスクもあることは覚えておきたい。

　また、企業が祝い事のたびに「○周年記念キャンペーン」といったものを行うように、**感謝や歓迎の気持ちを伝えることによっても、好感を持ってもらいやすくなる。**単に情報を連絡するだけの場合でも、こういったプラスアルファの口実を加えて、日頃の感謝をしっかり伝えれば、信頼関係が構築されるだろう。このように、誠実さ・親切さを出すのは、常日頃から行うべきユーザーとの基本的なコミュニケーションなのだ。

▶ お願い

「お願いがあります」という見出しや件名は、シンプルながら効果抜群で使いやすい。ロバート・コリアー（p.162）が使ったコピーを、神田昌典が実家の学生服のセールスレターに適用し、紹介したことで、日本に広まった。

別表現	頼みがあります、依頼、どうか
0690	**お願いがあります**(件名に使う)『禁断のセールスコピーライティング』フォレスト出版)
0691	**お願い**というのはとても簡単なことです
0692	ここだけの**お願い**があります

▶ 助けてください

正直に助けを求める表現。ただ、あまり利己的なことを訴えても、読者に見透かされ、胡散臭さが増し、拒否されてしまうだろう。前提として、本当に困っていて、助けてあげようと思ってもらえるような状況があり、そのことを説明する必要がある。

別表現	ヘルプ、SOS、メーデー
0693	「**助けてください**」(仲間、見出しに使う)
0694	あなたの力で**助けてください**
0695	うっかり消したブックマークを復活する方法をご存知の方、**助けてください**

▶ ○周年ありがとう

○周年というと、一般的には創業や開店を思い浮かべるが、個別の商品がリリースされてから○周年などのアイデアも考えられる。また、美容・理容関係など継続利用されるものの場合は、そのお客さんが初めて利用してくれた日から○周年という記念も効果的。

別表現	＊＊○周年、おかげさまで○周年
0696	創業10周年記念！ありがとうの気持ちを込めたキャンペーン実施中
0697	サービス開始1周年　感謝の気持ちを込めて全品5％OFF
0698	初めてのご来店からちょうど1年が経ちました。今月は感謝の気持ちを込めてカット10％オフ

▶ 感謝祭

何かの理由を見つけて、顧客に感謝の気持ちを表すことは、お客さんとの信頼関係を作る上でとても効果的だ。ただし、やりすぎは逆効果。値引きのための口実というより、ちゃんと感謝の気持ちが伝わるような企画をするのがポイント。

別表現	サンクスセール、ありがとうキャンペーン
0699	創業10周年感謝祭
0700	オープン1周年感謝祭
0701	春の感謝祭

▶ ようこそ

「ありがとうございます」に近い歓迎のニュアンスを含む。それだけでなくこの表現には、これから始まる体験への期待感を盛り上げる効果がある。ウェブでは、トップページへの訪問や商品・サービスの受注後などのシーンで使える表現。

別表現	＊＊へようこそ、ウェルカム、いらっしゃいませ
0702	ようこそ。キミは音楽のある星に生まれたんだよ。（SONY）
0703	混沌の中から新しい世界を創るマネジメントへようこそ（『神話のマネジメント』フォレスト出版）
0704	新世代のiPadへ、ようこそ（アップル）

▶ あなたの力

「助けてください」ということを遠回しに伝える。「あなたの力」という言葉から敬意や信用が感じ取れるため、この形で頼まれると、断りにくい印象を受ける。「助けてください」とセットで使うこともできる。

別表現	あなたの助け、あなたの才能
0705	私たちには、あなたの力が必要です
0706	ぜひ、あなたの力を貸してください
0707	消防団員募集　あなたの力が地域を守る！（東京都）

親近感を出す｜誠実さ・親切さを出す

▶ 正直

コピーを書くときは、正直であることはとても重要なポイント。読み手を騙そうとするのは論外として、つい大きく見せようとしたり、欠点を隠そうとしてしまいたくなる気持ちは、誰にでもあるもの。そんなときには、いっそのこと正直に言うほうが誠意が伝わり、売れる場合が多い。

別表現 率直、単刀直入、シンプルに、はっきりと、ズバリ

0708 正直に言います。ぜひあなたにモニターになっていただきたいのです。

0709 率直に言います。このセールは発注を間違えて在庫過多になった製品の処分が目的です。

0710 単刀直入に言います。このメールは新製品のPRです。

▶ 告白

異性に好きだと言うことを「告白」と呼ぶので、ポジティブな心情を告げることにも使える。しかし、コピーライティングにおいては、どちらかと言うと、あまり言いたくないことや隠していることを打ちあける、というニュアンスで使われることが多い。

別表現 白状、関係者が語る、打ち明ける、リーク

0711 『成功者の告白』（講談社）

0712 最後に本当の目的を…告白します

0713 『ある広告人の告白』（海と月社、デイヴィッド・オグルヴィ著、山内あゆ子訳）

▶ 激白

意味は「告白」と同じだが、この言葉を使うと「何か衝撃的な体験を、興奮しながら暴露する」というセンセーショナルな雰囲気が伝わる。

別表現 暴露、白日にさらされる、暴かれる

0714 日本一のセールスマンが激白　文句があるなら売ってみろ！

0715 ココイチ社長が激白！「聖地」インド進出の勝算（東洋経済ONLINE、2019年8月）

0716 元ミスユニバース日本代表候補者が、選考の舞台裏を激白

▶ 実は…

正直に本音を話すときによく使う表現として知られている。文章でも同じで、読者はこの言葉を見ると、「これから何か、本音や秘密を話すのだろう」という印象に繋がるだろう。

別表現 本当は…、実のところ…、今だから言うと…

0717 実は、この特典、新入社員向けに作った社内教育用マニュアルです

0718 オンラインゲーム、実は成績アップに貢献──豪研究（CNET Japan、2016年8月）

0719 実は…、私も高所恐怖症でした

▶ お知らせ

連絡事項があることを端的に示す。しかし、今見ないといけない緊急性や、そもそも見なければならない必要性が感じられないので、読まれにくい欠点もある。単に「お知らせ」だけではなく、「大切なお知らせ」や「よいお知らせです」とするなど、少し言葉を足すのがおすすめ。

別表現	ご案内、ご連絡、アナウンス、ニュース、予告
0720	お知らせします（件名や見出しに使う）
0721	これは、あなたにとって、とてもよい知らせです
0722	いつもご愛顧いただいている皆様に大切なお知らせがあります。

▶ 朗報

「よい知らせ」「嬉しい知らせ」を2文字で短く表すことができるため、便利。やや硬めの印象を受けるので、「よいお知らせ」のほうがしっくりくる場面も多い。

別表現	＊＊によい知らせです、嬉しい知らせ、吉報
0723	東京まで来られないという方に朗報です
0724	大型特殊免許を持っている人に朗報です
0725	社労士を目指す会社員の方に朗報

▶ 二度とやらないと
断言した人に朗報

過去に嫌な思いをし、トラウマになっている人へ解決策を提示する。嫌な思いをしてそれを避けてはいるものの、どうしても避けきれなかったり、できればそれを克服したいと思っている人は多い。そういう人の心に刺さる表現だろう。

別表現	諦めた人に朗報、金輪際やらないと断言した人に朗報
0726	ダイエットなんて二度とやらないと断言した人に朗報です
0727	英会話なんて二度とやらないと誓った人に朗報です
0728	結婚式のスピーチなんて金輪際やらないと断言した人に朗報です

▶ ご案内

「お知らせ」が単なる連絡をしているのに対し、「案内」は丁寧なオリエンテーションのような意味合いがある。そのため、シーンによっては、「余計なお世話」と受け取られる可能性もある。「ご連絡」や「お知らせ」とシーンによって使い分けるのがおすすめ。

別表現	ご招待、＊＊ガイド、アナウンス、通知
0729	顧客を創造するコピーライティング講座をご受講いただいた方への特別なご案内
0730	あなたを特別な体験にご案内します
0731	ゴールドメンバーの方限定のご案内

親近感を出す｜誠実さ・親切さを出す

▶ ご紹介

紹介するものは、人だけでなく、モノや事例、コンテンツなど幅広いものに使える。丁寧で汎用性が高いため、人・企業問わず、セールスメッセージにもたくさん現れる。

別表現	ご案内、紹介します、＊＊披露、プロモーション、告知
0732	ウィーンフィルの真骨頂をご紹介
0733	いま売れ筋の最新型パソコンを機能別にご紹介
0734	盛りだくさんの内容のほんの一部をご紹介しますと…

▶ 質問にお答えします

FAQ（よくある質問）のことだが、単に「FAQ」と表記されているより、丁寧な印象になる。また「＊＊の疑問にお答えします」と言えば、何に対する回答なのかを明示できるので便利。一方、「FAQ」は文字数が少なく、比較的馴染みある言葉なので、こちらも便利な表現だ。

別表現	FAQ、よくある質問、お聞きください
0735	お客さまのご質問にお答えします
0736	よくある質問にお答えします
0737	治療方法への疑問にお答えします

偉人たちのコピー②ジョン・ケープルズ COLUMN

ジョン・ケープルズ（1900-1990）：同氏の著作『ザ・コピーライティング』（ダイヤモンド社、神田昌典監訳、齋藤慎子、依田卓巳訳）の原書初版の刊行は第二次世界大戦が始まる前の1932年であり、日本でも2008年の刊行後、増刷が続いているロングセラーだ。J.ケープルズの有名なヘッドラインは、「私がピアノの前に座るとみんなが笑いました。でも弾き始めるとー」だ。

これは、アメリカの音楽スクールの広告で、自宅で楽器が弾けるようになる講座を売るために書かれたものである。「楽器なんか弾けるわけがないと馬鹿にされていた主人公が、独学でピアノが弾けるようになり、みんながあっと驚く」という「一発逆転ストーリー」を伝えている。彼のストーリー型のヘッドラインは、さまざまな商品に応用して使いやすい。

J.ケープルズのもうひとつの功績は、デジタルマーケティングなどかけらも存在しない時代から、「科学的」広告に取り組んでいたことだ。「科学的」というのは、文章の違いによるダイレクトメールの反応を数値化し、効果の高いものを見極めていったのだ。彼のこの手法は、現在マーケティングで使われる「A/Bテスト」（広告のA案とB案を比較検証する方法）に受け継がれているのはもちろん、彼の見出した検証手法は、現在でも通用するものが多数ある。

Solution

「痛み」と「強み」のキャッチボールが、

新しい富を作る。

PASONAの法則 —— 解決（Solution）

コピーライティング技術は、
あなたの本当の価値を掘り起こす

稼ぐコピーライティングは、流麗な文章を書く技術というよりも、むしろスピード感あふれる映画のシナリオを書く技術に近い。「何を、どう言うか？」という文章力よりも、「どの順番で言うか？」という構成力が勝負なのだ。

特に、始めの３ステップが、書き手の腕の見せ所となる。

Step.1 「問題」の明確化
読み手が緊急に解決しなければならない「問題（痛み）」を明確にする。

Step.2 「親近感」の醸成
こちらの提案に真剣に耳を傾けてくれるよう、読み手との距離を縮める。

そして…、

Step.3 「解決策」の紹介
読み手が抱える問題の、解決法を紹介する。

「…なるほど、ステップ３では、いよいよ自分の商品やウリを紹介すればいいのだな？」と思った方は、まだ焦らないで。あと１ステップだけ、待ってほしい。

この「解決」の段階では、商品ではなく、その背景にある解決へのアプローチ法 ——、すなわち、画期的な技術や仕組みなどを紹介するわけだ。

— 106 —

いままで学んだマーケティング・メッセージの冒頭部の
典型的な展開例をあげると ―― 、

Step.1 「問題」の明確化
「○○で、お困りではないですか？」

Step.2 「親近感」の醸成
「○○や○○で、大きな限界を感じているかもしれません。
（私も同じ立場だったので、よく分かります）

Step.3 「解決策」の紹介
「そんな方に、緊急のご案内！ ○○という新しい方法をご存知ですか？」

この文章展開パターンは、たとえてみれば、ヒット曲に共通する、コード進行のような
ものである。メロディや詞自体は、いろいろなバリエーションがあるけれど、結
局、曲の展開自体は、どれも同じパターンであるように、文章にも、読み手の関心を
つかむ黄金のパターンがあるのだ。

例えば、次の事例も、同じパターンだ。

Step.1 「問題」の明確化
「いままで○○、○○など、あらゆる方法を試したのに、結果が出な
かったのには、理由があります。」

Step.2 「親近感」の醸成
「（私たちは、そういう方々とともに）過去○年間、のべ○人を超える、
調査テストを行ってきました。その結果…」

Step.3 「解決策」の紹介
「画期的な発見を見出しました。この新しい○○を、ついに商品化。正
式販売開始前に、モニターを募集することになりました。」

このパターンを体得すると——

四六時中、広告メッセージにさらされている読み手の関心も、一瞬でつかめるようになる。その結果、あなたがもっと多くの人に知らせたい商品やサービスがあれば、それを大勢の人に、届けられるようになるのだ。

マーケティング・メッセージ冒頭部分の展開パターンを、穴埋式で紹介した理由がある。単純な穴埋め作業をしているようで、実は、凄いことをしている。

稼ぐコピーライターは、文章を作りながら、
お客さんの「本当に欲しいもの（P）」を、
商品の「本当の強み（S）」にマッチングしているのだ。

これって、当たり前のように見えて、まったく当たり前じゃない。なぜなら、
　　A）多くの売り手は、お客さんの本当に欲しいものがわからない。だから、
　　B）自分の商品には、さまざまな価値があるのに、それのどれを打ち出せばいい
　　　のか、分からない。
だから、商品の販売会社もAとBをぐるぐる議論し続け、永遠に前に進めない。

例えば、ある社員は、「このサプリには、コラーゲン生成に優れている成分が入っているから、30〜40代女性のシワ対策にばっちりなんだ」と主張する一方、別の社員は「このサプリには、記憶をサポートする成分が入っているから、60代の経営者・経営幹部にとって必需品だ」と主張して、お互いまったく噛み合わない……。

そこで、「売り手の売りたいもの」と「買い手の欲しいもの」のマッチングをスピーディに行う上で、とても重要な質問を、2つお教えしよう。まず…あなたの売る商品に、ぴったりなお客さんを見出す質問だ。

【鍵となる質問①】

{ この商品を20秒以内で説明しただけで、「なんとか売ってくれないか」と頼み込んでくるようなお客さんは、どんなお客さんか？

頼み込んでくるお客さんとは、「痛み」を持っている誰かに他ならない。
だから、この問いの答えを探ることで、あなたの「強み」が発揮できる、
理想的な顧客対象が見出せることになる。

次に、その買い手にぴったりな、商品の「強み」を見出す質問だ。

【鍵となる質問②】

{ ● なぜこの商品は、その悩みを簡単に、短時間で解決できるのか？
 ● それを聞いたとたん、お客さんはどんな疑いを持つか？
 ● その猜疑心を吹き飛ばす、具体的・圧倒的な証拠は？

この質問によって、買い手の「痛み」を解決する、
自分の商品の「強み」を掘り当てると、
いままでとは、まったく異なる市場を見つけられる。

しかも、その新しい市場においても、いままでの研究や技術が、
そのまま転用できるようになることが多い。

例えば、富士フィルムは、美容化粧品「アスタリフト」が大ヒットし、
いまやヘルスケア事業が、会社の柱になり始めている。
しかし、当初は誰もが、
「なぜ写真フィルムの会社が、化粧品をやるの？」と疑問を持った。
しかし、その疑いは、美しく見える色調や、

— 109 —

極薄の層に有用成分を配置するナノテクノロジー技術を長年研究してきたという、
圧倒的な証拠によって、吹き飛ばされた。

この2つの質問を自問自答する、
すなわち「痛み」と「強み」をキャッチボールし続けることによって、
さまざまな言葉が掘り起こされてくる。
それらを、黄金の文章構成「PASONAの法則」で配置していくと——、

並みのコンサルタントが、数ヶ月間をかけて調査・分析したあとに、
ようやく提案してくるコンセプトを、

ものの30分くらいのブレインストーミングで生み出してしまう！

マーケティング・コピーライターは、
単に決まったフォーマットに当てはめて、決まった言葉を埋めるライターではない。

実は、埋められていない空白の中に、

今まで気づかなかった視点を見出すことで、
新しい成長を描くシナリオ作家なのである。

The Principle of Copywriting. PASONA ▶▶ Solution

重要なポイントを示す

　解決策を示す表現テクニックはいくつかあるが、まずはズバリ、**問題を解決するために「重要なポイント」を指摘する方法**だ。ここで紹介する「＊＊のツボ」「＊＊へのカギ」「＊＊の処方箋」などは、その典型的な表現と言える。

　読者が抱えている問題への解決策を、一言でスパッと表現できるかというと、難しいケースが多い。なぜなら、多くの問題は複雑で、たった一つの解決策ですべてうまくいくほどシンプルではないからだ。人間関係、見た目、ビジネスなど、人間が抱える悩みの多くは、一朝一夕で解決できないことがほとんどだろう。そこで、**「重要なポイントがありますよ」ということだけをまず伝え、興味を誘い、おいおい詳しい内容を説明していくのが有効だ。**

　最初はつかむことに徹する。例えば、「コツ」や「方程式」などの表現は、「あなたが戦っている問題を解決するための秘訣がありますよ」ということを感じさせる。他にも、「＊つのステップ」や「必勝パターン」などの表現は、「どう変わるのか？」という興味を誘っている。

　人は「変わりたい」と思っていながら、今の状態から変化することを嫌う。そのため、まずは興味を引くことによって、読者に問題解決の最初の糸口をつかんでもらうのだ。

▶ もの

「＊＊なもの」「＊＊するもの」と、<u>遠回しに謎かけをしているため、続きが気になる</u>表現。その問いかけの内容が、面白くなければならない。「＊＊に必要なものは何でしょう？」ともったいぶって焦らしても、「そんなの知らないし、興味ないよ」という反応にしかならないなら、最初から言ってしまう方が無難。

別表現	＊＊なもの、＊＊するもの
0738	医療費控除の対象になるもの・ならないもの（AllAbout、2020年1月）
0739	あなたにとって、「なくなって最も困るもの」は、何でしょうか？（『未来から選ばれる働き方』PHP研究所、神田昌典、若山陽一著）
0740	幸せは「なる」ものではなく「感じる」もの（Forbes JAPAN、2019年6月）

▶ こと

「もの」と近いが、「こと」は出来事を表すため、物理的な「物」を指すときには「こと」と言えない。例文の「こと」を「もの」に置き換えられないのが分かる。

別表現	＊＊なこと、＊＊すること
0741	成功者が誰にも教えないこと（『非常識な成功法則』フォレスト出版）
0742	家にあるプリンター、改めて見直すと結構使える機能が満載。家庭用複合機だからできること
0743	思春期や反抗期の子どもを持つ親がすべきこと・してはいけないこと（ライフハッカー［日本版］、2019年10月）

▶ 大切なこと

読み手にとって重要な解決策を知らせる。「こと」のバリエーションだが、「大切な」がつくことで、より注目度が高まる。重みが出るぶん、この表現を使う場合、それなりに真面目な内容が求められる。

別表現 大事なこと、重要なこと、チェックポイント

0744 『1分間で**大切なこと**を伝える技術』(PHP研究所、齋藤孝著)

0745 看護師が長く働くために覚えておくべき一番**大切なこと**

0746 学生時代にはなかなかわからない、社会人として**大切なこと**

▶ こうなる

「こそあど言葉」には共通して、好奇心をくすぐるはたらきがある。「この」や「あの」と言われると、「どの?」と聞きたくなる。「こうなる」と言われれば、「どうなるの?」という疑問が生まれる。他の表現と同じく、「こうなる」内容そのものに関心がわかないと、「あ、そう」で終わってしまうので注意。

別表現 こうだ、このようになるだろう、予想、宣言

0747 Facebook後の集客は**こうなる**!

0748 2100年に人間の姿は**こうなる**? 3Dイメージが公開 (ニューズウィーク日本版、2019年7月)

0749 電子レンジでゆで卵を作ると**こうなる** ひと手間かけ忘れると悲惨なことに

▶ 決まる

この表現は、0750のように、「何が」という主語なしで使われることが多い。「つまり何が決まるのか?」が書かれていないケースが多い。決まるものは、勝敗、成否、運命など文脈によって違うが、それらの言葉がなくても「決まる」だけでなんとなく意味が伝わるから不思議だ。

別表現 決する、左右する、決定づける、＊＊次第

0750 10年後のあなたは、今、誰と交流しているかで**決まる**

0751 『東大院生が開発! 頭のいい説明は型で**決まる**』(PHP研究所、犬塚壮志著)

0752 その国の未来の景気は、人口構成で**決まる**

▶ 戦略

「戦略」という言葉自体はあふれているので、「何を言うか」がポイント。ありふれた内容に「戦略」とつけても煽りに聞こえるだけで逆効果。興味深い内容を持ってこられれば、力強いメッセージが作れる。

別表現 作戦、計画、プラン、ストラテジー

0753 『ポジショニング**戦略**』(海と月社、アル・ライズ、ジャック・トラウト著、川上純子訳)

0754 『ストーリーとしての競争**戦略**』(東洋経済新報社、楠木建著)

0755 パフォーマンスを最大化する「**戦略**的休息」のとり方 (Forbes JAPAN、2018年7月)

▶ 攻略法

「うまくやる方法」「マスターする方法」という文脈で使われることが多い。文字の通り、戦闘的な印象を伴うので、積極的な印象を与えられるが、少しくだけた印象を伴うので、使うシーンは考えたほうが無難。

別表現 必勝法、落とし方、＊＊ハック、＊＊する方法

0756	『女性市場**攻略法** 生活者市場予測が示す広がる消費、縮む消費』（日本経済新聞社、三菱総合研究所編）
0757	絶対完走！初参加者のための東京マラソン**攻略法**
0758	シーン別パンツルック**攻略法**

▶ ○つのステップ

「方法」という単語を使わなくても、解決策が提示できる。「○つの方法」という表現が、複数の解決策を構展開しているのに対して、こちらは、1つの目的に向かう段階を表している点が違う。ステップバイステップの手順が組まれていることも示唆しているため、単なる「方法」より頼もしく聞こえる。

別表現 ○つの手順、順序、段取り、段階

0759	リーダーになるための5つの**ステップ**
0760	マーケティングへの投資効率を最大化できるのが実践会7つの**ステップ**
0761	ドイツ留学への8つの**ステップ**

▶ 読み解く

「表面的に見ているだけではわからないことを指摘する」「謎を解明する」という雰囲気を醸し出す表現。また、読み解くためには、それなりの知識やスキルが必要なので、書き手の権威性を伝える効果もある。

別表現 考える、解読する、あぶり出す、浮き彫りにする

0762	未来を**読み解く**鋭い洞察力が時代の最先端を捉える
0763	経済学者が**読み解く**現代社会のリアル（週刊東洋経済Plus、2019年1月19日号）
0764	食で**読み解く**日本文化と欧米文化の違い

▶ 変わる

「現状維持バイアス」という言葉があるように、人はなかなか現在の状態を変えられない。一方で、「変わりたい」「変わらなければ」という願望を持つ人は多い。問題解決型の商品は、人が変わるためのものであるため、その「変わりたい」という心理に直接的に訴えることも効果的。

別表現 一変する、生まれ変わる、ビフォーアフター

0765	この本を買えば、あなたの会社も高収益企業に早**変わ**り！（『あなたの会社が90日で儲かる』フォレスト出版）
0766	ドトールが**変わる**。街も**変わる**。（ドトールコーヒー）
0767	「円グラフ」の説得力が劇的に**変わる**使い方（東洋経済ONLINE、2019年8月）

解決策を示す｜重要なポイントを示す

▶ 変える

「変わる」は自らが変わり、「変える」は他の何かや誰かを変える。つまり、誰かしらの意図や行動があり、それが変化を生む、ということを暗に示している。読者はこの言葉を見ると、自然に「誰が？」「何が？」といった疑問を持つだろう。「ゲームが変わる」と「ゲームを変える」だとニュアンスが微妙に違う。

別表現 スイッチ、打倒、ブレイクスルー、打ち破る

0768 短期間で組織を**変える**「行動科学マネジメント」とは？

0769 ゲームを**変える**ゲーム（アップル）

0770 「大企業を**変える**のはスタートアップ」マイクロソフトの若手社員が生むエコシステム（Business Insider Japan、2019年11月）

▶ コツ

「コツ」の漢字は「骨」であることは意外と知られていない。骨組み、骨格というところから来ており、『広辞苑 第5版』（岩波書店）では、「物事をなす、勘どころ、要領」となっている。「方法」ではなく「コツ」と言うことで、何かそこにはテクニックや法則のようなものがあることを感じさせる。

別表現 極意、要領、カンどころ、ポイント、テクニック

0771 自作オンライン講座の**コツ**

0772 バリスタがこっそり教えるみんなが知らない「豆選び」3つの**コツ**（DIAMOND online、2019年12月）

0773 ナチュラルメイクで透明感を出す**コツ**

▶ カギ

何かを解決するのに重要なポイント、という意味。キー、キーポイントという言い方も可能。何らかの考え方や行動があり、それを手に入れたり、身につけたりすることによって、問題を解決できることを比喩で表現する。

別表現 キー、キーポイント、キーパーソン、要（かなめ）

0774 都市を活気づける**カギ**（日経MJ、2019年3月）

0775 業界を超える事業を創り出すことが、これから10年、20年と繁栄する鍵です

0776 年収を10倍にする**カギ**（『非常識な成功法則』フォレスト出版）

▶ ツボ

雑多な情報の中で、要点や勘どころとなる部分を指す。そのツボを押さえることにより、無駄な遠回りをせず、効率よく、事を運べるようになることを感じさせる。

別表現 キモ、ポイント、勘所、要点、エッセンス

0777 接待の時に押さえておきたいワイン通の**ツボ**

0778 算数嫌いの生徒でも、すぐに理解できる一次方程式の**ツボ**

0779 後悔しない家づくりの**ツボ**を無料で教えます

▶ 方程式

数学でいう「方程式」とは少し違い、コピーの世界では、「こうすれば必ずこうなる」という決まったパターンがある、という意味で使われることが多い。典型的な例は「勝利の方程式」。うまくいく方法が一言に集約されているイメージを与える。

別表現 定石、王道、鉄則、流儀

0780	事業の**方程式**
0781	稲盛和夫の持論「人生成功の**方程式**」とは（PRESIDENT Online、2017年10月）
0782	恋愛成就の**方程式**を知れば、一人寂しく過ごすことはない

▶ 必勝パターン

「こうすれば必ずうまくいく」という頼もしい解決策を提示する。そのパターンを知ることで、成功を再現できるというイメージに繋がる。ちなみに、必勝の反対に「必敗」や「必負」という言葉もあるが、「必敗パターン」などを目にする機会はまずない。

別表現 勝ちパターン、正攻法、勝ち筋、勝算

0783	デキる営業マンの会話の**必勝**パターンとは（PRESIDENT Online、2018年9月）
0784	「小さくても輝く企業」に生まれ変わるための「たった一つの**勝ちパターン**」とは？（『インパクトカンパニー』PHP研究所）
0785	集客効果の高いホームページデザインの**必勝パターン**を解説

▶ ブレイクスルー

日本語では「突破する」という意味だが、語感的に「突き抜けて伸びていく」イメージがある。問題を解決するだけでなく、その先を想像させる。打開するという意味でも使えるし、突破して進んでいくという意味でも使える。

別表現 突破する、打開する、打破する、突き抜ける、刷新する

0789	あなた自身の**ブレイクスルー**につながります
0790	日本経済の新たな**ブレイクスルー**に繋がるビジネスモデルとは？
0791	子育てしやすい街づくりへの**ブレイクスルー**

▶ 突破口

「ブレイクスルー」は壁を打ち破って、さらに伸びていくイメージなのに対して、「突破口」は壁を打ち破る瞬間にフォーカスしている印象がある。そのため、閉塞感を打ち破る出来事そのものを表したいときには、「突破口」のほうが強い印象がある。

別表現 大発見、風穴が開く、取っ掛かり、足がかり

0786	「続かない…」を克服する7つの**突破口**
0787	渋谷の「落書き問題」 解決の**突破口**はオープンセッションにあった（Forbes JAPAN、2019年6月）
0788	深刻な肩こりに対する**突破口** リラクゼーションマッサージの魅力

解決策を示す｜重要なポイントを示す

▶ チャンス

「いい機会」という意味だが、それと同時に「期間限定」というニュアンスを醸し出す。常にそういう状態にあるものに対しては、チャンスとは言わない。そのため「チャンス」という言葉には、人を奮い立たせ、今すぐ行動しようという即効性の力がある。

別表現 機、絶好の機会、タイミング、追い風、好機

0792 | 千載一遇の**チャンス**到来！

0793 | 今こそ売上を倍増させる**チャンス**

0794 | ネットビジネスの本当のリスクと**チャンス**

▶ チャンスに変える

「チャンス」が、期間限定で受け身なイメージなのに対して、「チャンスに変える」は、いつでも自分の力でそのタイミングを作り出せる、という能動的な印象が出せる。

別表現 転じる、アドバンテージに変える、ばねにする

0795 | 消費税UPを**チャンスに変える**

0796 | クレームを**チャンスに変えて**自社のファンにする秘訣とは？

0797 | 赤っ恥を**チャンスに変える**、機転の利くひとこと

▶ 処方箋

医者が症状に合わせて薬を指示するための書類が処方箋。コピーライティングにおいては、「こうすればいい」という、効果的なアドバイスをするときに用いられる。

別表現 レシピ、ビジョン、青写真、筋書き、シナリオ

0798 | 成熟企業を再成長させる、シンプルな**処方箋**（『インパクトカンパニー』PHP研究所）

0799 | 認知症の親を抱えて悩む人への**処方箋**

0800 | いつも初回のデートで終わってしまう人のための**処方箋**

▶ 切り札

トランプの切り札は、相手のどんな札にも打ち勝てるような札。そのことから派生して、「非常に効果的な方法」というニュアンスで使われることも多い。日常的に目にしない言葉であるがゆえに、ドラマチックに聞こえる表現。

別表現 必殺技、ジョーカー、ワイルドカード、奥の手

0801 | 自分の**切り札**は、ひとつじゃない。(LUMINE)

0802 | 転職活動の型破りな**切り札**（Forbes JAPAN、2015年12月）

0803 | 農業のIT化こそ地方創生の**切り札**

The Principle of Copywriting PASONA ▶▶ Solution

方法を提示する

　「＊＊の方法」という表現は、解決策を示すのに使い勝手がよいので、どこでも当たり前のように使われる。ただ、あまりにもよく目にするので、注意を引かない可能性もある。したがって、**ありふれた言葉になるのを避けるためには、その方法の「内容」自体がポイントになる。**

　アメリカの有名なコピーライター、ジョン・ケープルズは、「**何を言うかは、どう言うかより重要**」と言っている。「どう言うか」は"表現"、「何を言うか」は"内容"の問題だ。中身が面白ければ、「＊＊の方法」と言おうが、「＊＊の秘訣」と言おうが、人の興味を引くことができる。

　例えば、「部屋を綺麗にする方法」と「部屋が散らからない方法」だとあまり変わり映えはしないだろう。しかし、「片付けてもすぐに部屋が散らかるのを防ぐ方法」なら、少し興味を持てる感じがしないだろうか。さらに、「3日に1回わずか3分で、部屋がいつも綺麗な状態を保てる方法」だと、だいぶ興味関心がわくと思う。このように、**言い回しに凝るより、その方法の内容自体、「どこにフォーカスし、何を強調したほうが興味深いか」を考えるほうがよい。**

▶ ＊＊する方法

見出しに使われる最も基本的で使いやすい表現。それだけに、「凡庸」に聞こえるリスクはある。しかし、その方法の内容自体がユニークなものであれば、オーソドックスにこの表現を使うほうが、変に凝った表現にするより、シンプルでわかりやすい。

別表現 ＊＊するすべ、＊＊する手段

0804	あなたの街を「住みたい街No1」にする方法
0805	『藤原和博の必ず食える1％の人になる方法』（東洋経済新報社、藤原和博著）
0806	スマホを「安全に、効果的に」清潔にする方法、微生物学者が解説（BBC News Japan、2020年3月）

▶ ＊＊するための方法

基本的な意味は「する方法」と同じ。「＊＊するための」と言ったほうが、より「目的」にフォーカスしている印象がある。

別表現 ＊＊へのガイド、＊＊への手引

0807	手放せないデバイスを手放すための、より良い方法です（アップル）
0808	朝から全開で仕事をするための8つの方法（Forbes JAPAN、2015年9月）
0809	旅先のホテルや旅館で朝まで熟睡するためのオススメの方法

▶ ＊＊の○つの方法

基本形「＊＊する方法」に数字を入れることで、リアリティが増し、興味をかき立てられる。「使う数字」について、偶数がいいか・奇数がいいかは、脳科学を中心にさまざまな研究があるが、マーケティングでは経験則として奇数がよいとされている。

別表現	＊＊する○つの方法、手段
0810	常に話題になり続ける**7つの方法**（『究極のマーケティングプラン』東洋経済新報社、ダン・ケネディ著、齋藤慎子訳、神田昌典監訳）
0811	米アマゾンが若者をプライム会員にする**8つの巧妙な方法**（Business Insider Japan、2019年8月）
0812	ネットショッピング各社のポイントを最大限に活用する**3つの方法**

▶ ＊＊しない方法

「＊＊する方法」がポジティブへ近づく方向なのに対して、こちらはネガティブを避ける方向。こちらは人間の持つ恐怖や損失回避の感情に訴える。ポジティブな面とネガティブな面のどちらにフォーカスするかによって使い分ける。

別表現	＊＊しないために、脱＊＊、転ばぬ先の杖
0813	仲間との「LINEグループ」でモヤっと**しない方法**（東洋経済ONLINE、2019年5月）
0814	元本割れのリスクがある投資信託で損を**しない方法**
0815	職場でライバルが上司から褒められていても嫉妬**しない方法**

▶ ＊＊をやめる方法

これは「＊＊しない方法」のバリエーション。習慣や契約など、惰性で続くものを止めると得ること（ベネフィット）がある場合、とても有効。喫煙や飲酒などがもっとも典型的な例。

別表現	禁＊＊、もう＊＊しない、＊＊にさようなら
0816	あなたの命を削る「残業」を**やめる方法**7（PRESIDENT Online、2017年11月）
0817	スマホの無駄な**オプション**をいますぐ**やめる方法**
0818	使ったものがどこに行ったかわからない。**収納下手**をいますぐ**やめる方法**

▶ ＊＊を防ぐ方法

一般的に「予防に関するものは売りにくい」とされるが、情報を提供するだけなら読者は興味を持つ。この表現は、自動的にターゲットを絞る（N）ことにもつながる。防ぎたいもの＝問題なので、それを問題として捉えていないと、そもそも防ぎたいとは思わない。

別表現	ストップ＊＊、＊＊から身を守る
0819	社員の「子どもじみた行動」を**防ぐ方法**（Forbes JAPAN、2018年2月）
0820	子どもの立ちくらみを**防ぐ方法**
0821	給料日前に金欠になるのを**防ぐ方法**

＊＊を手に入れる方法

所有欲に訴えかける、「ゲットする」という表現もあり、こちらがしっくりくる場面も多い。ただ、かなりカジュアルなので、どこにでも使えるわけではない。信頼感を高めたい場面や少し硬めのシーンでは、「手に入れる方法」が使いやすい。

別表現	＊＊をゲットする方法、＊＊を実現する方法
0822	『最短の時間で最大の成果を手に入れる超効率勉強法』（学研プラス、メンタリストDaiGo 著）
0823	涼しい寝室を手に入れる方法—たとえ熱帯夜でも
0824	マッチョなボディをゲットする方法

Aを手に入れて Bを手に入れる方法

手に入るものが2つあるので、一度で二度美味しいお得感が出せる。「＊＊する方法」は巷にあふれているので、得すること（ベネフィット）が2つある場合には、こちらのほうがおすすめ。

別表現	AとBを両立する、AもBも譲れない
0825	本を出版して、ビジネスで儲ける方法
0826	8時間ぐっすり眠れて、趣味の時間も確保できる時間管理の方法
0827	部下からの信頼を得て、同期より早く出世する方法

効果的な方法

方法自体はたくさんあるが、その中でも効果が高いもの、という観点。そのトピックやジャンルに色々な方法論があふれていて、どれが良くてどれが悪いのかわからない、というような状況で効果を発揮するコピー。ダイエットや資格、健康などにまつわる商品が典型例として考えられる。

別表現	効果のある方法、効果の高い方法
0828	社員のモチベーションを上げる「ボーナスよりも効果的な方法」（ライフハッカー［日本版］、2017年2月）
0829	子どもに、おやつは決まった時間だけ食べるように仕向ける効果的な方法
0830	朝起きた時の熟睡感を格段に引き上げるための効果的な5つの方法

抜け出す方法

「ドロ沼にはまっている状態から解放される」という印象の表現。現状に不満を感じている人に響きやすい。バリエーションとして、「解き放つ」という表現もある。

別表現	＊＊にはもう懲り懲り、＊＊からの脱却、解き放つ
0831	ご用聞き営業から、抜け出す方法
0832	気がつくと食べている、間食中毒から抜け出すシンプルな方法
0833	SNSのドロ沼からあっさりと抜け出せる方法

解決策を示す｜方法を提示する

▶ **で**する方法

基本形は「**する方法」だが、それに条件や手段を追加することで、具体性や独自性が出せる。「**する」という目的だけでなく、その条件・手段のほうに興味を持ったり、共感する人にも届けることができる。

別表現	**で**するには、**でも**できる
0834	大幅な割引価格で新型iPhoneを手に入れる方法
0835	たった1万円でウェブサイトへのアクセスを20%増やす方法
0836	20代で海外に出て仕事で成功するために学生時代にやっておくべきこと

▶ **を使って、**する方法

「**で**する方法」のさらなるバリエーション。こちらの「**を使って」は、より「手段」にフォーカスしている。その手段が「読み手の持っているもの」「手に入るもの」なら、身近に感じてもらえる。

別表現	**で**を叶える、**が**を実現する
0837	ニュースレターを使って"短期間で"ビジネスを安定させる方法（『禁断のセールスコピーライティング』フォレスト出版）
0838	空き家を買って、収益物件を量産する方法
0839	重曹を使って鍋の焦げ付き汚れをキレイにする方法

▶ **しながら**する方法

得すること（ベネフィット）を2つ並べることによって、お得感が出せる。前半が必ずしもベネフィットになっていなくてもよい。その場合、通常は両立が難しいと思われていることの、片方を犠牲にしなくてもいいという意味合いで使える。

別表現	**と**を同時にする方法
0840	補助金を活用しながら事業成長を確実なものにする賢い方法
0841	会社を成長させながら、社員や家族との絆を強くする方法
0842	いまの仕事を全力でやりながら、独立の準備をする方法

▶ AをBにする方法

「Aを自分の意思でBに変えることができる」というニュアンス。本来、なすがままでコントロールできなそうなものも、自分の意思によってなんとかできそうな感じがする。

別表現	AがBになる方法、AはBになれる、打開する
0843	今の仕事を「天職」にする方法（Forbes JAPAN、2019年6月）
0844	「忙しい毎日」を「楽しい毎日」にする方法
0845	エラの張った顔を小さく見せる方法

▶ AせずにBする方法

Aにネガティブなものを持ってきて、その犠牲を伴うことなく、Bできるという使い方が一般的だが、Aが必ずしもネガティブなものでなくても、通常考えられる方法を持ってくることもできる。

別表現 BするのにAはいらない、AすることなくBする方法

0846 | 緊張せずに女性と話す方法

0847 | お客さんにお願いせずに買ってもらう方法

0848 | 写真の画質を落とさずにファイル容量を圧縮するやり方はコレ

▶ ＊＊せずに済む方法

ネガティブな状態を避けることができる、という意味。0849や0850のように、「どうしても避けたい内容」に対して使うのが効果的。読み手の不安や悩みを明言するため、訴えかける力は強い。

別表現 ＊＊を避ける方法、＊＊にさよならしよう

0849 | 離婚せずに済む方法

0850 | ローンで自己破産せずに済む方法

0851 | 子どものイヤイヤ期にイライラしないで済む方法

▶ 使い方

0852のように難しくて使いづらいもの、0853のように使おうとすると奥が深いもの、あるいは0854のように意外な方法が提案できるものなどと、セットでこの言葉を用いると興味を引きやすい。

別表現 使い道、活用法、用途、ハック、利用法

0852 | シニアのための電子マネーの簡単な使い方

0853 | 米国の歴代大統領に学ぶ、時間の有効な使い方（Forbes JAPAN、2019年2月）

0854 | 雨対策だけじゃない。おしゃれなシューズを守る防水スプレーの便利な使い方

▶ 賢い使い方

「使い方」のバリエーションで、こちらの方が少し「特別な、高度な、意外な」方法というニュアンスになる。「自分が知らない、もっと有効な方法がある」ということを伺わせる。

別表現 駆使する、最大限活用する、使い倒す

0855 | ペットの猫が教えてくれた、インスタの賢い使い方

0856 | 入社3年目までのボーナスの賢い使い方

0857 | キャッシュレス派のための、交通系ICカードの賢い使い方

解決策を示す｜方法を提示する

▶ しかた

「方法」と微妙にニュアンスが異なる。「しかた」のほうが、やわらかく簡単な印象を受ける。「勉強のしかたが悪い」と「勉強の方法が悪い」だとニュアンスの違いが分かるだろう。

別表現 ハウツー、テクニック、するには、やり方

0858 『あなたの前にある宝の探し方』（講談社）

0859 東大発・ベンチャーの創りかた

0860 仕事を強引に押し付けてくる上司の"かわし方" （PRESIDENT Online、2019年9月）

▶ 一手

「ある1つの方法」という意味で使われる。「打つ」という言葉と一緒に使われることが多い。無鉄砲に問題にぶつかるのではなく、将棋のように戦略的に考えて手段を選ぶ印象がある。0862のように単に「手」でも使える。

別表現 手、やり口、＊＊術、＊＊法、方策、妙手

0861 加速的にグローバル展開する**一手**とは

0862 「自分には無理」と思ったら、丸投げするのも**手**（『インパクトカンパニー』PHP研究所）

0863 締切に間に合わない！と思った時に打つべき**一手**とは？

▶ 活用法

「使い方」と言うより、「活用」と言うほうが、より効率良く、無駄なく、上手に使うイメージがある。0865の「空き部屋活用法」を「空き部屋の使い方」にすると語感の違いがわかる。「活用法」には、何か体系立った「方法論」のようなものがあることを感じさせる。

別表現 活かし方、効果的な方法、利用法

0864 世界に市場を開くAmazon**活用法**

0865 地方出張が多いビジネスパーソンのためのホテル**活用法**

0866 大学受験最後の追い込み　効果の上がる年末年始**活用法**

▶ 活用術

「活用法」と同じだが、「法」か「術」かの違いでニュアンスが異なる。「活用法」のほうは手段を表すのに対して、「術」はさらにテクニック的な側面に注目させる。

別表現 ハック、活用テクニック、使いこなす方法

0867 ググるだけじゃない！「ブレスト相手」としてのグーグル**活用術**（Forbes JAPAN、2018年4月）

0868 自閉症児のためのICT機器**活用術**

0869 いざという時の自動車保険トコトン**活用術**

The Principle of Copywriting, PASONA ▶▶ *Solution*

簡単さを強調する

　解決策を提示するということは、「不慣れな行動をとってもらう」ことだ。しかし、知っておかねばならないことがある。それは、**人間誰しも「難しいこと」をできればやりたくないということだ。**

　また、必要とされるスキルは難しくなくても、「長期間の継続やたくさんの努力が必要なもの」などもハードルが高くなる。人は「すぐに効果が出るもの」に惹かれてしまうのだ。逆に考えれば、**人に動いてもらうためのポイントは、「行動へのハードルを下げること」だと言える。** ハードルを下げるには「簡単ですよ」と伝えるのが１つの方法だ。

　たとえその解決策（商品・サービス）自体が、難しい技術やプロセスを伴うものでも、簡単な要素を見つけ出し、そこにスポットを当てることができる。そうすることで、「簡単さを強調する」ことは、最初の一歩を踏み出してもらうための跳躍台にもなるのだ。言わずもがな、初めての人や初級者は「自分でもできるかも？」と思えるため効果的だが、意外と中・上級者にも反応してもらえる。

▶ 簡単に＊＊する方法

「＊＊する方法」のバリエーション。簡単さをシンプルにアピールする表現。使い古されて、手垢がついた言葉にも思えるが、「楽したい」という人間の本質は変わらない。シンプルながら強力なコピー。

別表現	苦労せず＊＊する方法、ラクして＊＊する方法
0870	なくした信用を素早く、簡単に取り戻す方法
0871	業務マニュアルを Evernote で簡単に作成する方法
0872	簿記3級、1カ月でラクラク合格する方法

▶ ＊＊の簡単な使い方

同じくバリエーションとして、簡単さを強調した表現。0873、0875のように、難しいと思っている人がいるトピックに使うと、挑戦できずにいるユーザーのためらいを代弁し、気持ちを掴むことができる。

別表現	＊＊は誰でも使える、＊＊を普通の人にも
0873	高齢者のためのスマートフォンのカンタンな使い方
0874	革靴をピカピカにするナイロンストッキングの簡単な使い方
0875	意外と活用範囲が広い！Excel関数の簡単な使い方

▶ 誰でも

「誰でも」ということは、文章を読んでいる人にもチャンスがあるということを感じさせる。「ターゲットを絞り込む（N）」ことと矛盾するように聞こえるが、難しいものにアレルギーがあって「自分にも当てはまる」と感じてもらえる層をターゲットに絞り込んでいる。

別表現 どなたでも、＊＊をあらゆる人に、みんなの、誰もが

0876	『誰でもできる 頭のよくなる習慣』（祥伝社、三石巌著）
0877	リスクゼロで誰もが社長になれる時代
0878	素敵なコンテンツが誰でも書けるコツ

▶ やさしい（easy）

「やさしい」にはいくつかの意味があるが、ここでは「難しい」の反対語の意味。やわらかく癖のない言い方で、簡単さを伝えることができるため、さまざまな場面で使われる。

別表現 簡単な、ラクラク、楽勝、ちょろい、たやすい

0879	やさしいデジタルマーケティングの教科書
0880	中学英語で十分通じる、やさしいけど使える英語のフレーズ
0881	住宅購入を考えている方のためのやさしい税制解説

▶ シンプル

複雑なものの中で一番重要なポイント以外が削ぎ落とされ、必要最低限に整理されている状態をシンプルと呼ぶ。作り手としては、実際のところ、ものごとを「シンプル」にするのは難しい。しかし、読み手としては情報が端的に整理されていることが期待できるため、惹き付けられるだろう。

別表現 わかりやすい、端的、最小限、簡略化

0882	社長の時給を上げるシンプルな方法
0883	iPhoneとなら、毎日がシンプルに（アップル）
0884	望ましい行動を習慣にするシンプルな方法

▶ 定番

流行に左右されない、いつも売っている商品のことを指す。実際に使われる時は、「基本的な」「誰もがそれをする」というようなニュアンスで用いられることが多い。「外さない」という安心感を与える。

別表現 お決まり、王道、ベタ、主流、オーソドックス

0085	1ヶ月ダブりなしで使える定番おかずメニュー
0886	あとから写真を見ても時代を感じさせない定番メイク
0887	どこの洋菓子店でも必ず売っている定番のお菓子10選

▶ テッパン

元々は「鉄板」のことで、鉄の板＝硬いという印象から、「確実な」「定番の」という意味で使われるようになった表現。カジュアルなのでフォーマルなシーンでは使えないが、「定番」だとありふれて聞こえる時にはおすすめ。

別表現	常識、お約束、正統派、飽きのこない
0888	幼稚園から小学校低学年の女の子のテッパンの習い事5選
0889	謝恩会のテッパンコーデに一つ加えるだけで見違えるように華やかになるアイテム
0890	ベタだけど泣ける、結婚式の鉄板ソング集

▶ 定石

定石の石は囲碁の石のこと。「決まった手の打ち方」の意味から派生して、「決まったやり方がある」という文脈で使われる。ポイントが分かることを感じさせるが、響きは硬いので「簡単さを強調する」という意味では注意が必要。

別表現	しきたり、お決まり、方程式、＊＊がベスト
0891	ヒットを生み出す音階の定石
0892	デジタルマーケティング10の定石
0893	ゴルフバーディパットの定石

▶ ラクして

ズバリ、「ラクして」と言ってしまう。人間は、何かをするとき努力や苦痛を伴うのは嫌なので、そういった気持ちにダイレクトに訴えかけることができる。必ずしもそれが簡単でなくても、「本来苦痛や労力を伴うものが、今より苦しくなくなる」というシーンでも使える。

別表現	苦労せず、ラクラク、寝ながら、○日○時間で
0894	ホームパーティに最適　ラクなのに見栄えがいいメニュー20
0895	実は彼女もやっている　ラクして綺麗に見えるメイクの方法
0896	ラクして飛距離を伸ばすドライバーショットの秘訣

▶ 寝ている間に

忙しい人が時間を捻出するときには、睡眠時間を削る場合が多い。睡眠は大事だが、短くて済むなら活動時間が増えるわけで、「寝ている時間を有効に使いたい」という考えは多くの人が持っている。ただ、寝ている間にできることは限られるので、何にでも使えるわけではない。

別表現	眠りながら、休んでいる間に、朝起きたら＊＊
0897	寝ている間に腰痛を治す　人間工学に基づいたクッション
0898	夜寝ている間に脂肪を燃焼させることはできるのかやってみた
0899	『眠りながら巨富を得る』（産能大出版部、ジョセフ・マーフィ著、大島淳一訳）

▶ 自然に身につく

間接的に「無理して身につけようとする必要がない」「特に意識しなくても勝手に身に付いている」という印象を与える。正攻法とは別のことをする中で、自動的に・付随的に身につくという状況で使われることが多い。

別表現 放っておいても身につく、気づいたら＊＊

0900	「深層対話力」を磨くと、**自然に身につく**「人間関係力」(Forbes JAPAN、2016年6月)
0901	30日で**自然に身つく**、1日2回の食習慣
0902	一人でできる演習問題で、読解力が**自然に身につく**

▶ 頑張らなくても

「自然に身につく」に対して、こちらは「頑張る必要はないが、意識的にはやる必要がある」という感じがする。本来「頑張ってやるもの」という思い込みがあるものに使うとよい。

別表現 必死にならなくても、苦労しなくても

0903	**頑張らなくても**片付けの習慣が身につく自己暗示の言葉
0904	**頑張らなくても**売れるマーケティング策の代表例
0905	自然体で、**頑張らなくても**人気のある女性が持つ5つの特徴

▶ 自動

ラクなことを最もよく象徴するのが「自動」。ただし過度に煽るような言葉にもなるので、使う際は注意が必要。0908は「自動」という言葉を使わずに、自動であることを伝える表現。

別表現 オートマチック、何もしなくても、向こうから舞い込む

0906	最新のマーケティング情報が毎週月曜日に**自動的**に届きます
0907	左足に重心をかければ、**オートマチック**に体重移動ができる
0908	情報と人脈が**向こうから舞い込んでしまう**場のつくり方

▶ 無理なく

一般的に大変だと思われていることに、「無理しなくてもいい」「自然体でできる」と訴える。とても大変なことに「ラクです」と言うと「ウソくさい」と思われてしまう可能性はあるが、「無理なく」であれば受け入れやすい。

別表現 自然に、自然体で、スムーズに

0909	**無理のない**パラレルキャリアを実現する読書会ファシリテーターになりませんか
0910	忙しい方でも、**無理なく**続けられるスポーツジムの選び方
0911	**無理のない**住宅ローンの組み方を親身にシミュレーションいたします

▶ ポケットに入れて

「小さくて・軽い」という特徴を表している。0912や0913のように、何か持ち運びするのに重いものがコンパクトであれば、使いやすい印象になる。物理的なものだけではなく、0914のように「いつでも持っていられる」「心にしまい込む」という意味で、形のないものにも使える。

別表現	コンパクト、胸にしまって、ポータブル
0912	ポケットに入れて持ち運べる薄型ワイヤレスマウス
0913	ポケットに入る小型モバイルバッテリー
0914	彼女との思い出をポケットにしまい、旅に出た

▶ マンガで分かる

難しい内容のものを分かりやすく説明するときに効果があるのが、マンガにする方法。難しいことを分かりやすくするのがマンガの機能であるため、硬派な内容のものによく使われる。マンガを用意する必要はあるが、馴染みがない人にも訴えることができるため、その価値は十分にある。

別表現	図解、写真で見る、絵でわかる、イラスト付き
0915	『マンガでわかる非常識な成功法則』（ぶんか社）
0916	節税対策のつもりが破産…！？借金アパートの悪夢！相続マンガ「借金アパート」（DIAMOND online、2019年8月）
0917	漫画で分かる青色申告

▶ いつでも

「思いついた時にすぐにできる」と、時間や場所を選ばないことを強調した表現。0918や0919のように、「いつでも、どこでも」や「いつでも、何度でも」といったように使うと、語呂がよくなり、リズム感が生み出せる。

別表現	思いついたら、思いたったら、時を選ばず
0918	いつでも、どこでも、誰とでも。(任天堂)
0919	営業時間中は、いつでも、何度でもお使いいただけます
0920	24時間365日いつでもお申し込みいただけます

▶ ＊＊だけ

1つの方法や手段でできることを表す。何か複雑な手順や手続きが必要だと思われているものに対して、「＊＊だけ」「＊＊するだけ」と言うことで、効果を発揮する。厳密にはその1つのことが、簡単とは限らない。

別表現	のみ、＊＊以外いりません
0921	やるだけで売上があがる白熱マーケティング策
0922	お店で出るようなあったかいおしぼり。実はレンジでチンするだけで簡単にできる
0923	申請するだけでお金がもらえる自治体の福祉制度を活用しよう

解決策を示す──簡単さを強調する

▶ これだけで

「こそあど」言葉に共通する「それを言われると知りたくなる効果」を用いる。手段は示さず、読み手に謎かけをしているのがポイント。「これだけ」と聞くと「どれだけ？」と続きを知りたくなる。

別表現 これのみで、オンリー＊＊、＊＊でOK

0924 これだけで印象が変わるネクタイの結び方のちょっとした工夫

0925 外国人との商談　これだけで信頼感が得られるボディランゲージ

0926 たったこれだけで、ステーキが驚くほどジューシーな焼き上がりに

▶ ＊＊ひとつ

手段のシンプルさを表す。「女手一つで育てた」や、「グローブ1つで世界に挑むボクサー」など、そのひとつが重要であることを強調するときにも使われる。0929のように、「オールインワン」という文脈で使われる場合もある。

別表現 ＊＊一筋で、ひとつに、のみで、オンリーで

0927 考え方一つでもっと健康になれる　「変えるべき」12の思考（Forbes JAPAN、2019年7月）

0928 フライパンひとつでできる夕食メニュー集

0929 一つですべてに。すべてが一つに（アップル）

▶ ちょっとした

何か大きなことではなく、少しの違いのこと。「それくらいなら自分でもできそうだ」と思ってもらいやすい。

別表現 些細な、ちょっぴりの、わずか、ささやかな

0930 明日をよりよく変える7つの「ちょっとした行動」（Forbes JAPAN、2018年3月）

0931 成人してから親子関係がうまくいくちょっとした会話のしかた

0932 顧客からの信頼が厚い営業マンが実践しているちょっとした習慣

「コピーライター」の呼び方

COLUMN!

　セールスのための文章を書くのが、コピーライティングという技術であり、その文章を書く人のことを「コピーライター」と呼ぶ。「コピーライター」という呼び方は、その後、キャッチコピーやブランディングのためのコピーを専門に書く人と区別したり、よりセールスに特化していることを

強調したりするために、「セールスコピーライター」「セールスライター」などと呼ばれるようになった。セールスライターからもっと踏み込んで、「マーケティングの流れそのものを理解し、言葉によって表現する」人たちのことを、本書では「マーケティング・コピーライター」と定義する。

The Principle of Copywriting PASONA ▶▶ *Solution*

効率性にフォーカスする

どうせ努力するなら、効率よく結果につなげられるほうがいいに決まっている。1時間かかっていた掃除が30分で終わるなら、それに越したことはない。労力を惜しまず愚直に努力する姿は尊いとされるが、本音では多くの人が、**無駄な遠回りをするより、賢く効率よくやる方法を望んでいる**。よく使われる「最小限の努力で、最大限の効果」というコピーからも、そのことがわかる。

では人間はどんな「労力」を節約したいのだろうか。「最短距離」「時短」「3分間＊＊」など、「時間」が最も分かりやすい。「精神力」や「お金」なども考えられる。

これらに共通して重要なのは「**費用対効果**」と言える。1万円払って2万円以上の投資効果があったり、学ぶのに本来1年かかる知識を3週間で習得できるならば、人は喜んで飛びつくだろう。このように「ローコスト・ハイリターン」が理想的だ。「ハイコスト・ハイリターン」でも、ハイリターンのほうに魅力があれば労力覚悟でやってみたい人もいるだろう。それでも、**あなたの言葉で誰も動かないとしたら、気づかないところで「コストの割にリターンが大したことない」と感じさせる要素が含まれている可能性がある**。ここでは効率性にフォーカスし、費用対効果が高いことを訴える表現を紹介する。

▶ たった○分で

短時間で効果が出せることをわかりやすく伝えられる。「時間」については、一概に何分や何時間がいい、という目安があるわけではない。5年かかるものが1年なら「たった1年」と言えるが、通常1時間でできるものに対して「たった30分で」と言っても、「たった」という感じはあまりしない。

別表現 わずか○分で、○分で可能、○分間＊＊

0933	今まで50時間かかった勉強が、**たった5時間で終わらせることができた！**（『禁断のセールスコピーライティング』フォレスト出版）
0934	『**たった5分で体が変わる** すごい熱刺激』（サンマーク出版、井本邦昭著）
0935	事前準備なしで、**たった15分で4人分の夕食を用意する方法**

▶ ○分で分かる

この表現は、時間を明確にしているが、単に所要時間を明確にするというよりは、通常かかる時間よりも短くて済むという意味合いが強い。時間自体は、長いものにも、短いものにも使えるが、概ねその時間に近いところにあるのが前提条件になる。

別表現 ○分で理解する、○分でおさえる、＊＊○分講座

0936	**90分で、本当の世界情勢が分かる！**
0937	**3分でわかるロート製薬**（ロート製薬）
0938	**10分で理解する**消費税改正のポイント

— 129 —

▶ 半分の時間で

半分にできるというのは、非常に大きなベネフィットになる。1時間かかるものが30分だと、「たった」といってもあまりインパクトがないが、「半分の時間で」なら効果的だ。同じことを言っていても、読み手の認識にうまく訴える表現を選べば、訴求力が変わってくる。

別表現 1/2の時間で、2倍速で、＊＊の時間を半分に

0939 難しい議題でも今までの**半分の時間**で結論を出す会議の進め方

0940 **半分の時間**でもしっかりキマるメイクのコツ

0941 仕事を**半分の時間**で終わらせ、残りの時間を副業にあてるという働き方

▶ 半分

時間以外にも半分にできるコストがあれば、何にでも使える。0943のように「費用」が半額になるのは、目に見えて魅力的だろう。対象になるのは、金銭的なコスト、ネガティブなものの比率、精神的な負担などが考えられる。

別表現 半減、1/2、＊＊ハーフ、半額、半分減らす

0942 労働時間を**半分**に減らしても収入が減らない時間管理術

0943 家のスマホ代を**半分**以下にできる格安スマホ徹底比較

0944 スピーチするときのアガリを**半分**以下にし、適度な緊張感で気持ちよく話せる方法

▶ あっという間に

「非常に短時間で」という意味。絶対的というよりは、何かと比較したときの相対的な速さだったり、その人の主観的な感覚にもとづく。また、「あっ」という表現に「人の感情」が垣間見えるので、よりヒューマンな印象を与え、読み手の共感を誘いやすい。

別表現 とっさに、すかさず、束の間、あれよあれよという間に

0945 **あっという間**に成約率を上げるコツ

0946 **あっという間**に入れ替わるIT業界の勢力図

0947 **アッという間**におかずに早変わりするお菓子

▶ 速攻・即効

「素早く効く」という意味。漢字は「速攻」と「即効」の2種類当てはまる。カタカナの「ソッコー」は、速攻や即効とはまた違い、カジュアルでくだけたニュアンスが出せる。

別表現 素早く、インスタント、スピーディ、最速

0948 **即効**　スピード・サイト改善法

0949 ギックリ腰を**速攻**でラクにするストレッチ

0950 寒くなったら**ソッコー**で着たくなるダウンジャケット

▶ 一瞬で

「あっという間」と同様、具体的な時間が決まっているわけではないが、「一瞬」は「瞬きをする間に」というほど短いことを表す。そのため、ものによっては大げさになる可能性もある。

別表現 瞬時に、またたく間に、目にも留まらぬ速さで

0951	『**一瞬で**キャッシュを生む！価格戦略プロジェクト』（ダイヤモンド社、主藤孝司著、神田昌典監修）
0952	デスクワーカー必見。**一瞬で**疲れ目をリフレッシュできる手のツボ
0953	**一瞬で**、冴える。(キリンビバレッジ)

▶ 3分間

長すぎず、短かすぎない、ほどよい時間の象徴が3分。また、カップラーメンやウルトラマン、キューピーなど、3分というコンセプトはたくさんあるので、他の数より馴染み深い。ただ、数値が明確になっているだけに、実際にその所要時間に近いことが必要になってくる。明らかに10分かかるものを3分とは言えない。

別表現 短時間、カップラーメンを待つ間に

0954	**3分間**ドラッカー　経営学の巨人の名言・至言（DIAMOND online、2007年10月）
0955	職場で手軽にできる**3分間**リフレッシュストレッチ
0956	あなたの女子力は高いほう？低いほう？女子力**3分**診断

▶ 近道

一般的には、回り道＝ムダ・ロスと捉えられる。目的までに一番近い道＝時間が短くて済むというベネフィットを伝えることができる。

別表現 抜け道、裏道、ショートカット、テクニック

0957	「サッカーを教えない」サッカーキャンプの考える成果への**近道**とは？(Business Insider Japan、2019年12月)
0958	「寝る間を惜しんで」は逆効果　成功への**近道**は十分な睡眠（Forbes JAPAN、2018年3月）
0959	これがあなたにとって一番の**近道**です

▶ 最短距離（アプローチ、ルート）

「最短距離」のほうが、「近道」よりもさらに「距離の近さ」を強調した印象がある。一般的に、長い時間がかかり、色々な選択肢があると思われているものに対してこの言葉を使うと、躊躇する読み手の心に強く訴える。

別表現 早道、抜け道、ショートカット

0960	ネイティブと雑談できるようになるまでの**最短アプローチ**
0961	今から十分できる　稼げるフリーランスへの**最短距離**
0962	宗教を学ぶことが「教養がある人」になるための**最短ルート**である理由（DIAMOND online、2019年8月）

解決策を示す｜効率性にフォーカスする

▶ 時短

元々は「労働時間を短くする」という文脈から一般的になったが、「少ない時間で済む」「長い時間がかかるものを圧縮して短時間にする」という意味で広く使われる。忙しい現代人には、強く響く言葉だろう。

別表現 時間をかけずに、お手軽、時間短縮化

0963	**時短**・簡単・即実践　マーケティング・コピーライティング超基礎
0964	もう出勤前にバタバタしない。**時短**クローゼット収納術
0965	快適と省エネを実現する最新**時短**家電の数々

▶ 一気に

この表現は、さまざまな「程度」を表すときに使える。そして、その程度が急であるさまを指す。「加速する」というニュアンスを持ち、「時間」に対して使われることが多い。

別表現 ただちに、またたく間に、すぐに、コンプリート

0966	コンテンツマーケティングで**一気に**成約率を上げる方法
0967	13億人市場で、**一気に**ポジションを得る最大のチャンス到来（『挑戦する会社』フォレスト出版）
0968	彼女との距離を**一気に**縮める2人でできるゲームアプリ10選

▶ 加速

同じペースで進むのではなく、スピードが段階的に速くなるイメージ。つまり、どんどん勢いに乗ってゴール地点にたどりつける、目標を達成できるというニュアンスを醸し出している。単に「はやまる」と言うより、スピード感が伝わるだろう。

別表現 スピードアップ、アクセルを踏む、目まぐるしい

0969	楽しさが**加速**する（アップル）
0970	LINEで集客を**加速**させる方法
0971	気候変動が**加速**、過去5年間で世界気温は最も暑く＝世界気象機関（BBC News Japan、2019年9月）

▶ わずかな

「リソースは限られていても大丈夫」という文意で使われることが多い。0972のように「わずか＊＊」と具体的な量や時間を出す場合と、0973や0974のように出さない場合がある。

別表現 少しの、微々たる、ちょっぴりの、たった

0972	全世界で**わずか**6人しかいない特殊な資格保持者の1人です
0973	**わずかな**光でも充電できるソーラーバッテリー搭載
0974	**わずかな**時間でも驚くほど全身がリラックスする目のストレッチ

▶ レバレッジ

レバレッジというのは「テコの原理」のこと。テコのように、少ない力で大きな効果を出せることを表す比喩表現。肝心な点という意味では、「ツボ」と似ているが、「ツボ」は一箇所に作用するのに対して、「レバレッジ」はそこを起点に他にも作用するというイメージ。

別表現 テコの原理で、指数関数的に、複利で

0975 「レバレッジ」はテクニックではない、生き方だ！

0976 『レバレッジ時間術　ノーリスク・ハイリターンの成功原則』(幻冬舎、本田直之著)

0977 収入を大幅に上げたいなら、レバレッジの効く仕事を探そう

▶ 費用対効果

費用と効果のバランスのこと。コストパフォーマンスもほぼ同じ意味。「費用対効果が高い/低い」という言い方をする。費用は具体的な数値で表せるが、効果は必ずしも数値で表せるとは限らない。そういう場合にも使いやすい表現。

別表現 効率投資、賢いお金の使い方、コストパフォーマンス

0978 卒業後5年の給与で調査、最も「費用対効果が良い」専攻は？(Forbes JAPAN、2017年2月)

0979 新入社員育成の費用対効果に優れた方法とは？

0980 経営者の器量が問われる費用対効果を無視してでも導入すべき設備とは？

▶ コスパ

コストパフォーマンスの短縮形。かなりカジュアルな印象になる。モノ余り、サービス余りの現代では、誰もがコスパの良いものを選びたいものだ。軽い感じを出したいときにはいいが、フォーマルな場面では避けたほうが無難。

別表現 最小の＊＊で最大の＊＊、コストパフォーマンス

0981 コスパのいいインターンを探せ(日本経済新聞、2017年8月)

0982 コスパ抜群！バリエーション豊富な鶏肉料理

0983 コスパ重視？機能重視か？いまどきのパソコン選びのポイント

▶ お金をかけずに

金銭的な負担がない・小さいことをダイレクトに言う。コピーライティングで用いられる言葉には、「時間がかからないこと」を短く表すものは多いが、「お金がかからないこと」を短く表すものは意外と少ない。

別表現 費用をかけずに、コストをかけずに

0984 お金をかけずに売上を伸ばすには何をすればいいのか？

0985 『カネをかけずにお客をつかむ』(PHP研究所)

0986 お金をかけずに簡単にできるDIYリフォーム

The Principle of Copywriting PASONA ▶▶ *Solution*

期待を高める

「いよいよ」や「＊＊到来！」など期待感を高める表現を見ると、ワクワクする。**実はこの「感情」こそが、人がモノを買うメカニズムなのだ。**

例えば、あなたが高級腕時計（興味がなければ、服や車、ライブのチケットなど何でもいい）を買いたいと思ったとしよう。あなたはなぜ、それが欲しいと思ったのだろうか？ 特に理由はなく、「欲しいと思ったから欲しい」という気持ちの高まりかもしれない。「いやちゃんとした理由があるんだ」という場合も、最初それが欲しいと思った瞬間のことをよくよく思い出すと、その理由は後付けになっていると気付かされるときがある。

『究極のセールスレター』（東洋経済新報社、ダン・ケネディ著、神田昌典監訳）の中に、「**人は感情でモノを買い、理屈で正当化する**」と書かれている。まず、感情を刺激される言葉やデザイン、ブランドを見て、「欲しい、買いたい」と思う。そしてその後、「これはこういう理由で自分には必要だ」とロジックを作り、周りと自分を納得させようとするのだ。ならば、読み手が欲しくなり勝手に「売れる」ための言葉、つまり、**論理ではなく感情に訴える言葉を使わなくてはならない。**ここでは読者の「期待を高める」表現を紹介する。

▶ とうとう・いよいよ

どちらも「待ちに待った」という意味。近い未来にくる何かへの期待感を演出することができる。「とうとう」は「結局、最後に」（『広辞苑　第5版』岩波書店）、「いよいよ」は「勢いがそこまで来た様」（『広辞苑　第5版』岩波書店）と、微妙にニュアンスが違う。

別表現 いざ、さあ、やっと、待ちくたびれた

0987	いよいよラグビーワールドカップが日本にやってくる（Forbes JAPAN、2019年5月）
0988	とうとう待望の新コンテンツが登場！
0989	いよいよ明日リニューアルオープン

▶ ついに

「とうとう」や「いよいよ」と同じく、これから訪れる何かへの期待感を演出する。イベントが始まったり、終わったりするのを、盛り上げるための表現として使い勝手がいい。

別表現 ついぞ、待望の、待っていた

0990	ビジネスの新しいムーブメントが、ついに動き出した（『挑戦する会社』フォレスト出版）
0991	100均の家ついに登場、深刻化する空き家の対処（東洋経済ONLINE、2019年8月）
0992	上司のトドメのひとことで、ついに転職を決意

▶ デビュー

「初登場」「初めて使う」「初めて体験する」という状態を表すときに、「デビュー」という言葉を使うと、華やかで幸先の良い印象を与えることができる。

別表現 登場、お披露目、初舞台、本番

0993	Macにデビュー　あなたのデスクトップに3つの新しいアプリケーションを連れてきました（アップル）
0994	冬のボーナスで株式投資デビューを計画する
0995	3歳児のカラオケデビュー曲に祖父母が驚愕

▶ いま

意味や用途の広い言葉だが、ここで使う場合、ひとつは「現時点で」という文字通りの意味。もうひとつは0997のように「今このタイミングだからこそ」と改めて注目を当てる効果がある。「今こそ」というバリエーションもある。

別表現 現在、Now、目下＊＊中、＊＊進行中、当面、今こそ

0996	農協がいま、投資信託の販売に本気になるわけ（東洋経済ONLINE、2019年8月）
0997	いま子どもたちに伝えたい世界に知られる日本文化の伝統
0998	今こそYoutubeで新規客獲得！

▶ これが

「これこそが」と強調する表現。やや修辞的で大げさな雰囲気も漂う。1000のように、「これが」の前に内容を持ってきて、「〜。これが＊＊」と倒置することで、強い自信を感じさせる。

別表現 これこそが、This is ＊＊

0999	そう、人生には、これがいる。（アメリカン・エキスプレス）
1000	「意志力、高度なビジョン、分野を超えた思考法」これがイーロン・マスクだ（Forbes JAPAN、2016年9月）
1001	令和になっても人気は衰えず　これが元祖ウルトラセブンだ

▶ 今度こそ

過去にうまくいかなかった経験がある人向けに響く表現。ダイエット・資格学習など、挫折する人が多いジャンルで、効果的な表現になる。「あなたの提供する解決策は、他と違ってなぜうまくいくのか」に答えていることが求められる。

別表現 次回こそ、三度目の正直、次は必ず

1002	日本でキャンプ人気再燃！今度こそ「大丈夫」と期待される理由（ニューズウィーク日本版、2019年7月）
1003	今度こそうつ病を克服したいあなたへ
1004	週末のラウンドで今度こそ100を切る！ショット別ワンポイントレッスン

▶ もう二度と

再び何か嫌なことが起こる可能性のあるものに対して、「それを防げる」ということを示す表現。共感を誘うことができる。バリエーションとして「金輪際」（こんりんざい）という表現も使えるが、硬い言い方なので使うシーンは限られる。

別表現	もう二度と再び、金輪際、もう懲り懲り
1005	もう二度と痛い思いはしたくない。ギックリ腰の予防に効くストレッチ
1006	これを覚えれば、もう二度とスピーチで緊張することはありません
1007	もう二度と寝坊しない目覚ましアプリ10選

▶ あらゆる

「すべての」という意味だが、「すべての」という表現より、もっと重厚で広範囲な印象を受ける。「ありとあらゆる」という使い方も多い。

別表現	ありとあらゆる、すべての、森羅万象
1008	オンライン教材は、あらゆるものに転用・発展できるからです
1009	クラウドツールであらゆる作業をスピーディに
1010	ありとあらゆる苦情をあっさりと受け流すスーパーコールセンター

▶ 琴線に触れる

「琴線」とは、「心の奥に秘められた、感動し共鳴する微妙な心情」（『広辞苑 第5版』岩波書店）のこと。ここに「触れる」ことから、「相手の心に響く」というニュアンスで使われる。日常的な言葉ではないので、使えるシーンは限定されるが、文学や音楽、絵画などの芸術性のあるものとは特に相性がよい。

別表現	感銘、心打たれる、心ゆさぶる、胸にしみる
1011	心の琴線にふれる言葉の法則（『ザ・コピーライティング』ダイヤモンド社、ジョン・ケーブルズ著、神田昌典監訳、齋藤慎子、依田卓巳訳）
1012	相手の琴線に触れるちょっとしたねぎらいのひとこと
1013	ドイツ人の心の琴線に触れる日本土産5選

▶ ＊＊以来の

「過去に起こった重要なイベント」と、「これから訪れる新しいイベント」を結びつける表現。1016のように、自社や自分の過去と比較する場合もある。仰々しいだけに、何にでも使えるわけではなく、それなりのインパクトを伴うものや出来事を形容する。

別表現	＊＊からこのかた、＊＊の再来、＊＊ぶりの
1014	ブロックチェーンは、なぜ複式簿記以来の大発明なのか（THE21ONLINE、2019年1月）
1015	ルネサンス以来の大革命
1016	創業以来の秘伝のタレを現在も使用

▶ 最適（ベスト）

字の通り、最も適しているという意味。「ベスト」と言い換えることもできる。1017のように、「よりフィットした」という文脈の場合は、「＊＊に最適」という言い回しが使いやすい。

別表現 ベスト、ピッタリ、もってこい、ジャストフィット

1017	あなたのすべての写真やファイルなどを保存するのに**最適**な場所（アップル）
1018	気候変動が激しい季節の変わり目に**ベスト**な、アウトドア着こなし10選
1019	太陽光発電を**最適**な状態に保つために絶対欠かせないメンテナンスをご紹介

▶ 最も

何かの中で一番、最高という意味。「最も」と言うからには、他の何かとの比較がある。そのため、このコピーを使うときは、売ろうとしているものの競合商品を思い浮かべたり、リサーチしてみるとよい。その中で、自分の売りものが優位になる特徴が浮かび上がってきたとき、この言葉と一緒にそれをアピールする。

別表現 最高に、ベストな、最強の、至上、ピーク

1020	ノートPC史上、**最も**長いバッテリーの駆動時間をあなたの手に
1021	グループAの中で、**最も**早く準決勝進出を決めるのはどこか？
1022	東京23区で**最も**標高が高いところにある蕎麦屋

▶ 一番

「一番」「No.1」というのは、格別の憧れがもたれる。また、「たくさんあるものの中でこれが一番良い」というような含みがあるため、比較検討している人にとって後押しとなる言葉でもある。

別表現 No.1、ピカイチ、トップ、卓越した、天井、絶頂

1023	Facebook自体が初めてでも大丈夫。**いちばん**易しいFacebook広告の基本
1024	面接で**一番**大事なこと　面接官に媚びへつらうな（Forbes JAPAN、2017年10月）
1025	当店で今年**一番**売れたアイテム

▶ グッと

「非常に」「とても」よりカジュアルな強調の表現。この言葉が入ることで、度合いがさらに加速する印象を与える。フォーマルなシーンでは使いにくい。

別表現 一気に、ドカンと、ガッツリ、しっかり

1026	職業選択の可能性が**グッと**広がる便利なスキル
1027	お客さんの満足度が**ぐっと**高まる、おもてなしの方法
1028	女性の視線を**ググッと**惹きつけるスポーツウォッチ

解決策を示す — 期待を高める

▶ ぴったり

「最適」よりカジュアルな響きがある。人の主観を感じさせるため、読み手はよりリアルに感じやすい。衣服などサイズにバリエーションがあるものに使われることが多いが、「あなたにぴったりの＊＊」と言えば、どんなものにも用いることができる。ひらがなとカタカナでも微妙に印象が変わる。

別表現 ピタッと、フィットする、＊＊に合う、＊＊コンビ

1029	あなたにぴったりのプランが見つかります
1030	男のおしゃれはサイズから。肩と袖口のサイズがぴったりならカッコよく決まる
1031	あなたの感性にピッタリフィットするボールペンがきっと見つかる

▶ 大いなる

「大きな」という意味。使える場所は限られるが、「非常に大きい」ということを少し「崇高な」ニュアンスで表現することができる。

別表現 尊い、偉大なる、厳かな

1032	AI開発者の、計算機の限界を超える**大いなる**挑戦
1033	**大いなる**力。**大いなる**能力（アップル）
1034	「草食系男子の増加」という**大いなる**勘違い（東洋経済ONLINE、2016年12月）

▶ 一段と

何かがグレードアップしたとき、その進化を短い言葉で訴えることができる。文字からすると「一段」なので「ワンランク上」という印象があるが、「非常に」「ひときわ」という意味。ランクは「かなり上がる」というニュアンスで使われることが多い。

別表現 ワンランク上の、さらに、ひときわ

1035	**一段と**色づく秋の山々がお迎えします
1036	ブラックフライデーの買い物　モバイル端末利用が**一段と**活発に（Forbes JAPAN、2015年12月）
1037	おなたのヘアスタイルが**一段と**おしゃれに変身

▶ 実に

「本当に」「非常に」「まったく」という意味合いをあわせ持った表現。あまり使われない表現なので、1038のように、veryの意味を表す他の言葉よりユニークに聞こえる。人の感情も背後に感じさせる。

別表現 誠に、ひじょうに、本当に、まったく

1038	ファイルを**実に**美しく管理します（アップル）
1039	勝因は、4回裏の**実に**見事な送りバント
1040	那覇育ち・東京勤務の私が**実に**5年ぶりに訪れた沖縄で発見した新たなスポット

▶ 到来

「向こうからやってくる」というニュアンス。何か直近のイベントやリリース情報があるとき、シンプルに「＊＊やります！」と言うよりも、この言葉を用いることで効果的に人の感情を盛り上げる。

| 別表現 | やってくる、襲来、幕開け、黎明、夜明け |

1041 アジアマーケティング・新時代の**到来**！

1042 『フリーエージェント社会の**到来**』（ダイヤモンド社、ダニエル・ピンク著、玄田有史序文、池村千秋訳）

1043 秋のレジャーシーズン**到来**　あなたは誰とお出かけする？

▶ 多彩な

単に「いろいろな」というよりも、より立体的に種類の豊富さを表せる。コピーを書くときは、「ありふれた言葉」よりも、「日常的ではないが注意を引く言葉」のほうが効果的な場面もある。

| 別表現 | いろいろな、バラエティーにとんだ、多種多様な |

1044 **多彩な**クリスマスプランでお届けするクリスマス（丸ノ内ホテル）

1045 **多彩な**攻撃が持ち味の先頭打者がチームの要

1046 お客様の立場にたった**多彩な**オプションからピッタリなものを選べます

▶ 思いのまま

「思い通りに」と同じ意味。「思いのまま」のほうが、より自由自在な印象が出せる。「何かうまくいかないことがあって、それをコントロールをしたい」と思っている人に刺さりやすい言葉。

| 別表現 | 思うがまま、思い通り、自由自在に、自由に＊＊する |

1047 音楽を手のひらで**思いのまま**に（アップル）

1048 これで彼氏もあなたの**思いのまま**

1049 恋も仕事も**思いのまま**にエンジョイしている人は何が違うのか？

▶ 満喫

「楽しめる」というニュアンスを、強く表すことができる。「すべて味わい尽くす」というような含みがあるため、ひとつのものより、複数のものや奥が深いものに用いる。観光地などはその典型的な対象。**1051**のように、時間にも使える。

| 別表現 | 味わう、噛み締める、味わい尽くす |

1050 マルタ島の隠れた文化を**満喫**

1051 セカンドキャリアを**満喫**できる意外と知られていない仕事10選

1052 仲間同士の楽しい会話と美味しいお酒をご**満喫**ください

解決策を示す — 期待を高める

The Principle of Copywriting PASONA ▶▶ *Solution*

秘密の雰囲気を醸し出す

「自分だけ特別な情報に触れたい」「他の人が知らなくて、一部しか知らない情報をつかみたい」そういった願望は誰にでもある。秘密があることを感じると、人はどうしてもそれを知りたくなってしまう。この心情のベースには**「うまくいく人は、自分とは違う特別な情報を持っており、それを知っているからうまくいくのだ」**という思いがあるのだろう。

株取引で「インサイダー情報」などと言われるように（不正・違法だが）、一般の人が知る前に情報を入手することが利益につながってしまう。良し悪しは別にして、そのような「織り込み済みでない情報」というものに、人は惹かれる傾向がある。

また、p.175の「面白い情報を提供する」でも触れているが、**役に立つ情報を提供されると、お返しをしたくなる「返報性の原理」**がはたらく。一足先に仕入れた情報や本来明かさない情報を明かしたことに対して、聞き手は感謝の意を示してくれるだろう。

そして秘密の雰囲気を醸し出すときに、よくある失敗がある。それは「＊＊の秘密は＊＊だった」と、**答えを一緒に出してしまうことだ。**これでは読み手は答えを知り、満足して、そこで離れてしまう。

▶ ＊＊の秘密

シンプルながら好奇心をくすぐる強力なコピーが作れるため、非常によく見かける。単に「＊＊のコツ」の代替表現としても使われる。本来「秘密」は簡単に外に出るものではないため、その秘密の「内容」自体が本当に秘密と呼ぶべきものなのかが問われてくる。

別表現	シークレット、プライバシー、＊＊の秘訣
1053	大成功するベンチャー企業の秘密
1054	まろやかさの秘密は隠し味のチェダーチーズ
1055	自然な明るさが魅力の春色メイクの秘密

▶ 驚くべき＊＊の秘密

「秘密」は、人に知られていないだけで、必ずしもその内容が読み手の関心に繋がるとは限らない。そこで、「あなたが聞いても驚くだろう」というニュアンスを強調したのがこの表現。センセーショナルに聞こえるだけに、大したことがないものに使うのは避けたほうが無難。

別表現	驚愕の＊＊の秘密、ショッキングな＊＊の秘密
1056	あなたの名前に隠された驚くべき秘密
1057	驚くべき新規顧客獲得の秘密を参加者だけにお教えします
1058	普通のサラリーマンが発見した驚くべき競馬必勝の秘密

▶ ＊＊の秘訣

「秘密」とほぼ同じような意味で使われるが、「秘訣」には「最も効果のある方法」という意味が含まれる。そのため、「その解決策は効果的なノウハウである」と暗に示している。「秘密」より、「秘訣」のほうが使い勝手の良い場合が多い。

別表現	＊＊の要領、カンどころ、コツ、ツボ、ポイント
1059	クレームをチャンスに変えて、自社のファンにする秘訣とは？
1060	下りのエスカレーターに乗り込まないための秘訣（『60分間企業ダントツ化プロジェクト』ダイヤモンド社）
1061	在宅勤務でモチベーションを維持するための4つの秘訣（Forbes JAPAN、2019年6月）

▶ 公開

「隠されていたものを公にする」という意味で、直接的に言わずとも「秘密」のニュアンスが出る。

別表現	明かす、オープンにする、大公開、全公開、初公開
1062	あらゆるデジタル手法と人間的な営業をつなぐプロセスを全公開！（『成約のコード』実業之日本社、クリス・スミス著、神田昌典監訳、齋藤慎子訳）
1063	陸上自衛隊のリーダー養成メソッドを公開（日経ビジネス、2020年3月）
1064	あのアラフォー女優がスキンケアの全貌を公開

▶ ＊＊のウラにある秘密

秘密自体は元から隠れたものだが、「ウラにある」とあえて言うことで、「より深くに隠された何かがある」と示している。オモテ側からは目に入らない、何か秘められたものを感じさせる。

別表現	ベールに包まれた、洗い出す、カミングアウト
1065	社章のデザインのウラにある秘密
1066	過去最高益を更新した企業のウラにある秘密
1067	広島カープ3連覇のウラにある秘密

▶ ＊＊（関係者）が絶対に言おうとしない

「＊＊」に権威者を持ってくるのがポイント。その道のプロや専門家が隠しておきたい「秘中の秘」というニュアンスが出る。人の好奇心を強く刺激する表現。

別表現	＊＊（専門家）の本音、＊＊がひた隠しにする
1068	マスコミ関係者が絶対に言おうとしない大手芸能事務所の秘密
1069	旅行代理店が絶対に言いたがらない、航空券予約のカラクリ
1070	占い師がわかっていても絶対に言おうとしない未来とは？

▶ 驚くべき事実

「驚くべき＊＊の秘密」とほとんど受け取る印象は同じだが、「事実」のほうが大げさでなく、より客観的・ニュートラルな印象がある。データやファクトに基づいている内容に使ったほうがよい。

別表現 驚愕の事実、仰天の事実、あっと驚く事実、衝撃的事実

1071 コストコ、12の**驚くべき事実**（Business Insider Japan、2019年6月）

1072 モナリザの絵に隠された**驚くべき事実**

1073 世界の肥満事情の**驚くべき事実**をレポート

▶ 真実

「世間では違う風に解釈されているものの本当のところ」ということを示す。「自分が持っている見解と違うかもしれない」と感じさせるため、興味を引きやすい。あるいは、世間の認識に、逆張り的に意見を言うときに使う。

別表現 リアル、真相、ドキュメンタリー、レポート、実録

1074 今、Facebook広告が狙い目という**真実**

1075 ビジネススクールは役に立たないMBAの**真実**と嘘（『あなたの会社が90日で儲かる』フォレスト出版）

1076 歯周病の**真実**（ライオン）

▶ 本質

哲学的な言葉で、表面にとらわれない物事の姿や性質のこと。「本質」という言葉を見たとき、読み手は「複雑に思えるものをシンプルに要点だけ知ることができる」ことを期待するだろう。

別表現 核心、中枢、エッセンス、要点、キモ

1077 時代を超えて引き継がれていく、ビジネスの**本質**がここに

1078 ラグビーとサッカーの客席にある**本質**的な違い（PRESIDENT Online、2019年9月）

1079 日本の少子高齢化の**本質**に迫る

▶ 真相

「真実」と似た言葉だが、出来事やものごとの「本当の事情」というような含みがある。そのためコピーにストーリー性が生まれ、背後にドラマがあることを彷彿とさせる。

別表現 実態、水面下、内実、裏側、知られざる＊＊

1080 ブロックチェーンの**真相**

1081 過熱し続ける医学部受験　合格率7％、超難関の**真相**（Forbes JAPAN、2018年4月）

1082 迷宮入り事件の**真相**解明は進むか？

▶ 不都合な真実

「誰かにとって知られてはマズイ秘密がある」という非常にミステリアスで強力な表現。単に「知られていないこと」を伝えるだけでなく、何者かの利害関係が絡んでいることを訴えかける。使うシーンが限定されるが、バッチリハマるときはとても強力なコピーになるだろう。

別表現	支障のある真実、影の部分、黒塗り、機密
1083	学校では教わらない、資本主義の**不都合な真実**
1084	ドイツ人が「ナチと心中」を選んだ**不都合な真実**（PRESIDENT Online、2019年9月）
1085	年金問題の**不都合な真実**

▶ 禁断の

禁止される行為。安易にやってはいけないことを示す。「禁断の果実」と言われるように、どこか宗教的でミステリアスな印象を伴う。読み手はその内容にスリルや興奮を覚えるだろう。

別表現	タブー視された、禁じられた、危ない、いけない
1086	『**禁断の**セールスコピーライティング』（フォレスト出版）
1087	30年後もノーベル賞大国であるために、**禁断の**劇薬「国立大学を半数に」（Forbes JAPAN、2017年1月）
1088	一代で巨額の富を築いたプロに聞く、**禁断の**株投資

▶ ウラ側

表からは見れないもの。「それが必ずしも役に立つとは限らない」という点で「秘訣」などとは違う。舞台裏で何かが起きているような、ミステリアスな雰囲気を醸し出す。

別表現	ブラックボックス、裏舞台、ベールに包まれた
1089	クルマを売るときに知っておくべき、中古車査定の**ウラ側**
1090	数字で読み解く生命保険会社の**ウラ側**
1091	知らない方がいい一流ホテルの厨房の**ウラ側**

▶ 誰も教えてくれない

「教科書的ではない」「世の中一般的には教わらない」というニュアンス。何らかの事情や利害があり、その情報が出回らないことを伺わせる。必ずしもそれが難しい内容とは限らない。

別表現	誰も言わなかった、＊＊では教えてくれない
1092	『**誰も教えてくれない**お金の話』（サンクチュアリ出版、うえだひろえ著、泉正人監修）
1093	**誰も教えてくれなかった**返事がすぐもらえる仕事用のEメールの書き方
1094	**誰も教えてくれなかった**予防接種をしなくてもインフルエンザにかからない方法

解決策を示す｜秘密の雰囲気を醸し出す

▶ 人には言えない

人に言いづらい悩みというのは誰にでもある。1095のように、対人関係やコンプレックスなどは代表的だ。そのため、一部の人の共感を強く誘う、解決策の提示方法となる。必ずしも「悩み」でなくても「コツや秘訣」に対しても使える。

別表現 誰にも言えない、墓場まで持っていく

1095 人に言えない不安を対面することなく文字だけの会話で解消する方法

1096 お客さんには言えない利益率が格段に高くなる仕入れの秘密

1097 新人女性社員の、人には言えないトンデモナイ失敗事例

▶ 極意

秘密や秘訣よりも、さらに重厚な印象の表現。武道などでよく聞かれる。硬派さや伝統性を演出する代わりに、少し堅苦しくおおげさに聞こえる。

別表現 奥義、ミソ、伝家の宝刀

1098 ロボット犬「AIBO」の生みの親に訊く「フロー経営」の極意

1099 宣伝文句の極意（『仕事のヒント』フォレスト出版）

1100 参加者が食いついた「スーツ着こなし」の極意（Forbes JAPAN、2018年12月）

▶ 真髄・真意

「極意」同様、重い・硬い印象の表現。真髄は「神髄」という漢字もあるくらいなので、高尚なイメージが伴う。場所を選ぶが、言葉だけで強さを演出できる。

別表現 核心、エッセンス、秘訣、魂、真骨頂

1101 マーケティング・トップ1％の真意とは？（『不変のマーケティング』フォレスト出版）

1102 アマゾン「顧客至上主義」の真髄は、「人間の善意を信用しないこと」にある（Forbes JAPAN、2018年5月）

1103 ここ一番に真価を発揮するバーディパットの真髄

▶ 奥の手

やわらかい語感ではあるが、「極意」とよく似たニュアンス。『今まで秘密にしてきた・もったいぶって取らなかった手段を、ついに施行するときが来た』ということを伺わせるため、読み手の注意を引く。

別表現 裏技、切り札、最終手段、秘密兵器

1104 クラウドファンディング─集客そして事業創造の奥の手を今、体験せよ！

1105 人材確保の奥の手　カンボジア版シリコンバレーが産声（日経ビジネス、2019年8月）

1106 週末のショッピングセンター付近の渋滞を避ける奥の手

▶ 知られざる

「私はもうそれについてよく知っている」と思っている人に強く作用するコピー。例えば、1109のように観光地を出して、「知られざる＊＊の魅力」とすると、そこによく訪問する人も興味を持つだろう。

別表現	誰にも知られていない、知る人ぞ知る
1107	知られざるしょうゆのパワー（キッコーマン）
1108	知る人ぞ知る、シャネルのパーソナライゼーション・オイル（VOGUE）
1109	外国人旅行者にほとんど**知られていない**穴場観光スポットをご紹介

▶ 謎

「＊＊の謎」「＊＊の不思議」などの言葉は、シンプルながら強く好奇心を誘うため、非常に使いやすい。この言葉を見ると、その謎の「答え」が気になり、クリックしたり続きを読んでしまう。また、たった1文字だけでミステリアスさを演出できるため、重宝する。

別表現	不思議、ミステリー、正体不明、神秘
1110	AIにはない「思い込み」の謎
1111	眼医者、メガネ屋のナゾ（『PRESIDENT』2019年7/19号）
1112	古代アンデス文明の謎に迫る、マチュピチュ周遊7日間の旅

▶ 隠れ家

「人目を避ける」というニュアンスがある。「こじんまり」とした規模であることを感じさせる。人とは違う場所を知りたい"通"な人によく効くコピー。

別表現	駆け込み寺、聖域、サンクチュアリ
1113	東京神楽坂にひっそりとたたずむ**隠れ家**ビストロ
1114	芸能人御用達の**隠れ家**カフェ
1115	地図では絶対にわからない**隠れ家**的居酒屋

▶ 種明かし

元々は手品の種明かし。軽い雰囲気で、娯楽的なものに使われやすい。1117のように、日頃馴染みのあるものに「＊＊の種明かし」と言われると、何か背後に入念に作られたトリックや計算があることを感じさせるため、改めて好奇心を誘う。

別表現	ネタバレ、ベールをはがす、ついに公開される
1116	老舗旅館の料理長が秘伝の出汁を**種明かし**
1117	アナウンサーの喋りの秘密を**種明かし**
1118	コンサートホールのような残響音を自宅で再現するスピーカー配置の**種明かし**

解決策を示す｜秘密の雰囲気を醸し出す

The Principle of Copywriting PASONA ▶▶ *Solution*

学びの要素を強調する

「学びたい」「知識を得たい」という欲求は誰にでもある。特に日本人は昔からその傾向が強かったようだ。こんな逸話がある。安土桃山時代のキリスト教の宣教師フランシスコ・ザビエルは、日本から本国に手紙を何通も送っていたそうだ。その中に次のような内容がある。

「日本人たちは、好奇心が強く、しつこく質問し、知識欲が旺盛で、質問はきりがありません」「日本人は地球が丸いことや、太陽の軌道を知りませんでした。しかし、知識欲旺盛なため、いろいろ知りたいと思い、そのようなことや、流星、稲妻、雨、雪のことなど、次々に質問しました。そして、答えを聞き、説明を受けると、大変満足して喜んだ」(『日本賛辞の至言33撰』ごま書房、波田野毅著)。

世界中さまざまな国の人々を知っていたザビエルが、日本人をこのように理解していたということは、はるか昔から日本人は勉強熱心だったということなのだろう。

このように、情報を教えてあげることは歓迎される。しかし、**大事な注意点は「上から目線になりすぎないように」**ということだ。読み手へのリスペクトが欠けていると、それは文章に表れる。読み手はバカにされたように受け取り、書き手に嫌悪感を持ってしまう。

▶ ＊＊の教え

誰かから教わるということは、その領域で既に成功を収めているという「権威性」が必要。そのノウハウに権威や信用がなければ、独り言と同じ印象を与えるだろう。また教わる対象は「人」に限らず、「自然界」「歴史」「学問」などから教えられるという意味でも使うことができる。

別表現	教訓、戒め、レッスン、＊＊が教えてくれたこと
1119	『嫌われる勇気―自己啓発の源流「アドラー」の教え』（ダイヤモンド社、岸見一郎、古賀史健著）
1120	『ユダヤ人大富豪の教え』（大和書房、本田健著）
1121	伝説の起業家が生涯を通して固く守った、父の教えとは？

▶ ＊＊に（へ）導く

「教え」同様、導いてもらうためには、既に理想的な状態に到達していることが前提となる。「教え」が指導者側からの一方通行のイメージがあるのに対して、「導く」は主体が学習者側にある印象があるので、受身のイメージは少ない。

別表現	＊＊をリードする、率いる、約束する、つながる
1122	チームを常に結果へと導く、リーダーの3つの条件
1123	ポジティブ行動がポジティブ思考を成功に導く（『小予算で優良顧客をつかむ方法』ダイヤモンド社）
1124	クルミはあなたをヘルシーな食習慣へと導く（Forbes JAPAN、2015年12月）

▶ アドバイス

「教え」「導く」と似ているが、「アドバイス」の場合は必ずしも権威性は必要ない。先にそれを経験した同僚や友人からの「助言」という文脈で使える。むしろ、1.5歩先くらいからのアドバイスのほうが、よりリアリティや親近感を持って感じられ、役に立つことも多い。

別表現 助言、勧め、勧告、提案、提言

1125	あなた自身のセールスレターを書く際の３つのアドバイス（『稼ぐ言葉の法則』ダイヤモンド社）
1126	失敗しない犬と猫の同時飼育のコツを獣医師がアドバイス
1127	人間関係に悩む会社員への心療内科医からの５つのアドバイス

▶ ＊＊に学ぶ

文字通り「学ぶ」という表現だが、この使い方は「いいところを吸収する」「異なる領域から、教訓やエッセンスを抽出する」ということを示唆している。1130のように、本来学ぶものではなかったり、まったく関係ないと思われる対象を持ってくると、興味を引きやすい。

別表現 ＊＊に学びとる、真似る、＊＊から導き出す

1128	「7分間の奇跡」に学ぶ本当のおもてなし
1129	戦国武将に学ぶ、撤退の美学
1130	赤ちゃんに学ぶストレートな感情表現の仕方

▶ 学べること

「模範になる」「参考になる」「ヒントになる」ということを示す。その商品やできごとの詳細や事実関係よりも、そこから何が学べるのか手っ取り早く知りたい人に効果があるだろう。

別表現 模範になる、参考になる、ヒントになる

1131	USJの成功事例から学べること
1132	子どもが夏の合宿プログラミングセミナーを通して学べること
1133	イチローの現役引退の決断から学べること

▶ 一人で学べる

この言葉の裏にある読者メリットは、学ぶ側の自由度が高いということだ。従来、何かを学ぶ際には、外に出かけて一定の時間拘束されるイメージがある。しかし、一人でできることをアピールすると、「好きなときに・好きなように学べる」という自由さも間接的に訴えかけることになる。

別表現 独学で学べる、一人で身につける、自宅で分かる

1134	一人で自宅で学べるギターレッスンDVD
1135	学校に通わなくても、ひとりで学べる宅建
1136	独学で身につけるウェブデザイン配色の基本

解決策を示す｜学びの要素を強調する

▶ 教科書

義務教育で誰しもに馴染みがあるため、頭にイメージが浮かぶ。「内容の保証された」「間違ったことは書いてない」「信頼できる」という響きがある。そのため、書籍のタイトルなどで非常によく使われる。一方で、「教科書」という言葉にアレルギーのある人もいるので注意が必要。

別表現 テキスト、教本、課程、手引書、経典、指南書

1137 『アクセル デジタル時代の営業 最強の**教科書**』(実業之日本社、マーク・ロベルジュ著、神田昌典監訳、リブ・コンサルティング、門田美鈴訳)

1138 彼氏ができた人必携。カンタンで可愛いおかし作りの**教科書**

1139 年齢を感じさせない姿勢ができる歩き方の**教科書**

▶ 授業

「教科書」と同様、少し硬い印象があり、良くも悪くも"お勉強感"を伴う。逆に言えば、信頼でき、ちゃんとしている、というニュアンスも併せ持つ。「学び」や「学問としての確からしさ」を訴えかけたいとき、とても分かりやすいコピーになるだろう。

別表現 指南、伝授、＊季講習、学校、学園、スクール

1140 企画書、広告文、レポートなど言いたいことが伝わる文章の書き方の**授業**

1141 草トーナメントで勝つための「テニスの**授業**」

1142 シーンに応じて印象を変えられるネクタイの**授業**

▶ レッスン

日本では学校の授業のことを「レッスン」と呼ぶことは少ない。そのため、どちらかというと「習い事」を指す。1143のように、この単語を硬いものに使うことで、「気楽」あるいは「趣味的」な印象を加えることができる。

別表現 カリキュラム、クラス、講義、談義

1143 売る力を鍛えるマーケティングレッスン

1144 裾上げからオリジナルのベビー服まで幅広く役立つミシンレッスン

1145 ビジネスウーマンのための時短おかずレッスン

▶ ＊＊では教えない

「学校では教えてくれない」というコピーは多く使われるが、教えてもらえない場所は学校だけではなく、職場やお店など、割と幅広く使える。1147のように、学問や権威、学びの場で抜け落ちている情報や、理論では捉えきれない実践ノウハウがあることを示唆する。

別表現 ＊＊では学べない、＊＊では知ることができない

1146 ビジネススクールでは教えてくれない面接のコツ5選(Forbes JAPAN、2018年7月)

1147 MBAでは教えない小さな会社のための新規集客の方法を教えます

1148 グーグル先生は教えてくれない検索方法

▶ 塾

一般的には「学校」より「塾」のほうが、高度だったり、あるいは個人のニーズに沿った内容をオンデマンドで教えてくれる、という印象がある。なので、「＊＊の学校」というよりは、「＊＊塾」のほうが融通がきくイメージを与える。講座や私塾コミュニティなどを紹介する際に、よく使われる。

別表現	予備校、教育機関、寺子屋、私塾
1149	マーケティング完全攻略塾
1150	現役メイクアップアーティストによる実践メイク塾
1151	高齢者のためのスマホ塾

▶ おさらい

「復習」と同じ意味。軽い印象をもつ表現だが、必ずしもくだけた文脈だけに限定される言葉ではない。フォーマルなシーンでも、何かを俯瞰して学習するようなコンテンツに用いることができる。

別表現	レビュー、復習、振り返り、前回の＊＊では
1152	動画でおさらいアイアンショットの基本
1153	おさらいすると面白い日本の明治維新
1154	年月とともに深みを増す「茶靴」の魅力を改めておさらい

▶ 本気で

「手軽に」や「気軽に」の反対に位置する表現。一念発起して、「真剣に取り組む」というニュアンス。そのぶん、簡単に知りたい人には届かない言葉なので、少し注意が必要でもある。

別表現	真面目に、マジで、ガチンコで、全力投球で
1155	今こそ本気で取り組むべきYoutube戦略
1156	小さな会社が本気で取り組む働き方改革
1157	フォアハンドストロークを本気でモノにするための練習法

▶ マスター

「マスターする」は何かを完全に習得するという意味。その他にも「＊＊マスター」という表現で、「勝者」、「専門家」ということを表す場合もある。

別表現	上級、習得、コンプリート、最高難度
1158	Javaマスター講座
1159	目指せ金投資マスター　3つの手法を徹底比較（日本経済新聞、2019年9月）
1160	沖縄の方言をマスターしたい方へのアドバイス

解決策を示す｜学びの要素を強調する

ブートキャンプ

ブートキャンプは米軍の新兵訓練施設のことで、そこから軍隊式トレーニングを意味するようになり、今ではトレーニング・研修などに対しても使われる。あまり聞き慣れない表現だが、「集中した期間で何かをトレーニングする」ということを短く表すことができる。

別表現	特訓、短期集中トレーニング、スパルタ式
1161	コピーライティングブートキャンプ
1162	ビリーズ・ブートキャンプ（ビリー・ブランクス）
1163	プログラミングブートキャンプ

24時間365日働くセールスパーソン

COLUMN

　セールスレターは「セールスマンシップ・イン・プリント」＝「印刷された営業マン」と呼ばれている。どういうことかというと、人間のセールスパーソンだと、一から教育しないと営業はできないし、教育したからといって、皆が同じレベルで営業ができるとは限らない。どうしても個人差があり、それが営業成績の差となって表れる。しかも、一度に訪問できる数は限られるし、店舗で接客したとしても1日に対応できる人数は限られてしまう。

　ところがセールスレターの場合は、一度作って発送してしまえば、24時間365日営業活動をしてくれるわけだ。あなたが寝ていようが、休みで遊びに出かけていようが、営業してくれる。おまけに、仕事がキツイ、パワハラだと言われることもない。ウォール・ストリート・ジャーナルのセールスレターは20年以上も同じ内容で使われていたが、内容が優れていれば特に変える必要もなく、何度でも繰り返し使えるのだ。また、セールスレターを作るプロセスでは、ある程度の努力が必要だが、完成すれば、皆同じ最高レベルのセールスパーソンのトークを再現できる。人間のセールスパーソンのように個人差が出ることはないのだ。

　インターネットでの販売が主流の現在では、セールスレターをウェブ上に展開するようになっている。これをランディングページ（LP）と呼ぶ。LPは、セールスレターと違い、発送の時間と手間すらかからずに、多くの人にアプローチすることができる。優れたランディングページを持っているということは、優れた営業担当者が24時間365日、常に接客しているのと同じなのだ。

マーケティング・コピーライターの仕事は、
商品価値を最大限に高めてから、売ること。

PASONAの法則 ── 提案（Offer）

あなたの売る商品の価値を
高めるオファーの作り方

オファーとは、「商品内容」と「販売条件」を紹介することである。
例えば、本書『売れるコピーライティング単語帖』を販売するときのオファーは、

　　「稼ぐコピーライティングで用いる、2000フレーズを集めた
　　初心者からプロまで、一生使える単語帖（B5変判260頁）を、
　　なんと1780円（＋税）でご提供！」

といった具合だ。

「なるほど……。だったら、簡単だ。
カタログから情報を拾ってきて、書き写せばいいわけね！」

そう思う読者もいるかもしれないが、残念ながら、そうは問屋が卸さない。
どんなに良い商品を持っていても、その「価値」を伝えられなければ、
買ってもらえることはないのだ。

目標は、「よりたくさんのお客さんに販売する（顧客数を最大化）」ことか。もしくは、
「値段を上げて、より大きな売上を立てる（収益を最大化）」ことかのいずれかだろう。
そのいずれを取っても、マーケティング・コピーライターの仕事は、

商品価値を最大限に高めてから、売ること。

こうすれば、どちらの目標も達成可能だ。ライバル商品が溢れる中、対象顧客にぴっ
たりと合った商品特長を打ち出し、明確に表現することで、「これは、いますぐ入手

しなければ…」と、顧客に思ってもらわなければならない。
そこで、商品価値を高めるマーケティング・コピーライターの表現技術をご紹介しよう。

【商品価値を高める表現技術　その1】
異なるカテゴリーの商品と比較する

例えば、あなたが「甘酒」を手にしているならば、一般的な価格は、ほんの100円程度だ。あまりにも元気になる栄養素に恵まれているのだが、それが100円だと、果汁0%のジュースと変わらない印象を与えてしまう。

そこで、業界の人たちは、「飲む点滴」というコピーで、
甘酒を表現し始めた。点滴の金額は、いくらだろうか？
皮膚科や美容外科の価格表を見ると、数万円！

このように同じような効果を持ちながらも、まったく異なる商品同士を比較することで、「お得感」を大幅アップすることができる。

【商品価値を高める表現技術　その2】
2つの価格帯を用意する

スタンダード版とデラックス版といった具合に、同じ商品を2つの価格で用意する。
すると、売り手にとって、2つの効果が得られる。

ひとつは、成約率が高くなる。すなわち、買われるのだ。なぜなら顧客としては、
「買うか？ vs 買うまいか？」の選択ではなく、
「スタンダード版 vs デラックス版のどちらを買うか？」の選択になるからだ。

もうひとつは、**購買平均価格が高くなる**。なぜなら、顧客の一定パーセントは、必ず、より高い価格帯の商品を買うからだ。成約率が高まり、平均購買価格が高くなるのだから、これをやらないのは、マーケッターの怠惰としか見なされないほどの、効果的な施策である。

【商品価値を高める表現技術　その3】
たくさんの特典を用意する

これは、インフォマーシャルでお馴染みの、典型的パターン。

- 本日中にお買い上げいただきました方に…、
  特典として、○○を、無料で贈呈させていただきます。
- さらに…先着○名の方に…、普段入手が大変困難な○○、そして…
- そして○○…、しかも○○…、さらに○○の特典を、
  ご用意させていただきました。

という具合だ。自分が欲しい商品だった場合には、「これだけの特典を手に入れられるなんて、滅多にない」と、つい注文してしまう。紋切り型の表現であるが、全世界共通の、販売パターンである。

【商品価値を高める表現技術　その4】
自信の裏付けとなる、保証をつける

保証は、買い手に生じる購入リスクを、売り手が背負うことによって、
安心して申し込んでいただくための施策である。

「満足度保証」と「成果保証」の、2つの保証がある。

「満足度保証」は、「いかなる理由でも、ご満足されなければ、代金は頂きません」という保証のこと。
「成果保証」は、「結果がでなければ、全額返金します」という保証のことである。

保証を効果的に表現・適用することで、売り手側の、販売商品に対する、極めて高い自信を顧客に伝えることができる。

【商品価値を高める表現技術　その5】
商品ネーミングを直感的に分かるようにする

ネーミングは、重要。商品価値に直結する。なぜなら、

スマホによる購入が普及した結果、画面の外にハミ出してしまうような、長い商品説明が難しくなった。「何を売っているのか？」が、よく分からない広告で、興味・関心を持たせ、次のページをクリックさせるのは、至難の技になっている。そこで、広告メッセージが、顧客の目に触れた瞬間、「何を売っているのか？」を、直球で伝えなければならなくなっている。

そのために決め手になるのは、

商品名自体が、直感的に分かりやすく、検索されやすくなっているかどうか

である。売り手だけが、その意味を分かっているようなネーミングは、
自己満足でしかない。

転ばぬ先の杖として、私の失敗談をお話ししよう。

ある講座をリリースしたとき、そのネーミングを『最強のリード・マグネット講座』とした。誰もが必要になる集客技術を正確に記述しようとして、「リード・マグネット」という専門用語を使ったのだ。読者も「えっ、リード・マグネットって何!?」と感じたかもしれない。

「リード・マグネット」とは「リード（見込み客）をマグネット（磁石）のように引き寄せる、無料コンテンツや試供品」のことだ。この誰もが必要になる集客技術を身につける講座を、満を持して発表したら…、見事に大失敗…。

そこで、『オンライン講座の作り方・売り方講座』としたら、
爆発的に売れ出した。中身は変わっていないにも関わらず、だ。

このように時間に追われ続ける、デジタル時代では、

圧倒的に分かりやすくなければ、
価値を伝えることすらできなくなっている。

ここまで記してきた通り、オファー（Offer）には、
他のものとの比較、複数価格の用意、特典、保証などさまざまなテクニックがある。

その中でも、今の時代もっとも強力なのは、「分かりやすい」ということだ。
言うなれば、良いオファーは、分かりやすい言葉によって作られる。

そこで、本章に、目を通す前に……、あなたの商品を、分かりやすく伝える表現を引き出す、次の問いにお答えいただきたい。

あなたの売ろうとしているものは、ズバリどんな商品か？

これから紹介する単語と表現が、より活用しやすくなるはずだ。

The Principle of Copywriting. PASONA ▸▸ Offer

提案内容を伝える

「問題を指摘し、その解決策を提示する」というのは、セールスコピーを作るときのオーソドックスなパターンだ。しかし、「解決策（S）」と「提案（O）」の違いが、分かるようで分からないかもしれない。そこで、両者の違いを解説しよう。

「解決策」は一般的な手段のことで、「提案」は、今回「あなた」が読み手に対してする提案のことだ。例をあげると、「太っていて痩せる必要がある」という問題に対しては、「ダイエット」という「解決策」がある。しかし、ダイエットの中から「＊＊式ダイエット」と、あなたがおすすめする手法を条件とともに提示するのが「提案」だと考えると分かりやすい。

コピーライティングでは、「何を言うかは、どう言うかより大事」と言われている。つまり、「何を提案するのか」が最重要ポイントになる。そもそも中身がつまらなければ、どんなに表現を工夫しても、結局は読んでもらえないのだ。確かに魅力を最大限伝えることは大事だが、一生懸命膨らませて見せようとすることが、「誇大広告」「誇張表現」につながる。コピーの力はあくまでも、商品の魅力を100％伝えることであって、120％にすることではない。つまらなければ、商品を面白いように変える。もしくはその商品の面白い要素を新たに探すほうが、良い結果に繋がるだろう。

▶ 私に（期間）をください。そうすれば

かつて「私に3週間ください。あなたの肌年齢が10歳若返ります」のような、効果を約束する表現がよく使われた。今では法規制で、効果・効能を直接うたうのは制限がある。商品によって薬機法上の問題も出てくる。「そうすれば」以下は表現に十分注意が必要だ。

別表現　（期間）があれば、＊＊できます

1164	私に3週間ください。あなたのダイエットに対する考え方が変わります（『禁断のセールスコピーライティング』フォレスト出版）
1165	たった2ヶ月で、このカラダ（RIZAP）
1166	私に30分くれ！本当の自分に気づくはずだ（『非常識な成功法則』フォレスト出版）

▶ おまかせください

信頼できることをアピールする便利な表現。「＊＊のことなら」と横に添えて、提案内容を併記することも多い。シンプルながら、嫌味がなく自信が感じられる。スキルや知識、技術関係のサービスには特に相性が良い。

別表現　任せてください、任せなさい、おまかせあれ

1167	外壁・屋根塗装リフォームのことなら**お任せください**！
1168	従業員100人以下の会社の経理実務は**お任せください**
1169	不動産のことなら**お任せください**

▶ お届けします

「送る」や「贈る」という表現に似ているが、「お送りします」よりも「お届けします」のほうが丁寧に聞こえるため、セールスにおいても使いやすい表現。

別表現 贈ります、お送りします

1170	皆様に安心と安全を**お届けします**
1171	玄関にアツアツを**お届け**
1172	多方面の分野から常に最新の情報を**お届けします**

▶ そこで

「解決策」や「提案」へと転換するときに使いやすい言葉。問題点やベネフィットを述べたあと、いよいよ商品・サービスの話へと展開するときに、「そこで」と入るイメージ。PASONA の構成の文章で言えば、S や O に入る直前に使う。

別表現 なので、そんなわけで、そういう訳で、だからこそ

1173	**そこで**、手書きの良さを生かしたデジタルツールを開発！
1174	**そこで**役に立つのがコピーライティングです
1175	**そこで**登場するのが、3D プリンターです

▶ 浮かび上がる

「明確になる」「わかるようになる」という意味だが、どちらかというと自然と出てくるニュアンスが含まれる。何か自分以外のもの・ことが、自然にそれを思いつかせてくれる感じがする。

別表現 はっきりする、浮き上がる、あぶり出される

1176	あなたの「強み」が**浮かび上がります**
1177	客先からのクレームをきっかけに**浮かび上がった**コミュニケーションの 5 つの課題
1178	台風災害によって**浮かび上がった**日本のインフラの弱点

▶ 診断

診断するには技量が必要なので、プロの技量を備えていることを暗に示す。ウェブマーケティングでは、楽しみながら結果がわかる「診断系コンテンツ」が、見込客集めの有力なツールとして使われている。

別表現 点検、チェック、テスト、学力検査

1179	マーケティング基礎力**診断**
1180	スキンケア**診断**（ロクシタン）
1181	あなたはどれくらい知っている？ビジネス IT 用語の**一般教養テスト**

▶ ＊＊なら、＊＊できます

「＊＊なら」と条件を先につける。その条件に当てはまる人にとって「＊＊できます」という内容が「自分ゴト」になり、その提案に興味を持ってもらえる。相手を絞り込む（N）効果もある。

別表現 ＊＊であれば、＊＊できます

1182	ゴールド免許なら、保険料10%割引
1183	ご夫婦とも65歳以上なら、入館料30%割引
1184	プラチナ会員なら、ショップでの買い物がいつでも10%オフ

▶ ＊＊しながら＊＊できます

得（ベネフィット）を２つ表現する。「＊＊を手に入れて、＊＊を手に入れる」と共通する。Aを実現するだけでなく、同時にBも実現できますよ、と「二度美味しい」感じが出せる。また、1186のように、本来両立しえないものを両立できる、という意外性を打ち出すこともできる。

別表現 ＊＊しつつ（したまま）＊＊できます

1185	利益を上げながら、社会貢献もできる究極の会社経営術
1186	世界各地を旅しながら、高収入が得られる仕事とは？
1187	合法的に節税しながら貯蓄も増やせます

▶ ＊×＊

何かと何かの「掛け合わせ」「相乗効果」「いいとこ取り」を表現する。文章で説明しなくても、イメージでパッと分かるので、文字数を少なくしなければならないときにも使いやすい。組み合わせコンセプトを持つ商品などを打ち出すときには、極めて強力なコピーになるだろう。

別表現 ＊＊と＊＊のいいとこ取り

1188	デジタル×アナログ＝文理融合で進化する営業
1189	「動画制作事業」×「教育事業」×「福祉事業」
1190	インドネシアの、音楽×香りでオリエンタルな癒しの空間に

▶ ＊＊する技術

「＊＊する方法」よりも専門的な対応が求められる、というニュアンスを含む。単に「ワザ」という意味でも使える。単なる「方法」をあえて「技術」と呼ぶことは、1191のように、普段何気なくやっていること（考える・書く）に対して、「実は奥が深い」と暗に訴えかける効果がある。

別表現 技、手法、技能、ノウハウ、スキル

1191	『考える技術、書く技術』（ダイヤモンド社、バーバラ・ミント著、グロービス・マネジメント・インスティテュート監修、山﨑康司訳）
1192	いまリーダーに求められるのは、本質的な問題を解決する技術
1193	ネイティブスピーカーも納得。複雑な内容を英語で説明する技術

▶ テクニック

「技術」と同じだが、カタカナなので少し受け取るイメージがライトになる。本来正攻法でやろうとすると時間のかかるものも、「テクニック」を知ることで、効率良く・短時間に達成できるような印象を与える。

別表現	メソッド、プレイ、パフォーマンス、ワザ
1194	紹介する友達を特定するために、周りから絞り込んでいくテクニック（『不変のマーケティング』フォレスト出版）
1195	休めない仕事人のための「すぐ寝る」テクニック（PRESIDENT Online、2019年9月）
1196	子どものためのケーキづくり基本テクニック

▶ いかがですか？

疑問形により、決定権を読み手に委ねることで、押し付けがましい印象がなくなる。ただ、その分「断りやすくなる」ので、メッセージとしては少し弱くなる。「いかがですか？」「いえ、結構です」というパターンにならないように提案したいもの。

別表現	どうですか？、試してみませんか？
1197	小学生の姉妹のコミュニケーションにお菓子づくりはいかがですか？
1198	この秋のコーディネートにアスコットタイはいかがですか？
1199	今が旬「下関のふぐ」はいかがですか？

▶ どうぞ

「いかがですか？」と比べて、書き手が主体の言い回し。「どうぞ」と差し出し、読み手はそれを受け取る。何が手に入るのか、気になる表現。

別表現	どうか、なにとぞ、よければ
1200	食後のデザートにどうぞ
1201	あなたも感動の新体験をどうぞおためしください
1202	まずは無料サンプルのお試しから、どうぞ

▶ ＊＊のススメ

福沢諭吉の『学問のすゝめ』のイメージが浮かぶ。「ススメ」「すすめ」「勧め」「薦め」「奨め」など表記はいくつかあるが、カタカナが使いやすい。全体がカタカナばかりのときは、漢字やひらがなを当てるほうがしっくりくる場合も多い。他の言葉とのバランスで、一番視認性が高いものにすればよい。

別表現	アドバイス、＊＊への招待
1203	愛犬と過ごす海外中期滞在のすすめ
1204	ビッグデータよりも、コンテンツマーケティングの薦め
1205	九谷焼陶芸家による、陶器製ビアマグのススメ

▶ おすすめ

「ススメ」と同じに見えるが、使い方が少し違う。こちらは「おすすめの＊＊」という形で使われることが多い。また、文末に持ってきて「＊＊がおすすめ」という形でも使える。「数ある中でこれが一番良いですよ」と、読み手の情報収集にかかる時間をショートカットできるイメージがある。

別表現 イチオシ、今週の＊＊、推し＊＊、レコメンド

1206	還暦を過ぎた世代に**おすすめ**の起業ネタは？
1207	花粉症に悩む人に、この春**オススメ**の空気清浄機5選
1208	陶芸好きのあなたには、陶器製ビアマグが**おススメ**

▶ イチオシ

一番良いものを強く推薦すること。「＊＊のススメ」は少し修辞的だが、こちらはやや口語的でカジュアルな印象がある。たくさんのものを横並びにして紹介するのではなく、「これだ」と絞ったキラー商品を紹介するときに便利な表現。

別表現 本命、有力候補、真打、＊＊にノミネート

1209	この夏、神田昌典**イチオシ**の洋書はこちら
1210	注目18ブランドの**イチオシ**時計（PRESIDENT Online、2012年8月）
1211	あなたの**イチオシ**「ラブコメ」を大募集

▶ お試しください

「買ってください」「使ってください」より、間接的に表現するため、押し付け感がない。本格的に決断するわけではなく、あくまでも「試してみる」ということなので、心理的なハードルも低くなる。

別表現 トライしてください、＊＊はどうですか？

1212	初月特別価格500円（税込）で**お試しください**
1213	この方法でどれだけ夕食の準備がラクになるか、**試してみてください**
1214	まずは無料サンプルで**お試しください**

▶ 今が買い

元々は、「相場が上がりそうなときに買う」という証券の世界でよく使われていた言葉。コピーライティングでは、相場や価格が上げ下げしない場合でも「買うと良いタイミングは今ですよ」ということを伝える。シーズンものやトレンドものなどの販促にピッタリな言葉。

別表現 今がチャンス、＊＊が手に入るチャンス

1215	快適リネンシャツは**今が買い**！
1216	**今が買い**どきの輸入車ベスト3
1217	丸の内OLが選ぶ「**今買い**ルージュ」

▶ 理屈（能書き）抜き

1218のように「ごちゃごちゃ言わずにとにかく」、あるいは1219のように「無駄に考えを巡らせるのはやめて」というニュアンスで使われる。1220のように「屁理屈なし」と言うと、自信に溢れて聞こえるが、挑戦的な印象を与える場合もある。

別表現	ごちゃごちゃ言わずに、屁理屈抜きに
1218	**能書き抜き！** とにかくお中元はじじやにお任せください（『禁断のセールスコピーライティング』フォレスト出版）
1219	**理屈抜き**で安らぎを感じられる音楽に癒されたい
1220	**屁理屈なし**に、まずは試してみてください

▶ ズバリ

何かの核心や本質にストレートに迫るときに、この言葉を挿入する。「要するに」「端的に言うと」と置き換えられる。「ズバリ」と言われると、人はそのあとに話す内容に注目するので、何か重要なことを伝える際、強調のテクニックとして便利だろう。

別表現	ストレートに、バッチリ、単刀直入に、スパッと
1221	東京オリンピックに向けて**ズバリ**、外国人にどう売るか？
1222	相続の悩みに**ズバリ**お答えします
1223	家づくりのもろもろのお悩みを**ズバリ**解決します

偉人たちのコピー③ロバート・コリアー　COLUMN

ロバート・コリアー（1885-1950）：アメリカでは、コピーライターとしてのみならず、思想家や哲学者としてなど、幅広い顔を持つことで知られている。かの有名なカーネギーやマーフィーと並び、成功哲学の権威として称されることもある。R.コリアーの代表著作、『*The Robert Collier Letter Book*』は、第二次世界大戦より前の1937年に刊行され、80年以上もの間、コピーライターたちに読みつがれている名著だ。彼は、コピーライティングのスキルを駆使して、石炭、コークスから靴下、衣類に至るまであらゆるものを売った。商品や購買理由はさまざまでも、人の本質はほとんど変わらないと語っている。これこそが、コピーライティングが時代を超えてなお、実践で使われ続ける理由なのだ。

また、R.コリアーは、「コピーライターの多くが効果のあったレターの言い回しをマネれば、そのレターも効果があるはずだと勘違いしている。大間違いだ。言い回しは重要ではない。効果があったレターを裏付けているアイデアをどう手を入れるかが重要なのだ」と断じている。効果のあったコピーを模倣するのは効果的だが、その裏にある「人間がモノを買う普遍的な心理」を探求することの大切さを、コリアーは教えてくれる。

The Principle of Copywriting, PASONA ▶▶ Offer

新しさを強調する

「初めて体験したときにはすごく感動したけれど、慣れてきたら徐々に感動は薄れ、そのうち何も感じなくなった」という経験は誰にでもあると思う。月給が10万円のときに3万円増えれば、両手を挙げて喜んでも、13万円の状態が続けば、やがて当たり前になり幸せを感じにくくなる。月給50万円ともなれば、3万円増えても前の感動はないだろう。このように価値の感じ方は一定ではない。

また、コピーライティングでは常識となっているが、人は「新しいもの」に興味を示す。厳密には「今までと違う状況」と捉えたほうがいい。なぜ違う状況に反応するのかは、ひとつには人間の脳の構造で説明できそうだ。米国の脳進化学者のポール・D・マクリーン博士によれば、人間の脳には、反射を司る原始的な「爬虫類脳」、感情を司る「哺乳類脳」、理性を司る「人間脳」というモデルがある。このうち「爬虫類脳」が一番最初に反応するという。生物にとって、周囲の状況や外部環境の変化は危険を感じさせ、安全かどうかを確認したくなる。この不安こそが好奇心に繋がっている。つまり、最初は新しくても、「慣れてくる＝大丈夫」なことが分かると、反応する必要がなくなってしまうわけだ。次から次へと新製品が出たり、リニューアルしたりするのは、この慣れた状態を打破して、「新しさ」に反応してもらうためだ。

▶ 新登場・新発売・新発明

この表現を使えるのは、商品やサービス自体が新しくなったときのみ。新商品はそうそう出てくるものではないので、使えるシーンは限定される。しかし、人間は新しいものに弱いため、これらの言葉は強く人の興味を引く。

別表現	ついに出る！、ついに登場、ニューリリース
1224	経営者の時給を高めるライフ・リフト　**新・発明**
1225	『白の定番』に加えて、『青の贅沢』が**新登場**!!（セブンイレブン・ジャパン）
1226	エスニック味**新発売**

▶ 新しい・まったく新しい

「新＊＊」という表現は便利だが、頭に「新」をつけると不自然になる場合もある。そのとき「新しい」という素直な表現は、応用が効き、どんな言葉にもしっくりくる。例えば、1228を「新英語の学び方」にすると、違和感があるだろう。「新しい」をさらに強調して「まったく新しい」という形で使うことも多い。

別表現	新たな、真新しい、新鮮な、今風の、最新
1227	**まったく新しい**デザインで、**まったく新しい**レベルへ（アップル）
1228	**まったく新しい**「英語」の学び方（『PRESIDENT』2016年3/22号）
1229	ネット強者になるための**最新**モデルづくり

▶ 新常識

商品を新しくすることができない場合、切り口を変えて訴求する方法が効果的。商品はそのままでも、新しい視点を発見できれば、「新常識」と位置づけることができる。さらに「今までのスタンダードはもう古くなった」ということを暗に伝える効果もある。

別表現 ＊＊はもう古い、まだ＊＊してるの？、ニュースタンダード

1230 マーケティングとコピーライティングの**新常識**

1231 文系でもスイスイ分かる AIの**新常識**（日経 XTREND、2019年6月）

1232 補聴器選びの**新常識**とは？

▶ 新食感・新発見・新情報

「新常識」のバリエーションで、こちらも商品・サービス自体が変わらなくても、切り口や見方を変えることで、新しい視点を提示する。1234のように、昔からあるものに対しても、新たな考え方の枠組みを与えられることで、新しい魅力に目が行くようになる。

別表現 味わったことのない、世界（日本）初、解禁

1233 優しくトロける**新食感**

1234 古都奈良の魅力を**新発見**

1235 ゴールデンウィーク期間中のイベントの**新情報**を入手しました

▶ 非常識な

「非常識」は、今までセオリーだと信じられてきたものとまったく違うものというニュアンス。また、どちらかというと「タブー」とされてきたものを取り入れるということも感じさせるため、「新しさ」と同時に、「逆転の発想」があることもイメージさせる表現。

別表現 ありえない、常識とは違う、誰も知らない、逆転の

1236 『**非常識な**成功法則』（フォレスト出版）

1237 業績アップのための**非常識な**習慣

1238 全米オープン覇者が公開した**非常識な**ゴルフ練習理論

▶ 常識を覆す・超える

「非常識」が若干クレイジーな響きがあるのに対して、こちらの表現はいくぶんそのニュアンスが和らげられている。この表現は大げさに聞こえるため、読者はセンセーショナルな内容を期待する。

別表現 想像を絶する、常識はずれの、型破りの

1239 いままでの**常識を覆す**、最先端のIT・テクノロジー展へようこそ

1240 100円ずしの**常識を超える**究極の1皿

1241 リンスインシャンプーの**常識を超える**艶やかさ

▶ 発見

「未知のものを見つける」こと。この単語はシンプルながら、人の心を高揚させワクワクさせる。「再」をつけて「再発見」とすると、「すでに知っている」と思っているものの中に改めて新しいことを見つける、という文脈で使える。

別表現 見つける、ディスカバー、発掘、明るみに出る

1242 中学3年生のための自分発見プロジェクト

1243 森に戻れば、ビジネスヒントは山ほど見つかる

1244 美味しい札幌再発見

▶ リニューアル

「ゼロからそれを作ったわけではないが、一新したので、リフレッシュした気持ちで楽しんでもらえる」ということを伝える。店舗改装や飲食店の新メニューの告知などでよく使われる。

別表現 一新、改装、初心に帰って、新生、＊＊革命

1245 シゴトのヒント365 フルリニューアル

1246 お待たせしました。今週末リニューアルオープン

1247 評判のカレーセットがリニューアルして登場

▶ 進化

「進化」には2つの意味合いがある。「進歩し発展すること」(『広辞苑 第5版』岩波書店)と、生物などが元の種と違う種になること。一般的に使われる場合は、単なる変化ではなく、「進歩を伴う変化」という意味で使われる。

別表現 進歩、パワー（グレード）アップ、モデルチェンジ

1248 あなたがすでに習得した「フューチャーマッピング」が劇的に進化しました

1249 進化するエネルギービジネスの行方

1250 創業180年の老舗が見くびったコンビニの進化（PRESIDENT Online、2019年8月）

▶ 画期的

類似のものが過去に存在していなくて新しいものが現れたということを表す。別表現の「前代未聞」や「未曾有」まで言うと、かなり大きな変化に限定されるが、「画期的」であれば違和感なく使えて、汎用性が高い。

別表現 革命的、前代未聞、未曾有、比類なき

1251 生産性＝時給を飛躍的に向上するための画期的な解決策

1252 飲食チェーン元カリスマ副社長が新橋で開いた居酒屋が画期的な理由（Business Insider Japan、2018年12月）

1253 日本で画期的新薬が出なくなる日（日本経済新聞、2019年5月）

提案する — 新しさを強調する

▶ 革命

フランス革命など、支配者が変わるような一大歴史イベントを想像させるが、一般的には「ある状態が急激に変わってしまう」くらいの意味で使われることが多い。それまでのルールや基準が一新されるイメージ。

別表現 レボリューション、変革、空前絶後、事変

1254	ホスピタリティ**革命**
1255	クラフトビール**革命**（日本経済新聞、2019年7月）
1256	文房具通も唸る　万年筆**革命**

▶ 幕開け

「幕が開く」＝「始まる」という意味で使われる修辞的な表現。「はじまり」と表現することもできるが、「幕開け」のほうがストーリー性やドラマ性が感じられ、読み手の期待感が高まる。「＊＊時代の幕開け」という表現もよく使われる。

別表現 オープニング、序章、プロローグ、新時代

1257	宇宙大航海時代の**幕開け**（日経MJ、2018年10月）
1258	ボッテガ・ヴェネタCEOが語る「新章の**幕開け**」（Forbes JAPAN、2019年4月）
1259	ヘアケア新時代の**幕開け**

▶ 旬の（ファッション以外）

野菜や魚などのシーズン性や鮮度を表す言葉で知られるが、そこから派生して「一番注目されている」「最盛期」ということを表す。単に「新しい」と書くより、みずみずしさを感じさせる。

別表現 イキのいい、ピチピチの、とれたて、若々しい

1260	株式市場で"いま**旬**"の会社は414社（東洋経済ONLINE、2013年6月）
1261	2足歩行ロボットなど「**旬**のテクノロジー」を一気に紹介
1262	女子大生に人気の**旬**アプリ10選

▶ 最前線

「そのトピックの最新情報」という意味を3文字で表す。一般的に、前線の情報が後ろに伝わるには時間がかかるが、前線の中でも「最前線」のため、先端の光景を覗き見る感じがありありと伝わる。また、「現場」という意味で使われることも多い。

別表現 最先端、フロンティア、未踏の、さきがけ

1263	暮しを豊かにするチャットボット**最前線**
1264	働き方改革の**最前線**に迫る！
1265	子育て共働き夫婦の感性を顧客サービスの**最前線**に活用

▶ 一歩先

大幅に先を行っているわけではなく、一歩先なので、自分にも届くかもしれない、と感じられる表現。あるいは、「仲間やライバルに差をつける」という文脈でも広く使われる。

別表現 一足先に、前衛的、アバンギャルド

1266 20代の子育て世代のための、**一歩先**をゆくキッチン活用術

1267 **一歩先**行く0歳からの英才教育

1268 **先を行く**安全性を指先に（アップル）

▶ 次世代

一般的には、「次の世代」＝「子どもの世代」と理解されるが、子どもの年齢によっても変わってくるため、明確な基準はない。また機械などの場合は、もっと短い期間になるだろう。「将来」「次の時代」「未来的」というような捉え方になる。

別表現 ニューエイジ、新世代、これからの

1269 若手経営者に告ぐ！**次世代**の日本を創るために、どう布石を打つか？

1270 **次世代**のセキュリティをあなたの家に

1271 **次の時代**のテーマは「圧倒的な欠落」によって決まる（『インパクトカンパニー』PHP研究所）

▶ 先取り

新しいものに対しては、慎重派と積極派に分かれる。新しいものを試すリスクよりも興味が勝る人は、未知のものやことに対して、敏感かつ積極的であると言えるだろう。また、「人より先にこれから流行るものを知っていたい」という需要もある。そういった層に対して響く表現。

別表現 敏感、予告編、フライング、先行

1272 なぜ市場を**先取り**するビジネスをなんどもつくれるのか？

1273 再生エネ革命を**先取り**する投資マネーの「臭覚」（日本経済新聞、2019年6月）

1274 流行**先取り** この秋注目のスカーフの色・柄特集

▶ 創造

「新しくつくる」「生まれ出る」という意味だが、「天地創造」という言葉があるように、崇高なイメージを伴い、他の表現では代替できない独特の雰囲気がある。何か既存のものを改良するより、ゼロから新しいものを作り上げるイメージ。

別表現 クリエイト、ゼロイチ、命を吹き込む

1275 質問により事業を**創造**する方法

1276 知の**創造**的摩擦プロジェクト（東京大学）

1277 ファンを**創る**ビジネスの秘密

▶ AI時代

別表現　近未来、フューチャー

AIが我々人間の生活にとって当たり前になるまで、先進的なイメージを保ち続けるだろう。「コンピュータやアルゴリズムによって、技術や技能が無価値化してしまう」「人間にしかできないことを磨かないといけない」というような脅威を、暗に訴えかけている。

1278	AI時代の成長ビジネスの創り方
1279	AI時代こそコンフォートゾーンを出よ（Forbes JAPAN、2017年11月）
1280	AI時代に必要な学歴は今とどう変わるのか？

▶ 先進・先端

別表現　パイオニア、さきがけ、イノベーション、火付け役

「最も進んでいる」という意味で、技術やノウハウに対してよく使われる。圧倒的に進んでいることが前提となるので、普段使いでは「最新の」や「一歩先をゆく」くらいが無難。

1281	結果をあげる、最先端ノウハウが集結！
1282	神田明神の先進的経営術（日経MJ、2019年7月）
1283	全面的に先進的（アップル）

▶ 潮流

別表現　トレンド、趨勢、風潮

潮の流れに乗れば船はラクに進み、潮の流れに逆らうと労力がかかる。このイメージの通り、単体で使うと「トレンド」を意味し、「潮流に乗る」「潮の流れを読む」などと言えば、時代の流れを捉えることを意味する。

1284	新ビジネス潮流に乗れる会社VS乗れない会社
1285	外食産業の潮流を読む
1286	パンツルックの新潮流オフィスはワンピでアレンジ（NIKKEI STYLE WOMAN、2019年9月）

キャッチコピーとヘッドラインの違い

COLUMN

「キャッチコピー」と「ヘッドライン」は似ているようで役割の違いがある。キャッチコピーは、それ単体で商品のイメージを伝えるための言葉であるのに対して、ヘッドラインは、次の文章を読ませる目的で、最初に興味を引くための言葉なのだ。キャッチコピーは、商品の魅力をすべて伝えるために言葉を短く圧縮する。対して、ヘッドラインはすべてを伝える必要はなく、「中身を読んでみたい」と思わせ、次の文章にバトンを繋げられれば成功なのだ。イメージとして、キャッチコピーは個人競技、ヘッドラインは団体競技のひとつのポジションと考えると分かりやすい。

The Principle of Copywriting. PASONA ▶▶ *Offer*

得する情報を伝える

　人がものを買う時の、最も大きな判断材料になるのが「ベネフィット」だ。ベネフィットとは、「それを買うとどんないいこと（＝得）があるのか」を意味する。例えば、512GBの記憶容量を持つスマホがあるとする。「容量が512GBある」というのは単なる「特徴」だ。対して、容量が512GBあることによって「写真を大量に保存できるので、思い出をたくさん持ち歩けて嬉しい」あるいは「すぐに容量が一杯になって、お気に入りの写真を消さなくてはいけないストレスから解放される」というのが「ベネフィット」になる。これが「特徴」と「ベネフィット」の違いだ。

　「うちの商品・サービスはこんなにすごいんです」という「特徴」をいくら叫んでも、感情と直結しないため、なかなか売れない。そうではなく、そのすごさが「読み手にとってどんないいことにつながるのか」という「ベネフィット」に変換しないと購買にはつながらないのだ。

　コピーライターは、買い手が求めている「本当に欲しい理由」に考えを巡らし、そこを訴求する。自分の商品・サービスがどんな役に立つのかを考え、そのベネフィットを言葉で表現できて初めて、読み手は欲しいと思うようになるのだ。ベネフィットを見つけるための簡単な質問は、「その結果どうなる？」である。これを何度も繰り返すうちに、消費者の「本当の欲求」にたどり着く。

▶ 耳寄りな情報

「耳寄り」は「聞きたく思うこと。聞くに値すること」（『広辞苑 第5版』岩波書店）という意味だが、「聞くとお得だよ」「聞き逃さないほうがいいよ」というニュアンスでよく使われる。

別表現	お得情報、掘り出し情報、うまい話
1287	Macで Podcast。**耳寄りな話**です（アップル）
1288	プリンターをよく使う人に**耳寄りな情報**
1289	カスタムバイク通のあなたに**耳寄りな情報**です

▶ もたらす

「幸せをもたらす」とポジティブなことにも使われるし、「被害をもたらす」とネガティブなことにも使われる。いずれにしても、「何もしなくても勝手に向こうからやってくる」というニュアンスを持つ言葉。なので、ポジティブに使う場合は、「ラクして」「努力しなくても」というニュアンスを伴う。

別表現	生み出す、生じる、引き起こす、巻き起こる
1290	金融テクノロジーが**もたらす**未来に備えよ！
1291	リビングに花の香りを**もたらす**アロマキャンドル
1292	スマホとスマートウォッチが血糖値管理に革命を**もたらす**（CNET Japan、2019年12月）

▶ アップ

「＊＊が上がる」と表現しても意味は同じだが、語感的に「＊＊アップ」のほうが勢いがあり、リズムよく聞こえるだろう。「給料が大幅に上がる」と「給料が大幅アップ！」だと印象が違うのが分かる。

別表現	＊＊上げ、うなぎのぼり、高まる、上昇
1293	ポリフェノールでおいしさ**アップ**の赤ワイン（サッポロビール）
1294	できる人がキャリア**アップ**のために行う毎週末の習慣
1295	副業の収入を大幅に**アップ**させる手間のかからない方法をご紹介

▶ まるごと・まるっと

「すべて・全部」をよりカジュアルに言い表したのが「まるごと」。フォーマルなシーンでは使いにくいものの、「部屋全部」と「部屋まるごと」では、「まるごと」のほうが、よりリアルに伝わる。「まるっと」は「まるごと」よりさらにカジュアル。

別表現	全部、一切合切、まとめて、そっくりそのまま
1296	部屋を**まるごと**防音室にする、ミュージシャンのDIY術
1297	リフォームのお悩み**まるっと**引き受けます
1298	カラーリングと頭皮の悩み　**まるっと**面倒みます

▶ コスト削減

極論としては、収益を上げるには、売上を上げるか、コストを下げるかの２択になる。なので、「コストが下がる」というのは、相手の収益を上げるという、大きなベネフィットになる。無駄なお金を使っている自覚がある人には、特に強く響くだろう。

別表現	合理化、スリム化、コストカット、支出削減
1299	メンテナンス効率化で**コスト削減**、AIが製造業にもたらすインパクト（Forbes JAPAN、2017年8月）
1300	あなたの会社の設備保全**コスト**を**削減**する3つの方法
1301	理想の顧客を獲得する**コストを下げる**方法

▶ 目からウロコ

「目から鱗が落ちる」というのが元々の表現だが、「目からウロコの」だけで使うケースが多い。ちなみに「うろこ」も漢字ではなく、カタカナで書くことが多い。「あることがきっかけとなり、その意味やコツがはっきりとわかるようになる」という意味で使われる。

別表現	ハッとする、インスパイアされる、開眼する、膝を打つ
1302	聴いた瞬間から、10人に口コミしたくなる！憲法とビジネスの、**目からウロコ**な話
1303	動画で見る**目からウロコ**のファンデーション使いのワザ
1304	聞いた瞬間**目からウロコ**の明治維新解説

▶ いいとこ取り

ほとんどのものごとには一長一短があり、メリットは時にデメリットになったりもする。この表現は、複数のもののメリットを組み合わせて、デメリットを最小化する、というようなイメージがあるので、とてもお得に聞こえるだろう。

別表現 コンビ、つまみ食い、好きなものを好きなだけ

1305 クリユイティブかつロジカル思考を**イイトコ取り**したシンプルな方法論

1306 都会の華やかさと田舎のゆったりした雰囲気を**いいとこ取り**したような街

1307 快適なのに品格もある 「**いいとこ取り**」のビジネスシューズ

▶ いまさら聞けない

「ぼんやりとはわかっているけど、はっきりとどういうことかはわかっていない」という状況は誰にでもあるだろう。あるいは、「世間は皆それについて話していて、知らないと話題に取り残される」「聞きにくいけど知りたい」というような内容に最適。

別表現 人には聞けない、知らないと恥ずかしい

1308 **いまさら聞けない**フェイスブックの使い方

1309 恥ずかしくて、**いまさら聞けない**野球のルール

1310 いざという時に恥をかかないために。**いまさら聞けない**レストランマナー

▶ 条件・要件

単に「必要」であることに加えて、「これがないと実現しない」という意味合いが強い。逆に、その条件を知って、満たせばうまくいく、というベネフィットに繋がる。

別表現 ＊＊に必要なもの、前提条件

1311 成熟業界でも、本格的な成長をはじめるための**条件**

1312 売れるコピーライターの**要件**

1313 男性中心職場での「できる女」の**条件**（日経ビジネス、2019年7月）

▶ 力

「力」を持ちたいという欲求はかなり強い。肉体的な力だけでなく、権力など形のない概念に対しても使えるので、そういう憧れを持つ人に強く響く。「その力が手に入って、やりたいことができるようになる」というベネフィットを感じさせる。

別表現 ＊＊力、パワー、エネルギー、ダイナミック

1314 『出し抜く**力** 先がわかる人は何を見ているか』（三笠書房、セス・ゴーディン著、神田昌典監訳）

1315 次のトレンドを先取りする**チカラ**

1316 POWER! ひとくちの**力**（明治）

▶ ＊＊し続ける

瞬間的に良くなることはあっても、良い状態を継続させるのは難しい。将来にわたり、ベネフィットが継続することを強調する表現。将来うまくいかなくなることへの、漠然とした不安を抱えた人に響きやすい。

別表現 キープする、生き残る、維持

1317	成長市場を創りつづける老舗企業のイノベーション力
1318	元金を常に増やし続けるマル秘投資術
1319	一度話せるようになった英語力を維持し続ける方法

▶ ずっと

将来的にも継続して効果が出続けるというイメージ。「＊＊し続ける」と同じ意味だが、「ずっと稼げる」のように、「ずっと」だけでも、「稼ぎ"続ける"」という感じが出せる。

別表現 いつまでも、永遠に、終わらない、フォーエバー

1320	10年後もずっと稼げる自分の才能を今知りたくないですか？
1321	人生の晴れ舞台をずっとアルバムに
1322	ずっとこの街に住みたいから　納得の家づくりを

▶ 何度でも

一度だけでなく、繰り返してという意味合い。1323や1325のように、「やみつきになる」「リピートしてしまう」という意味で使われることが多い。もちろん、単に回数を繰り返すという意味でも使える。

別表現 何回でも、＊＊アゲイン、リピート、七転び八起き

1323	5つのスパイスが効いていて何度でも食べたくなるパスタソース
1324	失敗しても何度でもチャレンジできる社会の実現を目指して
1325	遠くてもなんどでも行きたくなる離島の魅力

▶ もっと

「さらにいいことがある」と、ベネフィットが加わることを表現する。「もっと〜、もっと〜」と続けるとリズム感も生まれる。

別表現 さらなる、その上、加えて、まだまだ

1326	『もっとあなたの会社が90日で儲かる』(フォレスト出版)
1327	おいしいを、ずっと。あたらしいを、もっと。(日本KFCホールディングス)
1328	もっと日経の使い方（日本経済新聞）

▶ さらに

良いところ（ベネフィット）を提示するときなどは、一度に全部出すより、意図的にいくつかを後に回し、最後に「さらに、これも」と追加するほうが勢いが出る。

別表現 プラス、一段と、拍車がかかる

1329 さらに進化を遂げた、新型ディスプレイが誕生

1330 下手な写真を撮るのがさらに難しくなりました（アップル）

1331 さらに購入者特典として「コピーライティング超基礎」をプレゼント

▶ さらなる

「さらに」が「重なる」イメージなのに対して、「さらなる」は「以前より程度を増すさま。より一層の」（『広辞苑　第5版』岩波書店）という意味になる。以前の状態から、さらに勢いを増した様子を、よりダイナミックに表現できる。

別表現 いっそう、加速する、止まらない

1332 さらなるスピードとさらなる安全性の両立

1333 さらなる進化を遂げたニューモデルがこの秋！

1334 デジタルマーケティングを活用してさらなるビジネスの拡大と収益アップを！

▶ 毎日使う

「毎日使う」＝「使う頻度が高い」と言える。毎日使うものであれば、少し贅沢しても元は取れるという心理がはたらく。衣服、家電製品、化粧品などによく使われる。「塵も積もれば山となる」というように、毎日のものほど小さな違いで差が出るため、この言葉を使って「頻度の高さ」をアピールするとよいだろう。

別表現 しょっちゅう使う、デイリー、エブリデイ

1335 毎日使うキッチンだからこそ、使い勝手のよいレイアウトを優先させませんか？

1336 子どもが毎日使う歯ブラシを清潔に保つためのおススメの一手間

1337 あなたのお気に入りのチームカラーを毎日使うマグカップに取り入れよう

▶ 不変の

「ずっと変わらずに価値を持ち続ける」という文脈で使われることが多い。同じ読み方の「普遍」（ふへん）は意味が違っていて、「共通して価値を持つ」ということ。1338の「マーケティング」のように、時代によって変化するものほど、「時代が変わっても生き残るエッセンス」に興味が持てる。

別表現 変わらない、そのままの、不動の、○年使える

1338 『不変のマーケティング』（フォレスト出版）

1339 始まりから不変のルール「野球は3アウト」の妙（日本経済新聞、2019年6月）

1340 野生生物に見る絶対不変のオトコとオンナの関係

▶ 意外と知らない

「知っていそうで、知られていない」「あなたが知らない情報を教えます」というニュアンスの表現。知っていると思っていても、このような言葉で紹介されると、つい内容が気になってしまうものだ。

別表現	案外知らない、知ってるつもりの
1341	地元民でも**意外と知らない**、隠れた名店をご紹介
1342	**意外と知らない**クルマの基本的なメンテナンス
1343	知っているようで**意外と知らない**花の名前20選

▶ 虎の巻

語源は中国の兵法書「六韜（りくとう）」の虎韜巻（ことうかん）から来ている（『広辞苑 第5版』岩波書店）。本来は、奥義、秘伝の意味合いだが、講義などのネタ本という意味や、参考書という意味でも使われている。

別表現	教典、バイブル、ガイドブック、指南書、手引き
1344	海外安全**虎の巻**（外務省）
1345	個人事業主のための確定申告**虎の巻**
1346	即興演奏に欠かせないクラシックギター**虎の巻**

▶ 裏ワザ

一般的には知られていない技法やテクニックのこと。「普通の人は使わない」「基本技ではない」ということから、上級者向けな印象を与える場合もある。正攻法では時間のかかることを、より短時間で効率的に達成したい、という需要に応えられる。

別表現	奇襲、奇策、秘技、マル秘ワザ
1347	ネット求人広告で「直近の年収」を聞かれたら　記入を避ける**裏技**（Forbes JAPAN、2017年11月）
1348	子育てにどんどん活用できるスマートフォンアプリの**ウラ技**
1349	華道家元が教える生花を長持ちさせるとっておきの**裏技**

▶ 共通点

単に複数のものに共通した特徴を指す場合もあるが、ほとんどの場合は、その共通点が「原理原則」に繋がるものであるというニュアンスで使われる。その共通点から浮かび上がる原理原則が、勝敗を分けるようにも聞こえる。1352のようにポジティブにも、1350や1351のようにネガティブにも使われる。

別表現	共通する、共通項、類似点、当てはまる、その心は＊＊
1350	フォーチュン500から消えた企業の**共通点**
1351	話がつまらない人に**共通する**「自爆パターン」4（PRESIDENT Online、2019年9月）
1352	仕事が定時で終わる人と、趣味がスポーツな人の**共通点**

The Principle of Copywriting, PASONA ▶▶ Offer

面白い情報を提供する

　あなたは、人から親切にしてもらったり、役立つ情報を教えてもらったりすると、その相手に感謝すると思う。同時に、自分のほうからも何かお返しをしたいと思うことも多いはず。例えば、スーパーなどで試食をもらってしまい、「買わないと悪いな」と感じたことはあるだろう。このように、何かをしてもらったことに対して、お返しをしたくなる感情のことを心理学では「返報性の原理」と呼んでいる。試食のように無料でサンプルをプレゼントするのは有効だが、必ずしもモノでなくても、「面白い情報」を提供することでも返報性の原理がはたらく。

　受け取った相手にとって、その情報が本当に役に立つものであれば、あなたは一気にメンター的な存在になるわけだ。そのような情報提供を繰り返していると、読み手との間に信頼関係ができてくる。やがて、「お返しがしたい気持ち」も生まれてくるので、いざ何かを買ってもらおうとしたときにも、購入へのハードルが大幅に下がるのだ。昨今、企業はお役立ち情報をメディアやメールマガジンを通して定期的に配信するが、これには関係性の維持という側面だけでなく、こうした販売上の狙いもあるのだ。だから、提供する情報は、しっかりした・価値のある・役立つものでなければ意味がないことに注意したい。

▶ 取扱説明書

取扱説明書は、機械など「操作するもの」に対して使うが、ここで紹介するのは「人」に対して使うケースだ。誰かへの対応法、接し方を情報提供しますよ、ということ。その人（達）は、別の人（達）から「扱いが難しい」と思われることがあり、そのようなコミュニケーションの悩みにこの言葉が響く。

別表現	トリセツ、マニュアル、ガイド、指南書、手引書
1353	「フラリーマン」の取扱説明書（ニューズウィーク日本版、2019年7月）
1354	肉食系男子のトリセツ
1355	バブル入社上司の取扱説明書

▶ ○選

たくさんのものの中から厳選された、いくつかのものを紹介する時にとても便利な表現。数字に特に制約はなく、紹介する内容によっては、100以上もあり得るが、一般的には5〜20程度、多くても30以下くらいが目安になる。あまり多いと読者も飽きてしまうだろう。

別表現	セレクト、○つのもの、○セレクション
1356	部下に気軽に頼んではいけないこと5選
1357	義理チョコのお返しで女性にウケがいいプレゼント15選
1358	内気な性格の人におススメの職業20選とそのなり方解説

▶ ガイド

ガイドは「導く」という意味なので、なんとなく「うまく導いてくれる」「迷わない」「これに任せればいい」というような読み手の期待や安心感に繋がる。

別表現 参考書、教本、教科書、地図、マップ

1359	クイック・スタディ**ガイド**
1360	Facebook広告の究極の**ガイド**
1361	2020年版銀座グルメ**ガイド**

▶ ハンドブック

「ハンドブック」「ガイドブック」ともに、どちらも「手引書」「案内書」という意味で使われる。ただ、旅行などの場合は、一般的には「ガイドブック」が使われることが多い。どちらかと言えば、「ハンドブック」のほうがコンパクトで手やかばんに収まりがいい響きがある。

別表現 ノート、手帳（帖）、必携、＊＊ポケット

1362	初めての赤ちゃんのための栄養**ハンドブック**
1363	日本全国船釣り**ハンドブック**
1364	人事担当者のための労働基準法**ハンドブック**

▶ ルール

「規則」のこと。典型的なのは、罰則を伴う「交通ルール」だが、もう少しやわらかく捉えて「決まりごと」「決め事」を表す。1366の「叱る」などのように、「なんとなくやっている行動や習慣」ほど、「ルール」と言われたとき、法則があることを伺わせ、気になってしまうだろう。

別表現 決まり、決まりゴト、掟、レギュレーション

1365	カスタマーサクセスを実践するための10個の**ルール**とは？
1366	注意だけで終わらせない　生産性を落とさないための「叱る**ルール**」（Forbes JAPAN、2019年5月）
1367	夏でも暑苦しく見えない男性が課しているマイ**ルール**

▶ マニュアル

手順書、すなわち、手順の記された文書を表す。「マニュアル通り」「マニュアル人間」と言うとネガティブな印象になるが、何かをするときにマニュアルがあれば試行錯誤、右往左往しなくて済む。

別表現 実用書、手引書、ハウツーもの、テキスト

1368	顧客の怒りを速やかにおさめる「クレーム対応パーフェクト**マニュアル**」
1369	30代会社員のための「独立起業**マニュアル**」
1370	長く関係を続けるための「遠距離恋愛**マニュアル**」

▶ 役立つ

役立つ＝ベネフィットがあることをズバリ言う表現。何に役立つか、どういう場面で役立つかなど、内容を併記して示す場合が多いが、「人生で役立つ」「一生役立つ」など抽象的なイメージで使うこともできる。

別表現 お役立ち、便利な、効果的な、徳用

1371 1人でリモートワークする人に**役立つ**アイテム10選

1372 料理の写真をSNSにアップするときに**役立つ**画像修正アプリ

1373 突然の雨でも慌てない、**お役立ち5アイテム**

▶ ヒント

「アドバイス」は、誰かから解決策をもらうこと。対して「ヒント」は、その情報をきっかけに自分で解決策を導き出すもの、というイメージがある。ダイレクトに解決策を提示する代わりに、「ヒント」と呼ぶことによって、読者は、じれったく感じるものの、答えを押しつけられている感じはしないだろう。

別表現 暗示、キー、カギ、手がかり、糸口（緒）

1374 SDGsを実践するための暮らしの**ヒント**（環境省）

1375 これから30年、生き残るための経営の**ヒント**

1376 発展途上国を安全に旅するための5つの**ヒント**

▶ スイッチ

もちろん物理的なスイッチを表すわけではない。何かオンの状態とオフの状態があり、それらを切り替えることができると考えられるものに対して使う。例えば、1378、1379の「やる気」や「警戒心」のように、人間の気持ちの持ちようの切り替わりを、比喩的に表現できる。

別表現 シフトチェンジ、切り替え、きっかけ

1377 遺伝子の**スイッチ**の切り替えで「がん細胞の増殖を止める」驚異の試み（Forbes JAPAN、2019年5月）

1378 気だるい1日でも、やる気**スイッチ**オンで充実して過ごせる

1379 危険　海外旅行中は警戒心の**スイッチ**を切ってはいけない

▶ ポイント

「要点、大事な点」という意味で使われることが多い。「○つのポイント」という風に数字と一緒に使われることが多い。「方法」と見た感じは似ているが、単なる方法論ではなく、何かを達成するために重要なエッセンスを表す。また、より抽象度が高い印象を持つ。

別表現 要点、エッセンス、本質、要（かなめ）、要領

1380 収益を確保する値決めの3つの**ポイント**

1381 錦織圭に見る両手打ちバックハンドの体重移動の**ポイント**

1382 女性社員からの人気を左右する、会議での発言の仕方の3大**ポイント**

— 177 —

▶ 豆知識

ちょっとした知識という意味なので、大きなベネフィットは期待できないが、逆に大したことをしなくても少しの工夫で一定の効果が期待できるというニュアンスが出る。

別表現	雑学、トリビア、小ネタ、TIPS
1383	引っ越しで当日ドタバタしないための**マメ知識**
1384	京都旅行で役に立つ茶道の**豆知識**
1385	エクセル関数を効果的に使うための**豆知識**

▶ 原則

「基本的な決まりごと」という意味。どんな状況でも揺るぎなく、物事を支配する法則、とも表現できる。ただ、重たい表現なので、それなりに硬派な内容でないと違和感が出る。

別表現	原理、法則、鉄則、約束事、ゴールデンルール
1386	誰も教えてくれないビジネス文章の書き方、3**原則**は「構造・相手・語感」（DIAMOND online、2020年2月）
1387	世界で成功しているリーダーに共通する原理**原則**
1388	優れたアスリートが実践している「パフォーマンスを高める」原理**原則**

▶ 関係

親子や男女、師弟など、一般的な人間関係だけでなく、「複数のものがどう繋がりあっているのか」ということは人の興味を誘う。「関係」と言われるだけで、どう繋がっているのかが気になってしまう。特に、<u>両方が対照的だったり、それぞれ強い魅力があったり、通常は無関係と思われているもの</u>だと効果的。

別表現	関わり、関連、交わり、結びつき、つながり
1389	『お金と英語の非常識な**関係**』（フォレスト出版）
1390	神道とビジネスの深い**関係**
1391	雅楽からわかる、日本人と音楽の絶妙な**関係**

▶ 都合のいい

「便利な」という意味を表すこの表現は、ポジティブにもネガティブにも使われる。**1393**のように、いわゆる「便利屋」として、<u>ある人にとって都合がいいときだけ使われる</u>というのがネガティブな場合。**1392**や**1394**のように、<u>「時間や場所を選ばない」</u>という融通の効きやすさを示すのがポジティブな場合。

別表現	好都合な、インスタント、場所と時間を選ばない
1392	実はすごく「**都合がいい！**」チュールプリーツスカートで大人かわいいコーデ（Donami、2019年9月）
1393	「**都合のいい男**」にならないために効果的なNOサイン
1394	**都合のいい**場所で、**都合のいい**ときに学ぶだけで、読書会ファシリテーターに

▶ 予想・予報・予測

「未来に起こることが他の人よりも先に分かる」というのは、極めて大きなベネフィットである。「予言」というと、大げさに聞こえ、怪しさも伴うが、「予想、予報、予測」であれば、「自分の考え」というニュアンスで違和感なく伝えられる。

別表現 予言、見通し、見当、目算、マイルストーン

1395 『成功のための未来**予報**』(きずな出版)

1396 このパターンが分かれば、人、チームの動きが**予測**できる!

1397 AIが**予想**する長野の未来2万通り 最善のシナリオは(朝日新聞DIGITAL、2019年6月)

▶ これから

時代を先取りしていたり、将来を見据えているという印象を受ける表現。これまでも存在した何かであっても、「これからの＊＊」と呼ぶことで、暗に「これまでとルールが変わったこと」を感じさせ、人によっては焦りを感じるだろう。シンプルながら、人の心をつかむ言葉である。

別表現 今から、来たる、やがて訪れる、明日の

1398 **これから**10年、世代を知らなきゃビジネスにならない!

1399 『**これから**の「正義」の話をしよう』(早川書房、マイケル・サンデル 著、鬼澤忍訳)

1400 **これから**の日本の漁業にIT戦略が不可欠な理由

▶ ○年後

「○年後までの間、同じ状態が継続して」という意味と、「○年後まで、改善し続ける状態が続く」という意味、そして、ピンポイントで「○年後の将来」という意味とがある。

別表現 ○年経ったあと、○年先

1401 『**10年後**あなたの本棚に残るビジネス書』(ダイヤモンド社、神田昌典、勝間和代著)

1402 **5年後**、粗利を2.5倍!

1403 **20年先**の年齢構成を考えた採用活動をすべきこれだけの理由

▶ アクセス

一般的には「駅からのアクセス」など地理や交通手段を表すのに使われる。コピーライティングにおいては、近づくこと、近寄ることを「アクセス」と呼ぶと、カッコよく洗練された印象が出せる。

別表現 交通手段、アプローチ、接近、つながる

1404 日本最大級のマーケティングの宝庫への**アクセス**は間近です

1405 クラウドストレージならあなたの写真と文書にいつでも**アクセス**可能です

1406 清々しい気持ちに**アクセス**できるグレープフルーツの香り

▶ あるある

「よくある」のカジュアルな表現だが、こちらのほうがリズム感があり、「心当たりがあってリアルに感じられる」というニュアンスが伝わる。フォーマルなシーンでは使いにくい。お笑いなどでも見かけるように、人の共感やデジャヴに訴えかける、普遍的に人気な表現方法だろう。

別表現 よくある、典型的、心当たりのある、ステレオタイプ

1407	沖縄好きの方へ　あなたが感じた沖縄あるあるネタを大募集
1408	穴があったら入りたい。お酒の失敗10のあるある
1409	大学教授が見た学部ごとの学生あるある

▶ 習慣

「＊＊な（する）人の習慣」などの典型的な使われ方から分かるように、「その習慣に共通点やコツがある」というニュアンスが含まれる。ポジティブにもネガティブにも使われる表現。

別表現 共通点、コツ、習わし、慣例、クセ

1410	『7つの習慣』（キングベアー出版、スティーブン・R・コヴィー著、フランクリン・コヴィー・ジャパン訳）
1411	世界の頂点に立つ日本人アーティストの思考習慣
1412	1日のパフォーマンスを下げる朝の習慣3つ

▶ 常識

「持っておくべき知識」あるいは「知っていて当然」というニュアンスで使われる。一般的に、日本人は「みんなやっている」と言われると、「自分もやらなくては」という切迫感を感じやすい。シンプルながら効果の強い言葉なので、過度な煽りにならないよう注意が必要。

別表現 良識、スタンダード、皆やっている

1413	時代錯誤にご注意。鉄拳制裁＝パワハラはもはや常識
1414	海外でウケないは常識か（日経MJ、2017年9月）
1415	変革者のための仏教の常識

▶ 特集

新聞、雑誌、テレビ番組などでお馴染みのように「何か特定のテーマやトピックに関する情報を集めたもの」という意味で使われる。断片的な情報も一箇所にまとめて、「特集」「スペシャル」というコンセプトを打ち出すことによって、まとめて知りたい・比較検討したい読者に特別な価値を提供できる。

別表現 スペシャル、コーナー、セクション

1416	100の素晴らしい企業特集
1417	B級というにはあまりにももったいない。絶品！B級グルメ大特集
1418	今週は母の日特集

The Principle of Copywriting. PASONA ▶▶ Offer

独自性・優位性を強調する

　今や世の中は、似たような商品・サービスで溢れており、完全にオリジナルなものはほとんどない。自分が売ろうとしているものの類似商品も、探せばすぐ見つかるだろう。仮に本当に画期的な商品を発明しても、すぐにマネされてよく似た商品が登場してしまう。インターネットで情報がすぐ出回ってしまう現代、「独自性」だけで売れる期間は短い。

　つまり、前提として、似たような商品・サービスの中から、あなたのものを選んでもらう必要がある。そのとき、重要な質問がある。それは「なぜ、他からではなく、あなたから買うのか?」ということだ。お客さんがものを買うのは、他にはない「何か」があるからだ。「価格が安かったから」というのも1つの理由ではある。しかし、安さで勝負しだすと、ライバルもまた安売りを始め、やがて消耗戦になっていくだろう。

　打ち出すべきは、価格以外の「あなた独自のもの（独自性）」や「他よりも優れている点（優位性）」だ。USP（Unique Selling Proposition、ユニーク・セリング・プロポジション）と呼ばれたりもする。これから紹介するのは、あなたが売ろうとしている商品のUSPを見つけ、言語化し、PRしていくための表現だ。

▶ ＊＊流

武道や茶道などで、その人や派閥の独特のやり方を「流儀」と呼ぶことから転じている。同じように、人の名前、流派や団体の名前、国や土地の名前などにつけて、独自のアプローチやメソッドとして打ち出す。これによって、その商品は一種のブランドになるのだ。

別表現	＊＊に教わった、＊＊流派の
1419	動乱の5年間を価値あるものにする、神田流仕事哲学
1420	JR東の新たな一手、英国で「日本流」は根づくか（東洋経済ONLINE、2019年8月）
1421	スタンフォード流"賢くなる睡眠"実践術（PRESIDENT Online、2019年3月）

▶ ＊＊式

「＊＊流」と同じ意味合い。流が「流儀」から来ているのに対して、「式」は「方式」から来ているので、「式」のほうがやや具体性の高いメソッドのようなイメージになる。「式」より「流」のほうが古めかしい感じがするので、シーンによって使い分けるのがおすすめ。

別表現	＊＊様式、＊＊型、＊＊スタイル、＊＊志向
1422	FCバルセロナ式・動けるチームの鍵とは?
1423	地中海に住むシェフから見た「地中海式ダイエット」（Forbes JAPAN、2019年4月）
1424	七田式教育（しちだ・教育研究所）

▶ メソッド

「方法」のことだが、それに加えて「理論」「方式」という意味も含む。独自の方法や理論に対して「＊＊メソッド」とネーミングすることで、独自性やコンテンツらしさが際立つ。

別表現	手口、手法、ノウハウ、ハウツー
1425	次の時代をつくる、知識創造メソッド
1426	米国で再流行する「こんまりメソッド」の効果 （Forbes JAPAN、2019年1月）
1427	戸建街の「北側」景観革新×交流コミュニティの仕掛け「北並みメソッド」（トヨタホーム）

▶ 思考

「独自の理論や考え方をネーミングする」使い方と、「ある考え方や思考をひとくくりにする」使い方がある。1429の「ストーリー思考」は前者、1430の「5W1H思考」は後者に該当する。

別表現	＊＊アプローチ、考え方、解法、＊＊で考える
1428	脱・時給思考！あなたの仕事を未来に貯金するストック型キャリアとは？
1429	『ストーリー思考』（ダイヤモンド社）
1430	わかりやすい文章を書くための「脱・5W1H思考」

▶ 理論

何かに対する自分の考えをまとめ、それを「＊＊理論」とネーミングする。「＊＊」の中には、自分の名前も使えるし、例えを使うこともできる。いずれも「独自のものの見方」というニュアンスで使える。読み手はその人なりの世界の解釈の仕方に、興味をそそられるだろう。

別表現	セオリー、理屈、説、ロジック
1431	『春夏秋冬理論』（実業之日本社、来夢著、神田昌典監修）
1432	これからのビジネスを形作る新理論ー「U理論」を先取りする！
1433	『LOVE理論』（文響社、水野敬也著）

▶ パイオニア

日本語の意味は「開拓者」で、その分野を最初に切り開いた人に与えられる称号。何かの1番手になることはリスクもあるが、リターンも大きい。自分がアピールする商品が、何かで最初になった部分があれば、この表現を用いて箔をつけることができる。

別表現	開拓者、第一人者、先駆、草分け、開祖、始祖
1434	業界のパイオニア達が一挙集結！次世代オフィスツール展覧会
1435	ロボット時代を切り開く、パイオニアに学ぶ
1436	ドローン開発のパイオニアが語る次世代機とは？ （ITmedia、2019年8月）

▶ 選ばれる

1439のように、選ばれる相手を具体的に書く場合と、1438のように、具体的に書かない場合がある。いずれも、「選ばれる」と優位性を訴えることで、人気だったり、アドバンテージがある印象を与える。

別表現	＊＊チョイス、セレクト、厳選された、よりどり
1437	選ばれたのは、綾鷹でした。(日本コカ・コーラ)
1438	選ばれる分譲地（日経MJ、2019年1月）
1439	丸の内ビジネスマンに**選ばれる**腕時計ブランド5選

▶ ＊＊が選ばれる理由

広告ではポピュラーな表現で、もはや定型フォーマットにもなっている。「他との違い」を読み手に納得できるようにハッキリと表現する必要がある

別表現	＊＊（お客さん）が＊＊という（である）理由
1440	ソニー損保が選ばれ続ける理由（ソニー損保）
1441	アンケートから分かった。日本人の国内旅行に沖縄が**選ばれる理由**
1442	私たちが選ばれる5つの理由

▶ 他とは違う

「他との違いがある」ことをダイレクトに伝える表現。「選ばれる理由」より直接的なので、読み手はその「違い」は何（what）なのか気になるだろう。また、この表現は自信たっぷりな印象を与える。

別表現	他にはマネできない、他の追随を許さない、今までと違う
1443	舌に残る味の深みが**他とは違います**
1444	今までのコピーライティングとは違う！ここでしか学べない講座の内容
1445	今までとは180度異なる集客の法則

▶ ここが違う

「他とは違う」に対して、もっと具体的な違いの存在を明示している。「こそあど」言葉に共通して、「ここ」と言われると「どこ？」と知りたくなる。読み手は、違いの内容に興味をそそられるだろう。

別表現	なぜ＊＊を選ぶのか、＊＊が決め手
1446	新人が「俺についてこい」で伸びないのは当然。一流の教え方は**ここが違う**（DIAMOND online、2019年8月）
1447	パナソニックの洗濯機は**ここが違う**（Panasonic）
1448	"ぼたもち" と "おはぎ" は**ここが違う**

提案する──独自性・優位性を強調する

▶ 世界に一つだけの＊＊

SMAPのヒット曲で一般的になったが、オーダーメイド・カスタムメイドの製品によく使われる。個別の受注生産の場合、まったく同じものは基本的にない。しかし、この表現のポイントは、「それぞれに違いがある」ことを「それぞれ特別で価値がある」と上手にうたっていることだ。

別表現 唯一の＊＊、オンリーワンの＊＊、ユニーク

1449 完成まで128時間、「世界にひとつだけのスーツ」を仕立てる悦び（Forbes JAPAN、2017年2月）

1450 世界に一つだけのスマホケースをあなたのものに

1451 世界にひとつしかないあなただけの人生設計をお手伝いします

▶ （自社）史上最＊＊

史上というのは「歴史上」という意味なので、本来は「過去にはなかった」という意味で使われる。しかし、「自分や自社、業界などの歴史で、過去最高」という使い方もある。つまり、「範囲を狭めることで一番になる部分を見つける」というのが、この言い回しのキモだ。

別表現 かつてない＊＊、初の試み、稀に見る

1452 西鉄史上最高級のラグジュアリーバス導入（西日本鉄道）

1453 平成最後を飾る、JR「史上最強」の特急列車は？（東洋経済ONLINE、2019年3月）

1454 カルビー史上最厚級！通常のポテトチップスの約3倍の厚さ！（カルビー）

▶ ありそうでなかった＊＊

「言われてみれば、それほどの驚きはないが、なぜか今まで存在しなかった」ということを短く上手に表す。この言葉を見ると、その商品の意外性や利便性に着目してしまう。

別表現 意外となかった＊＊、こんな＊＊ほしかった

1455 ありそうでなかった文房具選（PRESIDENT Online、2010年11月）

1456 これは使える！ありそうでなかった100均グッズがこの秋登場

1457 よく考えると、ありそうでなかったシューケアグッズ

▶ 知り尽くした

「非常によく知っている」「熟知している」「精通している」ということを端的に言い表せる。プロフェッショナルな雰囲気も醸し出している。読み手が期待するのは、そのジャンルの全体像をすべて知っている人が、厳選して紹介してくれる「おいしいところ」だろう。

別表現 熟知した、精通した、全知全能

1458 EVを知り尽くしたクルマ　テスラ「モデル3」（読売新聞オンライン、2020年1月）

1459 大岡越前はマーケットを知り尽くした法律家だった（Forbes JAPAN、2015年7月）

1460 私どもは大工の悩みを知り尽くした住宅会社です

▶ ＊＊の法則

シンプルに言えば、「こうすれば、こうなる」という因果関係のこと。「独自に発見した理論やコツ」という意味で使われる。また、法則性があるということは、それを理解すれば結果をコントロールできると感じられる。1462のように、誰でもなんとなくやっていて、法則性がないと思われるものほど、注目を得られるだろう。

別表現	摂理、鉄則、さだめ、原理、作法
1461	『稼ぐ言葉の法則』(ダイヤモンド社)
1462	仕事のパフォーマンスが落ちない人に共通する「**休憩の法則**」
1463	ハリウッド女優から学ぶ、ゴージャスに見える**色づかいの法則**

▶ ザ・＊＊

馴染みのある表現だが、日本語で使う場合は、実は定義はあまりはっきりしていない。ニュアンスとして、「元祖」「典型的」「代表的」というような感じになる。見慣れていて陳腐に聞こえる言葉でも、「何か特別なものである」というような含みを持たせられる。

別表現	元祖＊＊、トップ＊＊、＊＊といえば＊＊
1464	『ザ・コピーライティング』(ダイヤモンド社、ジョン・ケーブルズ著、神田昌典監訳、齋藤慎子、依田卓巳訳)
1465	次世代マーケティング実践会　The実践会
1466	『ザ・ゴール ― 企業の究極の目的とは何か』(ダイヤモンド社、エリヤフ・ゴールドラット著、三本木亮訳、稲垣公夫解説)

▶ 比べてください

「＊＊よりいいでしょ」と自ら主張するのではなく、比べてもらって違いを読み手自身に納得してもらう。導いた答えは、受け身の情報ではなく、自らの判断によるものなので納得感が強いだろう。ただ、比べたくなるようなものでないと、読み手は興味を失ったり、面倒に感じたりするので注意が必要。

別表現	比較してください
1467	**比べてください**この切れ味。一瞬で新品の包丁に蘇るシャープナー
1468	1年間の電気代と**比べてください**
1469	この充実の保証条件を他と**比較してみてください**

▶ ＊＊で評判の＊＊

評判になる範囲としては、「地元で」「口コミで」「特定の場所や人の間で」「ソーシャルメディアで」などのバリエーションが使える。商品を提案（O）するだけでなく、同時にターゲットを絞り込む（N）役割も果たす。「＊＊で」の部分に心当たりがあれば、読者は強く反応してくれるだろう。

別表現	好評の、口コミの、太鼓判をおす、高評価
1470	東京都の**口コミで評判の**良い料理教室ベスト10
1471	アフターフォローに優れていると**地元で評判の**工務店
1472	**Twitterで評判の**カリスマ美容師のいるサロン

提案する｜独自性・優位性を強調する

ただ者ではない

「普通の人ではない」という意味で、主にポジティブな文脈で使われる。「ただ者ではない」というのは、データや理屈からわかるというよりは、直感で「感じる」ことがほとんど。そのため、ミステリアスな印象を残す描写である。

別表現 伊達じゃない、侮れない、恐るべき、尋常じゃない

1473	「この人ただ者ではない」とオーラを感じた体験募集
1474	ただのキャラものではない完成度 「名探偵ピカチュウ」は世界を制するか？（Forbes JAPAN、2019年5月）
1475	剣道5段は、**伊達じゃない**。

業界

セールスコピーにおいてこの単語は、同じ種類の製品やサービスの中で、自分（自社）が優位性のあるポジションにいることを示すときに使われることが多い。ビジネス的な文脈が多いので、カジュアルな場面にはそぐわないかもしれない。

別表現 界隈、＊＊界、同業者、関係者

1476	人材派遣**業界**屈指の継続率を実現！
1477	**業界**初！ GPS機能搭載
1478	美容**業界**で類を見ない英語・中国語・韓国語が通じるサロン

No.1

一般的に、1位はよく知られるが、2位は人の記憶に残らないと言われる。それほど、1位と2位の差は大きい。だからこそ、No.1をうたうことは、人の心に刺さる特別な力がある。「選ばれてNo.2」という言い方はまずしない。

別表現 最高、最強、トップ、ファースト、＊＊で最も

1479	みんなに選ばれて No.1
1480	選ばれ続けて売上 No.1
1481	選ばれてシェア No.1

＊＊一

世界一や日本一には、なかなかなれるものではない。なので、一番になれるようなカテゴリーを探すというのも、ひとつの方法だ。日本でなければ県。県でもダメなら市。ただし、あまり小さなユニットだと、不自然な印象になるので、注意が必要。

別表現 一流、極上、上等、主席、栄冠、一級

1482	日本**一**のセールスマンか激白 文句があるなら、売ってみろ！
1483	東京で**一**番長い商店街！「戸越銀座商店街」に行ってみた
1484	練馬区で**一**番の高層マンション

The Principle of Copywriting PASONA ▶▶ Offer

販売条件を提示する

　まったく同じランニングシューズを、まったく同じ9,800円で売っている2つのショップAとBが あるとする。B店には、「おまけ」として、今だけクリーニングスプレーがついてくる。この場合、 あなたならどちらから買おうとするだろうか？おまけが魅力的に感じられれば、B店から買おうとす るはず。B店のほうが若干高かったとしても、差額が100円や200円の話なら、おまけつきを選ぶか もしれない。つまり、購買を決断するときには色々な条件を総合的に判断して決めているはずだ。こ れらのさまざまな条件、すなわち販売価格や特典、支払方法などをまとめて「オファー」と呼ぶ。

　販売条件のコピー例をご紹介しよう。心当たりがある方も多いかもしれないが、「定価＊＊円が、 今だけ＊＊円」という価格表記はよく使われる。これには「アンカリング」と呼ばれる心理効果が関 係している。「アンカリング」とは、ある数字を見ると、次に見る数字の受け取り方に影響を与えると いうことだ。最初から「3万円」とするより、「定価5万円が今だけ3万円」とすると、5万円にアン カー（＝錨）が降ろされ、そこを基準に見ると3万円が安く感じる。そのため現代では、こういった オファーが広く使われるようになったが、景品表示法の二重価格表示の規制には注意が必要だ。

▶ たった・わずか

「少ない」ことを主観的に表す。実際の数字は、人々が 持っている相場イメージによるため、一概には言えな い。1485のように見放題が「月々300円」なら「たっ た」と言えるかもしれないが、家電の電気代が「1日あ たり300円」だと無理がある。世間的な相場認識を利 用して、それより少ないことを訴えるとよい。

別表現	たかだか、ポッキリ、まさかの
1485	月々たったの300円で動画見放題
1486	1カ月の電気代わずか20円
1487	1日あたりたった35円

▶ ポッキリ

「ちょうど」「これ以上はかからない」という意味。元々 は硬いものが折れる音を表した言葉で、「折れたところ」 という意味から「キリよく」という状態を表す。価格が 分かりやすいため、消費者の不安を取り除くことができ る。しかし、俗語的に聞こえるため使う場面を選ぶ。

別表現	オンリー、キッカリ、お釣りなし、コミコミ、ピッタリ
1488	スポーツウエア上下セットで3千円ポッキリ
1489	初期費用、設置費用全部コミコミで5万円ポッキリで ご提供
1490	追加料金一切なし、1万円ポッキリキャンペーン実施 中

▶ 2つ買えば1つ無料（半額）

「Buy 2 Get 1 Free」とも呼ばれる、有名なマーケティングのオファー。企画ありきなので何にでも使えるわけではないが、一般的には、客単価を上げるのに有効な策として用いられる。半額で1つ売るより、2つ買ってもらったほうが売上も上がり、粗利も増えるからだ。

別表現 セットでお得、こちらもいかがですか

1491 1個300円以上のケーキ **2つ買えば1つ無料**

1492 **2講座同時受講の方は2講座目を半額で受けられます**

1493 メンズスーツ**2着買えば、2着目半額**

▶ 無料

何を無料にするかはバリエーションが考えられるが、ここでは本体の一部を無料にするケース（1494）、おまけを無料でプレゼントするケース（1495）、サンプルを無料提供するケース（1496）を挙げている。

別表現 フリー、お代はいただきません、タダ、サービス

1494 インサイトファインダー実践講座 Lesson1 を期間限定**無料**公開

1495 ランドセルをご購入の方に、持ち物に貼れる「お名前シール」を**無料**でプレゼント

1496 初めての方は、「潤いシリーズ」ミニボトル**無料**サンプルセットでお試しください

▶ 手数料無料

商品やサービスの本来の価格とは別に費用がかかる場合には、それは「追加の費用」という捉え方をされる。消費者に対して、そのような支出の痛みを減らすことは販売に有利になる。あるいは、一定額以上購入の場合に送料を無料にするようなケースでは、購入額が増える効果も期待できる。

別表現 フィーなし、手料いただきません

1497 代金引換**手数料無料**

1498 分割払い**手数料無料**

1499 3000円以上ご購入の方**送料無料**

▶ ＊＊費用無料

手数料と同様、本来の価格に加えた「追加費用」がかからない、というベネフィットを強調する。あるいは、1502の「初回相談料」など、本来費用が必要と考えられるものが、特別に無料になるときに使うこともある。

別表現 費用かかりません、費用いただきません

1500 初期**費用無料**

1501 駐車場料金無料

1502 初回相談料無料

▶ タダ

やや俗に聞こえるため、基本的にフォーマルな場にはそぐわない。「タダ」は、消費者の金銭的なリスクを一切取り除く、究極的なオファーとも言える。そのぶん何か裏があると考える人もいるため、何か納得できるような説明も併記したほうがいい。

別表現 フリー、無料、サービス、ノーチャージ、奉仕

1503 タダで宣伝してもらう基本ツール（『究極のマーケティングプラン』東洋経済新報社、ダン・ケネディ著、神田昌典監訳、齋藤慎子訳）

1504 家を売るとき4年間所得税がタダになる方法（PRESIDENT Online、2009年1月）

1505 100人に1人、10,000円以下の買い物がタダになる大抽選会

▶ キャッシュバック

ポイントカードを導入する小売などでよく見かける。一見すると「値引き」と何ら変わりないように思えるが、希望価格を維持できるなど運用上の都合もある。消費者心理的には、キャッシュバックは「お金が戻ってくる」というお得感が感じられる。

別表現 現金還元、お返しします

1506 今月お申し込みの方全員にもれなく3000円キャッシュバック

1507 公式ホームページからの予約で1000円キャッシュバック

1508 50ポイントたまるごとに1000円キャッシュバック

▶ 割引

割引の種類はたくさんある。セット割引や家族割引。大量に購入する場合を想定した「ボリュームディスカウント」。他のものを買った人や、早く申し込んでくれた人に対する「優待」。誕生日月などイベントに引っ掛けた特別割引などが考えられる。販売者のアイデア次第でさまざまなオファーが可能。

別表現 値引き、○% OFF、○（金額）お得

1509 ご家族2名様以上のお申し込みで全員に家族割引適用

1510 羽毛布団3点セット割引

1511 講座開講日の1週間前まで、早期申込割引受付中

▶ デビューキャンペーン

「デビューするのは誰（何）か」を考えたとき、販売者側にするケース（お披露目）と、消費者側にするケース（ご新規）に分けられる。1514のように販売者目線でアピールするのが前者で、1512のように「ダイビングを新しく始める人」などと消費者目線でアピールするのが後者。

別表現 お目見え、お披露目、顔見せ、初登場、新登場

1512 ダイビングデビューキャンペーン実施中

1513 コンパクトデジカメは卒業。一眼レフカメラデビューキャンペーン

1514 AQUOS 4K 新製品デビューキャンペーン（シャープ）

提案する ― 販売条件を提示する

▶ 在庫処分・一掃

「処分」も「一掃」も同じ意味だが、在庫の「処分」というよりは「一掃」のほうが若干マイルドな印象になる。「処分」は、投げ売り的なイメージを伴う。「一掃」も掃除を彷彿とさせる面もあるが、走者一掃という言葉もあるように、ネガティブな意味に限定されない。

別表現 クリアランス、大蔵ざらえ（ざらい）、売り切り

1515	この夏のラストチャンス！**在庫一掃**セール
1516	採算度外視！赤字覚悟の**在庫一掃**売り尽くし
1517	決算**在庫処分**セール開催中

▶ 新規入会（来店）キャンペーン

新規の集客と既存客のファン化は、車の両輪である。どちらかに偏りすぎないようバランスが大切。新規集客には広告費というコストがかかる。そのため、新規キャンペーンばかりに気を取られていると、お客さんは集まるが収益が出ないという結果になる可能性がある。

別表現 プロモーション、ご新規様歓迎

1518	ウェブ会員**新規入会キャンペーン**実施中
1519	**新規入会キャンペーン**期間中は３大ウェルカム特典付き
1520	８月は、**新規ご来店キャンペーン**を実施します。この機会にぜひお試しください。

▶ 紹介キャンペーン

顧客を紹介してくれた人への「紹介手数料」と考えてしまうと、下世話な感じになる。このコピーを用いる際には、<u>紹介してくれる人と、紹介されて来てくれる人への感謝の気持ちをベースに持っておく。</u>

別表現 ご紹介いただくと、お友達キャンペーン

1521	お友達**紹介キャンペーン**
1522	ご家族・ご友人**ご紹介キャンペーン**
1523	新規会員**ご紹介キャンペーン**

▶ ホーム

家でできるということはすなわち、<u>「指定の時間に指定の場所に行かなくてもいい」</u>という隠れたベネフィットを訴えかける。<u>一般的に外で使うと考えられている商品や、学校や塾に通わなければ学べない知識などに用いる</u>と効果的。

別表現 お宅、自宅で、おうちで、アットホーム

1524	フォトリーディング**ホーム**スタディ
1525	ヘアカラー**ホーム**エディション
1526	収益シミュレーショントレーニング・**ホーム**バージョン

テンプレート

いわゆる「ひな型」のこと。想定される使い方を、いくつかのパターンとしてあらかじめまとめて提供するもの。自分で探したり作ろうとしたりすると労力やノウハウが必要になるものほど、テンプレート化されていることにありがたみを感じ、重宝してもらえるだろう。

別表現 ひな形、フォーマット、パターン、チートシート

1527	収益シミュレーションが瞬時にできるエクセルテンプレート
1528	採用確率が格段に上がる履歴書テンプレート
1529	初対面の相手の心をつかむ名刺デザインフリーテンプレート

下取り

買取制度のこと。下取りの狙いは、買い替え需要を喚起することで、「新しいものに買い替えたいけど、まだ使えるものを捨てるのは後ろめたい」という消費者心理に寄り添っている。消費者は下取り額と新規購入額の差額の負担で済む。

別表現 引取、買取、トレード

1530	下取りに出すと、新しいiPhoneが最大31,120円割引に。(アップル)
1531	メガネを新規でご購入いただいた方は、ご不要のメガネを一律1000円で下取り致します
1532	購入価格から下取り評価額を値引き致します

＊＊の日

「＊＊の日」とうたうことで、特別なキャンペーンを提供するキッカケになる。そのため、さまざまな会社や店舗がこのような記念日を作っている。「特別感」を演出することによって、販売リズムにメリハリがつき、話題性にも繋がるため、新しい顧客との出会いがあるかもしれない。

別表現 ＊＊デイ、＊＊日和、＊＊タイム

1533	オイルフィルターの日 (7月10日)
1534	窓ガラスの日 (10月10日)
1535	生サーモンの日 (7月30日)

プログラム

テレビなどの番組やコンピューターのプログラムなど、いくつかの意味がある。ここでは、講座やカリキュラムに使われ、「計画」というニュアンスを持つ単語。何か整理された学習の道筋があることを感じさせ、「＊＊できるようになります」と言うよりコンテンツらしさが高まる。

別表現 企画、計画、プロジェクト、講座、教室

1536	子どもと参加するプログラミング5日間習得プログラム
1537	21日間顧客感動プログラム(『もっとあなたの会社が90日で儲かる』フォレスト出版)
1538	企業の健康維持プログラム、課題と解決策(Forbes JAPAN、2016年11月)

コピーライティングの「主人公」は、「読み手」である COLUMN

　日記風のブログやＳＮＳなどの場合は、「自分のこと」を語っても問題ないのだが、セールスコピーの場合はおすすめしない。人に読んでもらう文章の場合、「自分の言いたいこと」ではなく、「読み手が知りたいこと」を書く必要がある。つまり主人公は「読者」なのだ。そのためには、読み手＝顧客のことをよく知らなければならない。このことは、言い方こそ違っても、偉人たちも必ず言っていることだ。大事なポイントなのでいくつかご紹介しよう。

　アメリカの有名なコピーライター、ダン・S・ケネディは、『究極のセールスレター』（東洋経済新報社、神田昌典監訳、齋藤慎子訳）の中で、こんな逸話を紹介している。やり手のセールスマンが、新型の住宅暖房システムを小柄な老婦人に売り込もうとしたときのこと。熱出力、構造、保証、サービスなど、言うべきことをすべて説明し終わると、老婦人が尋ねた。「ひとつだけお伺いしますけど、それは私みたいなおばあちゃんでも暖が取れるものなの？（p.33）」と。笑話のようで、こういった「読み手の知りたいことを無視した広告」が世の中には珍しくない。

　また、ロバート・コリアーは、「不可欠な要素は、人の反応についてしっかり把握していることなのだ。読んでくれる相手を研究することが先で、売りものの研究はその次。相手がどう反応するかを理解したうえで、売りもののなかから相手のニーズに関連した点を示せば、効果的なセールスレターはおのずと書けるはず」（『伝説のコピーライティングバイブル実践バイブル』ダイヤモンド社、神田昌典監訳、齋藤慎子訳）と言っている。「相手をよく研究する。相手に関心があることを見つける。そのうえで、こちらが提供するものをよく調べて、それを相手の関心とどう結びつけるのがいいかを考える」とも。

　人はつい自分の話を聞いてもらいたくなるもので、書く場合でも、自分の考えを分かってもらいたいという一心から、自分の言いたいことを書いてしまう。主人公はあなたではなく、読み手であるということを肝に銘じよう。

マーケティングとは——、
いままでの応援者を核として
「自分の才能を活かすための、ぴったりな人に出会う技術」だ

PASONAの法則 —— 絞込（Narrow）

あえて断る勇気を持つことで、
ぴったりのお客さんに出会える

商品（O）を紹介したあとに、重要なことは ——、
購入できる人を、**絞り込む（N）** ことである。

「せっかく目の前にお客さんがいるのだから、
絞り込んだら、もったいない！」

コピーライティング初心者は、そう感じるかもしれないが…、
それは、杞憂に過ぎない。むしろ、

絞り込めば絞り込むほど、
読み手の反応は、激増する。

このことに気づいたのは、20年以上も前のことだ。

著者の神田は、顧客の売上をあげるため、毎日のように広告文章を添削していた。
そして数週間後には、その結果が上がってくる。
あるとき、添削ビフォー／アフターで、
何倍も反応率が高くなった事例に連続して出くわした。
その高反応のメッセージに、共通点を探ったところ、

それは ——、「購入対象者を限定する表現が織り込まれていること」だった。
「絞込（N）」の例をあげれば、このような文章になる。

- 「これだけの特典ですから、さすがに、すべての人にご提供できるわけではございません」
- 「稀少な材料を使うために、生産数量が限られます。おひとり様、2箱までに限らせていただきます」
- 「一品一品、職人が丁寧に手作りしておりますので、ご頒布できる方が限られます」

当時は、条件を絞り込むための「期間限定」「数量限定」などの施策が、
読み手を購入に駆り立て、成約率を引き上げると考えていた。

しかし、それだけではなかった。

「絞り込むような言葉」には、単に「もう手に入らなくなってしまいますよ」
と駆り立てる以上に、重要な側面があったのだ。それは、
「売り手にぴったりの買い手に、効率良く出会える」
という側面だった。

絞り込みにより、ぴったりの買い手と出会えれば、流出率は下がり、リピート購買や
紹介が増える。ビジネスを行っていくうえでの、さまざまなマーケティング施策の効
果が目に見えてあがってくる。

それから20年が経って —— 絞り込みは、もっと重要になった。
なぜなら、売り手からズレている買い手（＝販売者の提供する商品を必要としていな
い顧客）は、メールなどのメッセージが売り手から送られてくると、

「その会社の悪口を言う」
「その会社からの購買を減らす」
「営業スタッフと会うのを拒む」

などの懲罰的行為を頻繁にとるようになったからだ。

（出典：『隠れたキーマンを探せ —— データが解明した最新B2B営業法』
（実業之日本社、マシュー・ディクソン、ブレント・アダムソン、パット・スペナー、ニック・トーマン著、
神田昌典、リブ・コンサルティング監修、三木俊哉訳）

このように絞り込みは、メッセージへの反応率をあげるだけではなく、顧客と長期に
わたるやりとりを続け、その間に支払っていただける価値（顧客生涯価値＝Life
Time Value）を最大化するために、最重要と言えるまでになった。

それでは、読み手の絞り込みは、どう行うのが、効果的なのか？

まずは、絞り込む相手を明確にするために、次の質問に答えることだ。

【鍵となる質問】
　　・色々似たような会社がある中で、
　　　なぜ 既存客 は、自分のところを選んだのか？
　　・色々似たような商品がある中で、
　　　なぜ 既存客 は、自分のところから、この商品を買うことにしたのか？

ポイントは、「既存客」にフォーカスすること。
その理由は、すでにあなたの商品を使っているユーザーは、
自分ではなかなか気づくことがない「強み」を教えてくれるからである。

ある歯科医に、「あなたのクリニックの強みは？」と尋ねたところ、
答えは、「丁寧な治療だ」と言う。
ところが実際に、既存の患者に尋ねてみると、本当の答えは ——
「治療を受けている間、子どもが遊んでいられるお部屋があるから…」
だった。このように自分の優位性は、自分では分からないものだ。

だから、まず満足している既存客が、なぜ満足しているのかを知ることにより、自分の価値が明確になり、自分がどの顧客対象に、的を絞ればいいのかが分かるようになる。

次に、戦略的に「顧客の声」を活用する。

「既存客」の中で、今後、あなたが獲得していきたい客層を、代表するようなユーザーを見つけたら、「お客様の声」をいただけるように、ご依頼しよう。
そうすることで、「類は友を呼ぶ」効果が期待できる。

具体的には、可処分所得（＝年収）の高い客層を狙っているなら、取引先として、企業名やロゴを掲載させていただく許諾をとったり、また担当者から「推薦の声」をいただいたりすると、長期にわたる大きな効果がある。

そして最後に紹介するのは…、
古典的な手法だが、成約率を高める上で、なくてはならないのが、

「限定」だ。

メッセージを送っても、読み手からの反応がほとんどないという場合、
まず疑ってほしい原因は、「限定」がないことだ。
限定がないと、顧客は、いつでも買えると思って、いつまでも買わない。

いつまでも買えるわけではないという
「限定」と「締め切り」を設けない限り、人は行動しないのだ。

限定には、2タイプある。期間限定と数量限定である。

期間限定では、
　「3大特典は、○月○日まで」
　「早割価格が、○月○日で終了します」
というように、締切日を明示する。

数量限定では、
　「先着○名さま限り」
　「お一人様、○個まで」
というように、提供する商品の数が限定されていることを明示する。

この両方を組み合わせる場合もあるが、ポイントは、限定に真実味があることだ。

「今なら入会金無料！」という、
日焼けしたノボリを掲げる英会話教室のキャンペーンは、誰が見ても嘘っぽい。

「今なら」と言いつつ、路面の駐車場に、
いつまでもはためかせていたことはバレている。
締め切りに合わせて、駆込む通行人はいないだろう。

一方、「TOEIC受験される方、代わって受験料をお支払いします」という
キャンペーンならば、試験日という、明快なデッドラインがある。

だから試験日に合わせて、締切日を設定することで、真実味がある限定を、
定期的に打ち出すことができる。

以上のように、マーケティングとは ──、

いままでの応援者を核として
「自分の才能を活かすための、ぴったりな人に出会う技術」

だと考えると、ユーザーが離れてしまうことを防ぎ、
リピート購買が増え、紹介も増えて、顧客の生涯価値も高くなる。

無理に集めた顧客は、結局、あなたが提供した商品の価値が理解できずに、流出してしまう。そればかりか、ネガティブな評価をレビューに書き込むことになる。

すると、
本来、あなたの商品にとても満足するはずの人とも出会いにくくなってしまう。

あなたにぴったりの顧客に絞り込むことで、
あなたの商品は、レビュー評価点数が高まる。

結果として、売れ行きもあがり、
さらには、友人・知人への紹介もしやすくなる。

断る勇気を持つことは、
ビジネスを長く成長させるための、
必須の戦略になったのである。

The Principle of Copywriting, PASONA ▶▶ *Narrow*

読み手を特定し呼びかける

「ざわざわしたパーティ会場でも、会話をしている相手の声は聞き取れる」というような経験はないだろうか。これは「カクテルパーティ効果」と呼ばれ、広く知られている。人間の脳は入ってくる情報を取捨選択し、自分にとって必要な情報に限って、特別注目をしているのだ。パーティ会場のみならず、一部の情報に優先的に注意を払うことを「選択的注意」と呼ぶ。そして、コピーライターの仕事は、読み手の「選択的注意」にヒットするような言葉を選ぶことだ。

雑踏に向かって「みんな聞いてください」と叫んでも、なかなか反応してくれないだろう。しかし、「アトピーのお子さんを持つお母さんは聞いてください」と言ったらどうだろうか。子どものアトピーに悩む母親が反応してくれる確率は高くなる。まるで名指しされているようで、無視できないかもしれない。このように、相手を狭めれば狭めるほど「自分のことだ」と反応してもらいやすくなる。言い換えれば、反応を得られるコピーには、ターゲットとなる相手を、具体的に特定し・描写し・呼びかける要素が、必ず存在する。「絞り込むと売れる人が限られてしまうのでは？」と思われるかもしれない。広くアプローチしたい場合には、効果的な方法がある。それは、1つのメッセージを大多数に向けてぼやけさせるのではなく、絞り込んだメッセージを複数用意することだ。

▶ ＊＊の方へ

「＊＊の方へ」と呼びかけられると、ターゲットとなる読み手は、そのメッセージが自分ごとに感じられやすくなる。書き手にとっても「誰に向かって書いているのか（＝ペルソナ）」をはっきりと認識できるため、メッセージがスラスラと書きやすくなる。

別表現	＊＊のあなたへ、＊＊よ、＊＊する人へ
1539	コンサルタントの方へ神田昌典からのご提案
1540	腰痛がひどくて夜寝返りを打つのも大変な方へ
1541	ビジネスリーダーよ、小学生の人縄跳びに学べ！

▶ ＊＊でお悩みの方へ

悩み（P）をズバリ指摘して、メッセージを届けるときに使う。1544の「自宅のWi-Fiがよく切れる」など、悩みの状況を具体的に描写すればするほど、該当する人はリアルに感じられるだろう。

別表現	＊＊でお悩みのあなたへ
1542	春先の花粉症で、目のかゆみが耐えられないとお悩みの方へ
1543	産後に体調がすぐれずお悩みの方へ
1544	自宅のWi-Fiがよく切れるとお悩みの方へ

▶ いつか＊＊したい人へ

将来の夢や希望を持っている人が反応してくれやすい。あくまで漠然とした未来像の段階なので、いきなりのセールスに繋げるというより、「まずは関心を持ってもらうこと」にウェイトを置いているコピー。

別表現 いつか＊＊したいあなたへ

1545	いつか会社をやめて**独立**したい人へ
1546	借金なしで、いつか自分のお気に入りの場所に**カフェ**を開きたいと思っている方へ
1547	そのうち犬が飼えたらいいなと考えているあなたへ

▶ 今後○年以内に＊＊したい方へ

「いつか＊＊したい」というのは、夢のようなふわっとしたイメージだが、「○年以内に＊＊したい」だと具体性がぐっと高くなる。1550のように「○年」という期間にリンクしたノウハウがある場合は、さらに強力なメッセージになる。

別表現 今後○年以内に＊＊したいあなたへ

1548	今後**3年**以内に会社を辞めたい方へ
1549	今後**5年**以内に住宅ローンを完済したい方へ
1550	今後**1年**以内にビジネス英会話をマスターしたい方へ　ビジネス英会話1年習得プログラム

▶ どうしたらいいか分からない方へ

「意思はあるが、それを実現する方法が分からない」という人の気持ちを代弁しながら、呼びかける表現。読み手の感情に寄り添い（**A**）、あまり嫌味なく悩みの描写に繋げられるため、汎用性は高い。

別表現 どうしたらいいかわからないあなたへ

1551	もっと営業成績を上げたいけど、どうしたらいいか分からないあなたへ
1552	もっとうまくギターを弾けるようになりたいけど、どうしたらいいか分からない方へ
1553	インスタにアップする写真をもっとうまく撮りたいけど、どうしたらいいか分からないあなたへ

▶ お母さん（お父さん）へ

子どもを持つ親を対象にしていることがはっきりと分かる。単独で使うこともあるが、「どういう子どものお父さんやお母さんなのか？」という前提条件を一緒に書き、メッセージの対象をさらに絞り込む場合がほとんど。

別表現 母（父）へ、両親に贈る

1554	小学校低学年の子どもを持つお父さん、**お母さん**へ
1555	1歳6ヶ月から3歳未満の子どもを持つ**お母さん**へ
1556	野菜嫌いの子どもを持つ**お母さん**へ

相手を選ぶ｜読み手を特定し呼びかける

＊＊をお使いの方へ

単なる連絡事項を伝える際にもよく見かける表現だが、ここでは「ある製品を持っている人」にフォーカスした表現。それを持っている人はピンとくるので、注目を集めやすい。

別表現 ＊＊をお使いのあなたへ

1557 Androidスマホをお使いの方へ　iPhoneにはないユニークなおススメのアプリ10選

1558 A350をご愛用いただいている方へ　さらに機能が充実したA360ができました

1559 老眼鏡をお使いの方への耳寄りな情報

＊＊で、＊＊の方に、緊急案内！

『禁断のセールスコピーライティング』の中で、「対象顧客を明確にし、緊急性を意識」することで、反応を高める方法として紹介している。年代や状況、地域など、さまざまな条件を設定することができる。

別表現 ＊＊で、＊＊の方に、緊急連絡

1560 高砂地区で、2世帯住宅を検討している方に、緊急案内！（『禁断のセールスコピーライティング』フォレスト出版）

1561 遠近両用メガネをお使いの60代の方に緊急案内（『不変のマーケティング』フォレスト出版）

1562 20代で転職を考えている方に、緊急案内！

＊＊のための

誰のための商品・サービスかをズバリ言ってしまう。さまざまな言葉の前に置けるフレーズなので、汎用性が高く、非常に使いやすい。「＊＊」で入れたターゲット以外を逃してしまうので、もったいないようにも感じられるが、実際には広くすればするほどメッセージは刺さりにくくなるため、このような表現が有効。

別表現 For＊＊、＊＊限定、＊＊に贈る

1563 経営者のための、デジタル生産性アップ革命！

1564 フォトグラファーのための究極の一台 Photographer×Surface Book（マイクロソフト）

1565 土日も働く女性のための簡単レシピ

＊＊とお考えの方

この表現は、人の属性ではなく、希望や悩み、課題の「内容」に注目していることがポイント。希望を叶えたり、悩みや課題を解決するための情報を提供する。

別表現 ＊＊とお思いの方、＊＊だと思っている方

1566 居宅介護サービスを利用したいとお考えの方へ

1567 会社の福利厚生にスポーツクラブをお考えの経営者の方必見

1568 田舎で農業をして自給自足の生活をしたいとお考えのあなたに耳寄りな情報

＊＊こそ

「今度こそ」という表現もあるが、ここで取り上げているのは、時期の話ではなく、「何々（もの）or 誰々（人）だからこそ」という意味。相手の属性を絞り込んでいる。「＊＊こそ」と言われたとき、意外性があるものほど効果的。例えば1569の場合、「デジタル革命は大企業のもの」という認識を逆手にとって訴えている。

別表現	＊＊だからこそ、＊＊なあなたこそ、まさしく
1569	中小こそデジタル革命を
1570	ネットで発信、斜陽産業こそ（日経MJ、2018年8月）
1571	就職活動中だからこそ知ることができる会社のホンネ

相手を選ぶ｜読み手を特定し呼びかける

行動経済学とコピーライティング

COLUMN

行動経済学は、人間の行動（経済活動）を心理学の観点から研究する学問として知られている。1978年ハーバート・サイモン教授がノーベル経済学賞を受賞し、その後、2002年にダニエル・カーネマン教授、2013年にロバート・シラー教授、2017年にリチャード・セイラー教授が同賞を受賞する中で近年注目が集まった。これらの研究によって分かったことは、従来の経済学では「人間は常に賢く合理的な判断をするもの」という大前提に立っていたが、実は「人間は極めて感情的かつ不合理に行動している」ということだ。次の例は、このことが分かりやすい。

A．この手術を受けた100人の患者のうち、90人が5年後に生存している
B．この手術を受けた100人の患者のうち、10人が5年後に死亡している

Aの説明で手術を選択する人は84%、Bの説明で手術を選択する人は50%だった（『ファスト＆スロー下巻』D・カーネマン著、友野典男監訳、村井章子訳、p.243）。よく見るとどちらも同じ確率（5年後の生存率90％＝死亡率10％）なのだが、表現の仕方が違うと、その後の行動に差が出てくるのだ。どこをフレームする（切り取る）かによって、違う効果をもたらすことから、「フレーミング効果」と呼ばれている。

行動経済学では、このように「言葉の使い方の違い」が、「人間の行動」にどのように影響を与えるかという研究アプローチがたくさん出てくる。これらの発見から、コピーライターが長年の経験則から得た通説やノウハウが、学術的な結果と結びついたと言える。コピーライティングと行動経済学との間には、「人を動かす原理の説明」という意味で、非常に共通点が多かったのである。

The Principle of Copywriting PASONA ▶▶ *Narrow*

限定する

「季節限定バージョンだったからつい買っちゃった」という経験はないだろうか。締切を設けることは、「これを過ぎたら手に入らない」という購買の動機になる。逆に言えば、締切がないと後回しにされる。「"後で"はセールスの死」とも言われるが、後からお客さんが戻ってくる確率はかなり低くなるものだ。**いつでも買えるものは「別に今買わなくてもいい」と後回しにされ、忘れ去られる。**

「手に入らないかもしれない」状態は、行動を促すだけでなく、**商品そのものから感じられる価値を高める効果もある。**「プレミアがつく」と言われるように、人は供給量が少なく、手に入りづらいとき、その商品により大きな価値を感じるからだ。この心理をうまく利用しているフェラーリは、市場の需要調査をして、常に需要数よりも1台少なく作ることで、ブランド価値を高めているという（『ストーリーとしての競争戦略』東洋経済新報社、楠木建著）。品薄や売切れがメディアに取り上げられ、さらに人が殺到するゲームソフトやアイスのPR戦略などもこれに当てはまる。

これらの心理に共通するのは、「限定」だ。限定する対象は、「数量」「人数」「期間」「地域」などが考えられる。何か「参加条件」をつけるのでもいい。要するに**「誰でも・いつでも・どんな状況でも、買える状態にしないこと」**が購買意欲を高めるコツなのだ。

▶ ○個（数量）限定

この表現を使うとき、同時に「なぜ数量が限定されているのか？」という理由を、納得できる形で提示できると信用してもらいやすい。例えば、50個在庫があるのにも関わらず、「30個限定」とうたい、在庫が切れたら補充するようなマーケティングは、情報の出回る現代では、いずれ淘汰されるだろう。

別表現	○個限定、おひとりさま○つまで
1572	早い者勝ち！オリジナルデザインTシャツ数量限定30着限り
1573	このお菓子は全て手作業のため、1日500個しか生産できません
1574	特別奉仕価格につき、お一人様3個まで

▶ ○人（人数）限定

数量同様、「なぜ人数が限定されているのか？」という理由がはっきりと分かるほうが望ましい。人数限定とうたっておきながら、枠を追加したりするのは、信用を失う原因になる。

別表現	○人様限定、限定＊＊様のみ
1575	メンバーシップをお持ちの方だけのご案内。先着20名様限りで申込受付中
1576	超お得なパーティセットにつき、1日3組限定です
1577	会場の定員がありますので、今回も多くの方のご参加をお断りせざるを得ません

▶ 期間限定

キャンペーンとして期間を区切るのは有効だ。なぜなら、期間限定の期日が迫ってきたとき、行動する理由がはっきりするからだ。「後でも買える」という状態ではすぐ買ってもらっことは難しいが、期間を限定すれば決断を迫ることができる。

別表現	＊＊まで限定、＊＊まで
1578	8月12日までの**期間限定**で無料公開します
1579	**3月22日以降**は3万円値上がりしますので、お早めにお買い求めください
1580	4/1から4/10までの**期間限定**特別拝観実施

▶ 今だけ

期間を限定する表現のバリエーション。「＊＊は今だけ」と単独で使う場合もあるが、「今だけ」が「いつだけ」なのか分からないと信頼性が下がる。そのため、このコピーの近くに、セットで期間を明記するのがおすすめ。

別表現	お早めに、お見逃しなく
1581	**今だけ**お得なタイムセール！今月末まで
1582	**今だけ**の限定アイテムプレゼント中　応募期間8/10〜8/25
1583	**今だけ**1時間分の料金で2時間利用OK

▶ ＊＊（季節）限定

期間限定の一種として、「季節」で限定する。広く用いられるため、馴染みがあり、違和感は少ない。その商品・サービスと季節との関連性がなくても使えるが、その季節にマッチしていれば、なお説得力が増すだろう。

別表現	＊＊（スプリング・サマー・フォール・ウィンター）セール
1584	事前予約がオススメ　**年末年始限定**メニュー「ハッピーニューイヤーセット」
1585	この**夏だけの限定**カラーが登場
1586	ゴールデンウィーク**期間だけの限定**企画

▶ 会員限定

この表現には2つのメリットがある。1つは既会員に対しての優遇になり、会員であることの満足感を感じてもらいやすい点。もう1つは、その限定商品に魅力があれば、新しい人に会員になってもらえるという点だ。

別表現	メンバー限定、登録者限定
1587	**会員限定**　特別講演会に無料ご招待
1588	プレミアム**会員限定**のスペシャルアイテムをプレゼント
1589	ここから先は、有料**会員限定**コンテンツとなります

▶ ＊＊の方限定

購入する資格や条件を満たしていることを示す表現。ターゲットを絞り込むと同時に、対象者には「条件に当てはまらない人よりもお得」だと感じてもらえる。高いものを購入したり、所有している人などを限定するとその効果が強く期待できる。

別表現 ＊＊された方限定、＊＊のお客様ご優先

1590 フューチャーマッピングベーシック講座を受講した方限定の特別価格

1591 この画面からお申し込みいただいた方限定で、書き起こしPDFをプレゼント

1592 3ヶ月以上継続の方限定でご覧いただけるスペシャルコンテンツ

▶ ただし、＊＊の方に限ります

対象に何らかの条件をつけて、絞り込む表現。「＊＊の方限定」と同じ意味だが、「ただし」という表現がキツい印象になる場合が多いので、「ただし」を入れずに使うことも多い。

別表現 ただし、＊＊の方のみ

1593 シャツのお仕立て50%OFF。ただし当店でスーツをオーダーいただいた方に限ります

1594 ご質問は、サポートプラン会員の方に限ります

1595 無料でお譲りします。ただし、引き取りに来ていただける方に限ります

▶ ＊＊の方は無料です

誰にでも無料なものには、ありがたみを感じにくい。しかし、無料の対象を一部に絞ることで、希少性が感じられる。

別表現 ＊＊限定無料

1596 60歳以上の方は入場無料です

1597 レストランご利用の方は近隣の駐車場料金無料です

1598 未就学児の方は無料です

▶ お勧めしません

ストレートに勧められない理由を述べる表現として使える。コピーライティングでは、ターゲット層と反対の顧客像の描写を持ってきて、逆説的に「あなたはそうじゃないでしょ」という自尊心に訴えることがある。また、「こんな方にお勧めします。こんな方にはお勧めしません」と、対比で書く場合もある。

別表現 好ましくありません、望ましくありません

1599 「知ったかぶり」をする方にはこのページを読むことをお勧めしません（『ザ・コピーライティング』ダイヤモンド社）

1600 患者さまのことを考え、とりあえず様子見の治療はおすすめしません

1601 こんな方には岩盤浴ストレッチをお勧めしません

▶ 幻の

「幻」という言葉自体は、「実在しないのに、実在するように見えるもの」という意味。表現テクニックとして、実在しているものに対して「めったに見ることができない、珍しい」と、メタファー的に使われることが多い。幻想的な雰囲気を醸し出し、希少性をより詩的に演出することができる。

別表現	レアな、タイムスリップしたような、ワープしたような
1602	著者が生前に残した幻のメモが、10年の時を経て1冊の本に
1603	「1万円の幻のケーキ」シェフが明かす認知度アップの秘策（Forbes JAPAN、2019年7月）
1604	毎日発売後30分以内に売り切れる幻の豆大福

▶ 伝説の

この言葉は、「言い伝え」「幻の」という意味がある。歴史に記され語り継がれる伝承という本来の意味のほかに、「あまり見かけることがない」というニュアンスでも使われる。権威を演出するときに、非常にパワーのある言葉。

別表現	語り草になっている、語り継がれた
1605	『伝説のコピーライティング実践バイブル』（ダイヤモンド社、ロバート・コリアー著、神田昌典監訳、齋藤慎子訳）
1606	21世紀のロック史上に新たな伝説を創るバンド！
1607	「伝説の鯉漁師」に学ぶ交渉のコツ（PRESIDENT Online、2019年8月）

▶ たったひとつの

「たった1つだけでいい」という響きから、「簡単さ」「シンプルさ」が伝わってくる。そのため、読者にとってはポイントが分かりやすく、知っておきたい情報だと感じられるだろう。しかし、裏を返せば、その1つの条件を満たせないと、良い結果には繋がらないという切迫感を伴っている。

別表現	1つだけ、ユニークな、ただ1つの、＊＊独自
1608	ずっと富み続けるために必要なたったひとつの技術
1609	結婚を決意する前に考慮すべきたったひとつのこと
1610	「天職」のキャリアを導き出すただ1つの方法（PRESIDENT Online、2019年8月）

▶ 唯一の

語感的には「たったひとつの」より「唯一の」のほうが文語的に聞こえるので、シーンに合わせて使い分ける。「唯一」というのは「ほかにはない」と同義なため、希少性をアピールすることができる。また、1611や1612から分かるように、断定することによって、その意見に書き手の自信を感じさせる。

別表現	オンリー、＊＊ただひとつ、＊＊のみ
1611	現状を打開するための唯一の方法（『バカになるほど本を読め』PHP研究所）
1612	スポーツウォッチこそ唯一の万能と呼べる時計である（Forbes JAPAN、2018年8月）
1613	関西で唯一の体験型モータースポーツ施設

相手を選ぶ｜限定する

▶ 自分だけの

「人とは違うものを持ちたい」「オリジナルのものを持ちたい」という欲求がある人は多い。カスタマイズできる場合、「オリジナル性」を売りや強みにすると、そのような欲求に応えられる。オーダーメイドの商品に限定されるが、使える場面では効果的。また、1616のように、「融通が効く」ことをアピールできる。

別表現 あなただけの、オーダー（カスタム）メイド

1614 自分だけのBTOコンピューターでオフィスに最高の仕事効率を

1615 形もペイントも自由自在。自分だけのオリジナルマグカップを作ろう。

1616 カスタマイズ自由。自分だけのオリジナルツアーを組もう

▶ ユニークな

「他にはない、唯一の」という意味だが、一般的には「他になく面白い」というニュアンスまで含んでいる。この言葉は「他とどう違うの？」という好奇心を誘いやすく、ありふれたものにも、独自のメソッドや切り口を「ユニークな＊＊」と形容することで、意外性を演出できる。

別表現 オリジナルな、個性的な、個性あふれる、変わった

1617 個性を出しながら内定を勝ち取る、ちょっとユニークな自己アピール術

1618 新入社員に愛社精神が根付くユニークな研修

1619 小規模だけどユニークな地方の宿泊施設

文章力だけでは売れない！？

COLUMN

　コピーライティングのスキルでモノを売る場合、忘れてはならない順番がある。それは、①「誰に」、②「何を」、③「どう言うか」の順番だ。一般的にコピーライティングというと、言葉の表現の技術と捉えられがちなため、③「どう言うか」に目が行きやすい。しかし実は、①「誰に売るか」を考えることが一番重要なのだ。「エスキモー（北極地帯に住む民族）に氷は売れない」と言われるように、ターゲット設定を間違うと売れるものも売れなくなってしまう。そして、次に重要なのは②「何を言うか」。その商品・サービスがどんなもので、どんな条件で提供するかである。具体的には、商品の「値段」はいくらか、他の商品にはない「魅力」は何か、今買わなくてはいけない「理由」は何か。欲しがっている人（＝「誰に」）を見つけたとしても、この提案自体に魅力がなければ買ってもらうことはできない。

　これらが揃って初めて、③「どう言うか」という文章テクニックが生きてくるのだ。確かに文章力があれば読んでもらうことはできるだろう。しかし、買ってもらうことはできない。すなわち、「調理法」を考えるより前に、「お客さんの食べたいもの」を調べ上げ、「素材」を集めなければならないのだ。

The Principle of Copywriting PASONA ▶▶ Narrow

特別感を出す

　私たちは、自分を特別扱いしてもらうことに弱い。コピーライティングには、読み手を特別扱いすることで、自尊心に訴える「ベルベットコード」というテクニックがある。ベルベットコードというのは、入場口などのポールに、赤や金のふさふさした太めの紐で装飾された特別なレーンのことだ。「あなたは私にとって特別な方です」ということを示している。例えば、クレジットカード会社などは「ゴールド会員」制度を設け、効果的にこの"特別感"を活用していると言えるだろう。

　この"特別感"は、いくつかの心理で説明できる。例えば、他の人とは違うものを持つことに強く快を覚える人がいる。この「他の人とは違うものが欲しくなること」は「スノッブ効果」とも呼ばれる。この心理に応える方法としては、高級品志向にする、特別扱いする、オーダーメイドでオリジナルの商品ができるようにする、などが考えられるだろう。その中でも「高級品を見せびらかしたい」というような心理を「ウェブレン効果」と呼ぶ。なぜ人は高いバッグや財布を買うのかと言えば、商品の使い勝手よりも、高いとされるものを手に入れること自体に消費意欲をくすぐられるからだ。

　いずれも、1950年の論文で発表され、半世紀以上も前から知られている。「人がモノを買う原理」は、EC（インターネットでの買い物）という大きな変化があっても、変わることがないのだ。

▶ プレミアム

「割増価格」という意味と「高級な」という意味とがある。「もう手に入らないので、定価以上のプレミアがついている」という前者の意味で使われることもあるが、コピーライティングでは後者の「高級な」を表すことが多い。<u>上のランクを嗜みたい、という志向を持つ人に刺さる言葉。</u>

別表現	贅沢な、リッチ、最高級、至高、松
1620	ふだん**プレミアム**（Panasonic）
1621	一度は体験したい。**プレミアム**なホテルステイ
1622	スタンダードコースと**プレミアム**コースからお選びください

▶ ハイクオリティ

<u>高品質を強調するのに適した表現。</u>単に「質が高い」だけでなく、「高級」というイメージも加わる。1624のように、ポテトスナックなど庶民的な商品だとしても、高付加価値・高価格帯路線のアプローチが考えられる。

別表現	高級な、高品質、ハイエンド、ハイグレード
1623	愛車の快適性を高める**ハイクオリティ**クリーニングサービス
1624	素材と製法にこだわった**ハイクオリティ**ポテトスナック
1625	**ハイクオリティ**を実現するプロフェッショナル集団

▶ 極上

ハイクオリティや高品質と同じ意味だが、ハイクオリティの中でも、さらに良いものが「極上」という分類になる。しかし実際は、ハイクオリティ・高品質の意味を少し大げさにして使われることも多い。高価なプランを華々しく演出するときに有効な単語。

別表現 上々の、最高の、上物、ラグジュアリー

1626 心ゆくまでウィンタースポーツと冬の味覚を楽しむ極上の休日

1627 極上の国産黒毛和牛を使用した特製ハンバーグ

1628 極上のゆったりした時間と快適な空間を提供します

▶ この上ない

これより上がない、すなわち最上級という意味。「No.1」を表しているが、数値の比較による客観的な順位ではなく、あくまで個人の主観的な順位である。「極上」などの言葉が多少オーバーな印象になる場合には、こちらが違和感なく使える。

別表現 右に出る者がない、これ以上ない、ピカイチの

1629 この上ないくつろぎを味わえるロッキングチェアの魅力

1630 iPhoneをこの上なく快適に使う裏技集

1631 高級でありながら家庭的なおもてなしで、この上ない幸せを感じてください

▶ エグゼクティブ

企業の上級管理職という意味で、「エリート」と似ているが、鼻につくようなイメージはない。厳密には上級管理職が対象ということになるが、単に「高級」というニュアンスで使われることも多い。比較的年齢層が高く、ビジネス志向のマーケットに響く言葉だろう。

別表現 重役、役員、上役、お偉いさん

1632 エグゼクティブのためのスピーチ＆プレゼン講座

1633 エグゼクティブの「眠りの質」を高める寝室環境のつくり方（Forbes JAPAN、2016年7月）

1634 一度は体験したいエグゼクティブの日常

▶ エリート

「デキる人」という意味。しかし、「エリート」のほうが「選りすぐりの」というニュアンスが強い。憧れを持たれやすいが、嫌悪感を覚える人もいるかもしれないので、少し注意が必要。

別表現 切れ者、逸材、優等生、秀才

1635 世界のエリートは "金曜日の夜" に働かない（PRESIDENT Online、2019年5月）

1636 エリートだけが知っている「大金を集められる話し方」とは？（DIAMOND online、2016年5月）

1637 エリートがどうしても認めたくない自分の欠点とは？

▶ 大人の

文字通りでいけば、子ども用ではなく大人用という意味。しかし、どちらかと言うと、「贅沢な」「上級者向け」というニュアンスで使われることが多い。1640のように、子どもとは違って、一気にお金を使うことを「大人買い」と表現することができる。

別表現	社会人の、教養としての、大人が学ぶ（楽しむ）
1638	大人の休日倶楽部（JR東日本）
1639	『大人の語彙力ノート』（SBクリエイティブ、齋藤孝著）
1640	学生の頃欲しかった漫画全巻シリーズを大人買い

▶ デキる人

「能力や才能がある」「成果を出す」人のことを指すが、「デキる」と言うほうがリアルに感じられ、イメージが伝わりやすい。ただ、あまりフォーマルなシーンには向かない。向上心や自尊心の高い人のプライドをくすぐる言葉。

別表現	豪腕の、敏腕の、辣腕の、クレバーな、傑物
1641	デキる人は「自分の目標を言わない」（PRESIDENT Online、2018年2月）
1642	なぜデキる人のデスクは、仕事中でも散らかっていないのか？
1643	年上の男性の部下。デキるビジネスウーマンはこうやって指示を出している

▶ 違いの分かる

「細かな違いにも気がつくほど、繊細で鋭い感覚を持っている」という意味。この表現は、「ネスカフェ ゴールドブレンド」のCMで有名になったもの。コーヒーやワイン、万年筆、車など、細かな違いによって多数のバリエーションが存在するタイプの嗜好品には、使いやすいコピー。

別表現	＊＊にうるさい、こだわる人の、＊＊オタク
1644	違いの分かるゴルファーのための長尺ドライバー5選
1645	味オンチを克服して、違いの分かる大人になりたい方のご参加をお待ちしています
1646	違いが分かる女性に使ってほしい、シャンプーとリンス

▶ 天才

イメージとしては、「練習や訓練をそれほどしなくても、生まれつきうまくできる能力を持っている人」という捉え方が多い。そのため、人の憧れや羨望の感情を伴う表現。逆に言えば、「自分には遠く及ばず、関係のないもの」という受け取られ方になる可能性もある。

別表現	ジーニアス、異端児、サラブレッド、筋金入り
1647	ビジネスモデル創りの天才が、独自ノウハウを初公開！
1648	スポーツで世界に通用する天才を作る！
1649	キックの天才と言われた男がついに引退を決意

▶ ラグジュアリー

「高級」「ハイクオリティ」「極上」と同じような意味を表す。こちらは横文字で、あまり日常的に使う言葉ではないことから、聞き慣れない独特の響きを与えることができる。ブランド物や高級プランをプロモーションするときに、よく用いる形容詞。

別表現 リッチ、デラックス、ゴージャス、プレミアム

1650	人生に、ラグジュアリーを手にする歓びと感動を（BMW）
1651	ラグジュアリーウォッチは袖口からのチラ見せがカッコいい
1652	リーズナブルな価格でラグジュアリーな体験をお楽しみください

▶ 贅沢

「ラグジュアリー」と同じ意味だが、英語と日本語で受ける印象が少し違う。「ラグジュアリー」は少し大げさな感じもするので、前後にくる言葉との兼ね合いで「贅沢」のほうがしっくりくる場合も多い。

別表現 豪華、豪勢、＊＊三昧、＊＊を味わい尽くす

1653	"贅沢素材"これが、モスのプレミアム（モスフードサービス）
1654	ちょっとだけ贅沢なオトナ女子の2人旅
1655	グアムで過ごす贅沢三昧の休日

▶ 欲張り

「欲張り」という言葉には、「わがまま」というようなややネガティブなイメージもある。しかし、コピーライティングにおいて多いのは、1656や1657のように、「たくさん手に入れられる」というポジティブな意味。

別表現 貪欲、強欲、＊＊を味わい尽くす

1656	王道感じゃ負けない！Wビーフとたまごのよくばりコンビだ！！（日本マクドナルド）
1657	10種類のマリンアクティビティが使い放題の欲張りビーチプラン
1658	欲張りな女と思われないために男性の前で控えたほうがいい作法

▶ ゆとり

「ゆとりがある」ということは、「余裕がある」ということ。金銭的な余裕だけでなく、精神的な余裕も含まれる。ここでは「予算がカツカツでない」「少し余裕を持った」というニュアンスのただよう表現。

別表現 余裕、猶予、まったり、のんびり

1659	ゆとりある老後を過ごすための40代からの貯蓄計画
1660	新しい趣味で心にゆとりを♪ 気軽に始められる趣味5選（朝日新聞DIGITAL、2020年2月）
1661	定年夫婦にぴったりのゆとり旅に最適なスポット

▶ 伝統

「伝統」は、お金では作ることができず、一定の年月が必要である。そのため、「長い間支持されてきたもの」という安心感があり、信頼度は高くなる。また、年月を経て醸成されてきた文化や歴史がブランド価値を生むため、伝統品は高級品にもなりやすい。

別表現 受け継がれてきた、＊＊が脈打つ、古式

1662 伝統の歌舞伎役者の破天荒な生き様

1663 インドネシアが誇る伝統音楽が流れる癒しカフェ

1664 韓国で学んだ伝統的なキムチ製法で驚きの味わい

▶ とっておき

「後のために大切に取っておく」から派生し、「特別な」という意味で使われる。あまり癖がない言葉なので、「スペシャルである」ということを表すさまざまな場面で使えて、汎用性が高い。

別表現 伝家の宝刀、切り札、奥の手、キラー＊＊

1665 あなたのファンを増やす「とっておきのひとこと」

1666 ランの花を長持ちさせるとっておきの水やり術

1667 15分しか時間がない！残りものでささっと作れるとっておきレシピ

▶ 特別

「普通とは違って特別である」ということをストレートに言う表現。1668と1669で紹介しているのは、「特別待遇」というニュアンス。ただし、特別待遇される覚えがない人に使っても、かえって胡散臭い感じがするだろう。読み手との関係性に注意する必要がある。

別表現 スペシャル、いつもとは違う

1668 今回お名前が挙がっているのは、あなたが当社にとって特別に重要な方だからです

1669 これはあなたがいままでに受け取ったことがないような特別なお知らせです

1670 フランス・ルイ王朝が愛した幻のコーヒー　ブルボンポワントゥ　予約受付開始　特別な一杯をおとどけいたします（UCC上島珈琲）

▶ ご優待

「他より厚く待遇すること」（『広辞苑　第5版』岩波書店）という意味であり、ただの招待とは違うということを強調する表現。

別表現 特別待遇、優遇、歓迎、＊＊びいき

1671 宿泊のお客さまは館内ショッピング全品5%オフご優待特典あり

1672 会員様だけの各種ご優待サービスをご利用いただけます

1673 ご来店の際はこの「ご優待割引チケット」をご提示ください

▶ ご招待

有料の何かに無料で参加できるようにする場合と、限られた人しか参加できないイベントなどへの参加権が手に入るようにする場合とがある。いずれも優遇していることを伝える。

別表現 お招き、＊＊へようこそ、いざない、案内状

1674 ライブコンサルティングセッションにご招待

1675 レクサスオーナーさま限定イベントご招待

1676 9月中にご成約の方には、鬼怒川温泉旅行にご招待

▶ あなただけ

現代では、市販されている商品の多くは「量産品」だと言える。しかし、オーダーメイドの商品を扱うのであれば、「あなただけに」というコピーを用いると、消費者の「特別なものを持ちたい」気持ちをくすぐることができる。完全にオーダーメイドでなくとも、一部をカスタマイズ可能な商品にも使えるだろう。

別表現 あなた好みの、あなた仕様の、世界で一つの

1677 あなただけのオンリーワンな陶器づくりにチャレンジしてみませんか？

1678 「ビスポークシューズ」は靴のオーダーメード。あなただけの一足という贅沢

1679 あなただけが、あなたを美しくできる。(資生堂)

▶ お気に入り

「好きな」「気に入った」という意味。昔からある表現だが、インターネットブラウザの「お気に入り（ブックマーク）」が登場して以降、日常的で馴染みのある表現。「プライベートな嗜好とマッチした」ということを短く伝える。

別表現 ひいき、ご贔屓、推し、＊＊好み

1680 お気に入りの一杯を探そう（スターバックスコーヒージャパン）

1681 あなたのお気に入りの色を選べます

1682 お気に入りの音楽とともに旅に出よう

▶ ワンランク上の

「大幅なランクアップではなく、少しだけ」というニュアンスと、「他の平均的なものとは違う」というニュアンスを併せ持つ表現。大げさではないので使いやすい。

別表現 レベルが違う、ハイレベルな、グレードアップ

1683 ワンランク上の食事マナーをマスターし、ワンランク上の交友関係をつくろう

1684 ミニバンにワンランク上の快適性をもたらすタイヤ3選

1685 ワンランクアップのための英会話スキル

The Principle of Copywriting. PASONA ▸▸ Narrow

レベル別にする

　あなたの提供する商品が、セミナーやレッスンなどの知識・技術であるなら、「相手がどのレベルなのか」を意識しておくことが大切だ。これから始めようとしている人や、まだ初心者の域を出ない人に、応用テクニックを紹介しても使いこなせないだろう。逆に、経験のある上級者に向けて、基本的な知識を紹介しても意味がない。そこで大事になってくるのが、**レベル別の絞り込み（N）**だ。「初心者でもいずれ重要になるスキルだから」「上級者でも学び直しになるだろう」と、できるだけ多くの人にメッセージを届けよう・売ろうとして、つい表現を広いものにしたくなってしまう。しかし、**その誘惑に負けると中途半端になって、結局はどちらの層にも反応してもらえなくなるのだ。**

　単語を見ていただくと、初級・上級にあたるものはあるが、中級にあたるものがないことに気がつくと思う。その理由は、中級は概念が曖昧だからだ。シリーズもので、初級・中級・上級と揃っている場合は問題ないが、単独だと「中級レベル」と言われてもピンとこない。一般的には「初心者というほどでもないが、上手な部類に入るとは思わない」ことを指すため、対象者の層は厚いだろう。しかし、言葉の意味が曖昧なゆえに、当事者として感じてもらうのが難しいのだ。その場合は、レベルを描写するのではなく、「〜の方へ」とするのが望ましい。

▶ 入門

「最初に学ぶもの」というニュアンスが出せる。それだけに、全体があまり簡単なものには馴染まない。ある程度の学習コースがあるものの、最初のステージという位置付けで使うのがふさわしい。

別表現	これから始める、初めての**、ビギナーズ
1686	『話し方入門』（創元社、D.カーネギー著、市野安雄訳）
1687	社会人のためのデータサイエンス入門（総務省統計局）
1688	パソコンが使えなくても心配無用。初心者のためのスマホ入門

▶ 基礎・基本・ベーシック

「基礎」も「基本」もほぼ同じニュアンス。「ベーシック」も英語なだけで意味は同じ。どれを選ぶかは、前後の単語との組み合わせから、しっくりくるものを選ぶとよい。

別表現	キソキホン、基本ルール、土台固め
1689	グローバル人材の英会話　ベーシック講座
1690	基礎から学べる韓国語
1691	魚料理の基本　これを覚えれば新鮮な魚料理を自宅で楽しめる

第一歩

入門の中でも、「まず最初にやること」という位置付け。「手始め」というニュアンスでも捉えられる。苦手意識を持つ人が多いトピックや、手続きが複雑で何からやればいいか分かりにくいトピックには、極めて効果的だろう。

別表現 はじめの一歩、手始め、ファーストステップ

1692	あなたも在宅ワーカーへの**第一歩**を踏み出しませんか？
1693	田舎暮らし移住計画の**第一歩**は情報集めから
1694	おやこの**ファーストステップ**（くもん出版）

基本のき

「基本中の基本」ということを表すカジュアルな表現。第一歩と同じ感じがするが、「基本のき」は必ずしも「最初に」という意味ではなく、「基本がいくつかある中で、絶対にこれだけは忘れてはならない」というニュアンスを含む。

別表現 超基本、超基礎、超入門、スタートライン

1695	読んでナットク経済学「**キホンのき**」（東洋経済ONLINE、2013年3月）
1696	ビジネスマンのスーツスタイル**基本のき**
1697	LINEのビジネス活用、**基本中の基本**

初めて

色々なシーンで色々な意味合いで使われる。1698のように「新登場」「新しい」という意味に加え、1700のように新規客に対して「初めての方」という文脈でも使われる。あるいは1699のように、「デビュー」「初体験」という意味で使うこともできる。

別表現 初＊＊、＊＊の入り口、取っ掛かり、のっけ

1698	100％再生アルミニウムから生まれた**はじめてのMac**です（アップル）
1699	**初めて**の管理職、どうすれば？　不安を抑える3つのコツ（Forbes JAPAN、2018年3月）
1700	当ショップで**初めて**のお買い物の方限定500円OFFクーポンプレゼント中

初心者

対象が「初心者」であることを明確にする表現。「初心者」という言い方に対して、「バカにされた」とネガティブな反応をする人もいる可能性があるので、それを避けたい場合、「初めての」「基本」「入門」など別の表現にしておくとよい。

別表現 ビギナー、ノービス、入門者

1701	**初心者**が買ってはいけない「5つの投資信託」（東洋経済ONLINE、2019年5月）
1702	よくわかる　楽器**初心者**のためのギター弾き語り
1703	**初心者**のための少額からの株式投資

▶ ゼロから

「未経験」というニュアンスをうまく伝えられる表現。「未経験」だと少し硬い表現になるが、「ゼロから」は硬すぎず、かといってカジュアル寄りでもなく、幅広く使える便利な表現。

別表現	はじめから、右も左も分からない状態から
1704	まったくのゼロから始める少林寺拳法
1705	経験ゼロからのスタートでも心配無用
1706	キーボードなんて触ったことない！高齢者のためのゼロからのパソコン教室

▶ 手軽に始める

基本的に人間は、現状のままでいることが心地良いため、今の行動をなかなか変えられない。一念発起しないとできないような、難しい／複雑なものは行動のハードルが高くなりがちだ。「手軽に始められる」という言葉は、決断のハードルを下げる効果がある。

別表現	気軽に始める、おためし、ノーリスクで
1707	手軽に始める家計管理（日本経済新聞、2010年12月）
1708	手軽にアフィリエイトを始めるのに最適なサイトはこちら
1709	ルームスポーツアプリで手軽に始める運動習慣

▶ 早分かり

「最低限これだけは知っておくべき」という内容がまとまっており、かつそれが短時間で理解できるようになっていることが前提になる。ボリュームが多く、読んだり見たりするのに時間がかかるものは、この表現には適さない。

別表現	速習、概論、要点をつかむ、クイックガイド
1710	糖尿病家系の方にお勧めする、糖質制限早分かり手帳
1711	早分かり道路交通法改正点
1712	経営者のためのデジタルマーケティング早分かり

▶ ＊＊でも分かる

一般的に理解するのが難しいであろう対象者を選び、その対象者でも理解できるくらい平易な内容になっていることを示す表現。「サルでも分かる」は、「すごく簡単である」ことを表すのによく使われるが、やや侮辱的なニュアンスを含むため、使うときは注意したほうがよい。

別表現	＊＊でも理解できる、＊＊でもOK
1713	新入社員でも、直感的に分かる身近な事例（『インパクトカンパニー』PHP研究所）
1714	誰にでも分かる倒産の前兆。あなたの会社は大丈夫？
1715	小学生でも分かる、エクセルの超基本

相手を選ぶ｜レベル別にする

▶ ＊＊でもできる

「＊＊でも分かる」と似ているが、こちらは「分かる」だけでなく、「できる」ようになるまでサポートする、というニュアンスを持っている。「できる」のほうが、実践を前提にしていることを感じさせる。**1717**や**1718**のフォトショップやドライブレコーダーの取り付けのように、読み手の「行動」が前提にある内容に最適。

別表現 ＊＊でも可能、＊＊にも不可能じゃない

1716	器の小さい人間でも売上を上げる方法（『小予算で優良顧客をつかむ方法』ダイヤモンド社）
1717	初めてでもできるフォトショップで画像補正する方法
1718	誰でもできるドライブレコーダーの簡単な取り付け方

▶ 見て分かる

図、絵、写真などのビジュアルを多用し、直感的に分かることを示す。本来文字を読むことでしか内容が分からなかった何かを、視覚でも理解できるように変換してあるコンテンツに用いる。文字よりもイラストや写真で理解したい人には、大きなベネフィットを提供することができるだろう。

別表現 図解、ビジュアル（イラスト）で分かる

1719	見て分かるクラウドファンディングの仕組み
1720	絵で見て分かる日本のことわざ大全
1721	介護する人は必見　目で見て分かる介護の技術

▶ 一目で分かる

「見て分かる」と同じ意味で使われることも多いが、ビジュアルで説明していることを強調するのではなく、「すぐに分かる」「一瞬で」という具合に、「時間の速さ」を強調している場合も多い。そのため、素早く理解したい人はこのような「速習」を好むだろう。

別表現 一目瞭然、クイックガイド、速習

1722	会社の状態が一目で分かる決算書の読み方
1723	細かいルールが一目で分かる　図解ラグビールール解説
1724	従来機種との違いは一目瞭然

▶ ＊＊一分かりやすい

本当に日本一・世界一分かりやすいかどうかは証明のしようがないが、コピーとして広く使われている表現。「非常に簡単で、分かりやすい」ということを強調する。「＊＊」に入る言葉には、地域や組織、業界など、さまざまな母集団が考えられる。

別表現 ＊＊一簡単な、猿でも分かる

1725	世界一分かりやすい読書の授業　齋藤孝（DIAMOND online、2019年1月）
1726	これで安心。日本一分かりやすい消費税のしくみ
1727	日本で一番分かりやすいタロット占い

▶ 達人

本来は「＊＊術」や「＊道」のように武芸、技芸に通じた人に使われる表現。「その道を極めた人」や「うまくできる人」という意味で、分野を問わず広く使われている。仰々しく聞こえる可能性もあるため、使う場所は選ぶだろう。

別表現 師匠、名人、巨匠、親方、名手、つわもの（強者）

1728	くし焼きの**達人**がすすめる、本格派竹串
1729	太鼓の**達人**（バンダイナムコエンターテインメント）
1730	3人の**達人**に学ぶ数独スピードアップの秘訣

▶ エキスパート

「達人」のカタカナ表現。「その道を極めた第一人者」まで行かなくとも、何かの技能に熟達している「専門家」のことを指す。カラーコーディネート（1732）や画像診断（1733）のように、奥行きがあり、専門性を要する技能には、とても相性が良い単語だろう。

別表現 スペシャリスト、プロフェッショナル、プロ

1731	**エキスパート**カフェ
1732	カラーコーディネートの**エキスパート**があなたに似合う色をお選びします
1733	病気の早期発見に頼れる画像診断の**エキスパート**たち

▶ こだわり

何か特殊な細工がしてあったり、細部への配慮が行き届いていることを示す。「標準的なものにはない」ということを暗に伺わせる。高級・上級志向の人を絞り込んで（N）いる。

別表現 ＊＊通、＊＊ソムリエ、＊＊オタク、＊＊にうるさい

1734	キーボード　打ち心地にどこまでも**こだわりました**（アップル）
1735	素材のメロン選びを徹底した、**こだわり**のメロンパン
1736	完全無添加・無着色に**こだわった**ウインナー

▶ 本格

元々の格式を備えていることを示す。1738や1739のように、食べ物などが「本家の品質を備えている」「正式な手順に沿っている」ことを表すのによく使われる。「テスト段階から本腰を入れて取り組む」という意味で使われる場合もある。

別表現 本場、本家、元祖、伝統ある、王道の

1737	小型版スペースシャトル「ドリーム・チェイサー」が**本格**始動（Forbes JAPAN、2018年12月）
1738	**本格**だしが生きる讃岐うどんの名店
1739	インド直輸入のスパイスを使った**本格**派カレーを堪能

▶ 完全

抜け漏れなく、すべての内容を網羅している印象を受ける。この言葉は、そのトピックを網羅的に知りたい人に刺さるだろう。逆に、時間をかけずポイントだけを絞って知りたい人は、「完全」や「パーフェクトガイド」と言われても負担に感じるだろう。その場合、「速習」「早分かり」などがふさわしい。

別表現	パーフェクト、コンプリート、MECE
1740	【完全版】刺さるプロフィールの書き方
1741	社労士試験パーフェクトマスター
1742	ママ鉄必見！関西私鉄完全ガイド

▶ 上級編（アドバンス）

その商品が対象としている人は、初心者・中級者ではなく上級者である、ということを明確に絞り込んで（N）いる。この表現を見たとき、「自分は初心者だ」という自覚を持つ人は反応しないだろう。それゆえに特別扱いされた感があり、上級者の自尊心に訴える効果もある。

別表現	マスター編、大全、コンプリートガイド
1743	Adobe Illustratorアドバンス講座
1744	エクセル条件関数の使い方【上級編】
1745	公認会計士資格取得上級コース

▶ 上手な

「一通りできる状態から、さらにレベルアップした」という意味。必ずしも「上級」というわけではない。1746や1748のように、「賢い」という意味で使われることも多い。そういう意味で、「そつなく効率良くこなしたい」という人は、このような表現の入ったコピーを好むだろう。

別表現	うまい、巧みな、テクニシャン、卓越した、神業
1746	相手を不快にさせない上手な断り方辞典
1747	作り置きでも歯ごたえ抜群！家庭でできる上手なフライの揚げ方
1748	自分の親より年上の上司とのうまい付き合い方

▶ プロ顔負け

「プロ並みのレベルの技術力がある」という意味。「上級者向け」という雰囲気を醸し出している。1750や1751のように、「本格的なクオリティのものが素人にもできる」という意味を表す場合もある。「基本をある程度分かった人が、認められるレベルになりたい」という普遍的な心理を捉えており、広く使われる。

別表現	玄人はだし、素人離れした、アマチュア以上の
1749	プロ顔負けのギターテクニック
1750	コンパクトカメラでプロ顔負けの写真が撮れる
1751	プロ顔負けの文章力が身につけられる

The Principle of Copywriting. PASONA ▶▶ Narrow

女性に響く

「人は感情でモノを買い、理屈で正当化する」という販売の基本原理は、男性でも女性でも変わらない。しかし、**女性がものごとを決める判断基準は、「感情」や「共感」、「センス」の割合が、男性に比べて高いとされている。**よく引き合いに出される例として、こんな逸話を聞いたことのある方も多いだろう。

…ある男性が女性から悩み相談を受けたとき、「こうしたらいいよ」と解決策を出したら、女性は「共感してほしかっただけなのに…」と不機嫌になってしまった。

このような「男性脳」と「女性脳」の話が科学的な根拠に基づいているのかは置いておいて、**女性向け商品でよく使われる特定の言葉があり、それらが市場の文化を形成している。**

コピーライティングにおいても、「女性が反応しやすい言葉」がある。例えば、美容にまつわる表現、「母親」など立場にまつわる表現、小ささや可愛さを強調する表現etc…。このような女性の反応率が高い言葉があるのは、男性と女性で「興味関心の対象」が違う場合が多いからだろう。コピーライターは、読み手の興味関心に沿って言葉を選ぶ必要がある。**女性ユーザーが大多数を占める商品を売るときには、女性に「欲しい」と思ってもらえる言葉を心得たいものだ。**

▶ エレガント

「エレガント」という言葉自体に、「優雅」「優美」「上品」などの意味をすべて包括した、美的なニュアンスが感じられる。他の表現では代替しにくい、高貴で神秘的な雰囲気を持っている。

別表現	優美な、優雅な、華やかな、豪華絢爛、高貴な
1752	エレガントなオーラを放つ淑女なスタイル（VOGUE、2016年8月）
1753	エレガントな着こなしを演出する春色小物たち
1754	エレガントでリッチな気分に浸るリビングルームに注目

▶ セレブ

celebrity（セレブリティ）の短縮で、よく聞く馴染みのある表現。英語では「有名人、芸能人」という意味。日本語では、そこから転じて「華やかで裕福な」ということを表すのに使われることも多い。高級感や非日常感を醸し出すのに効果的な単語。

別表現	スーパースター、トップスター、カリスマ、ビッグネーム
1755	セレブな気分が味わえるロッカールームが魅力
1756	鼻セレブ（王子ネピア）
1757	たまには夕食準備と後片付けから解放されて、ゆったりセレブな気分を味わってください

▶ プチ

「小さい」という物理的なサイズに加えて、「かわいい」という主観的な感想まで含む。物理的なサイズの小ささを表すだけではなく、1760のように「ちょっとした」という意味で「体験などの手軽さ」を強調することもできる。

別表現 ミニ、スモール、手のひらサイズ、コンパクト

1758	ジェットタオルプチ（三菱電機）
1759	シアベビープチギフト（ロクシタン）
1760	週末副業からでも稼げる人の共通点 会社員がプチ起業で成功する3つのコツ（PRESIDENT WOMAN、2019年2月）

▶ とろける（美容）

「とろける」は、やわらかさやまろやかさを表す。食品の「食感」を表すことが多いが、食品に限らず手で触ったときの「触感」や「質感」を形容する。同時に「潤いがある」という印象を伴うので、女性向け化粧品などの保湿効果を強調するのにも適しているだろう。

別表現 とけるような、トロンとした、トロトロの

1761	洗い上がりの長い髪がとろけるシャンプー
1762	パウダーなのにとろけるような肌触り
1763	保湿力抜群。塗った瞬間唇でとろけるリップクリーム

▶ おうち

「家事＝女性の仕事」という認識だった時代には、「家」という言葉が女性を彷彿とさせたが、昨今はそうではない。この言葉は「自宅でできる」という文脈で使われる場合が多いが、「おうち」という語感がやわらかいため、どちらかと言うと女性に受け入れられやすいだろう。

別表現 自宅で、独習、家族と、ファミリーで

1764	おうちでイオン イオンネットスーパー（AEON）
1765	パパ・ママが英語がしゃべれなくても大丈夫！おうちでできる1歳からの英語レッスン
1766	おうちで作るサクサクのメロンパン

▶ 旬の（ファッション）

ファッションに対して「旬」を使う場合、男性向けにもよく使われるが、「流行」に関しては、女性のほうが敏感だと言われており、女性向け媒体などでよく使われる。「世間の流行りについていきたい」「時代を先取りしたい」というトレンド志向な人には、訴求力を持つだろう。

別表現 流行りの、モード、ファッショナブル

1767	ファッション賢者7人を参考に。最旬リアルプライスコーデ（VOGUE、2018年12月）
1768	今すぐ欲しい旬アイテム20選
1769	この春ぜひ試したい、旬のワンピースの着こなし方

▶ かわいい

一般的に、「可愛い」は女性が購買を決める、重要な判断基準のひとつと考えられる。英語の「キュート」も使えるが、「可愛いマグカップ」と「キュートなマグカップ」というように、受ける印象は若干変わってくる。

別表現	愛される、キュート、可憐、愛らしい、愛くるしい
1770	可愛いも心地いいも叶う！女性に人気のパジャマ＆ルームウェアブランド10選（Oggi.jp、2020年1月）
1771	カワイイはつくれる（花王）
1772	キュートなのに品がある。仕事でもプライベートでも使えるアクセサリ

▶ 素敵

「すばらしい」だけでなく、「かわいい」「きれいな」といったニュアンスまで含む場合が多い。口語では「キャー素敵」といった表現から分かるように、やや女性的な印象を持つ。

別表現	ステキ、クールな、イケてる
1773	誰でも書ける素敵なコンテンツ
1774	HEELS LIKE DANCE─踊る女と、世にも素敵なハイヒール（ELLE、2019年11月）
1775	お気に入りの洋服には、すてきなクローゼットがお似合い

▶ きれい

綺麗好きなのは女性だけとは限らないが、コピーにおいて「きれい」という言葉への反応率が高いのは、女性だ。この言葉は、女性が生まれつき持っている「美意識」「美しくなりたい欲求」にストレートに訴えることができるため、女性向けの広告やメディアで広く使われる。

別表現	美しい、ビューティフル、艶やか（あでやか）、麗しい
1776	綺麗で透明な肌は毎朝の洗顔から
1777	大人のキレイ目カジュアルファッション20選
1778	デスク周りを小綺麗にする、とっておきの整理アイテム

▶ 美人

「綺麗な女性」という意味で汎用性が高い。「美女」という表現もあるが、恋愛の文脈を彷彿とさせる。この表現のポイントは、1779～1781の「＊＊美人」のように、他の単語と組み合わせて名詞化できることだ。「素肌をきれいにするために」と言うと冗長になってしまうが、「素肌美人」と言えば4文字になる。

別表現	ビューティ、佳人、麗人、美女、姫、小町
1779	素肌美人が欠かさない夏の紫外線対策をラクにしてくれるアイテムをご紹介
1780	赤いスポーツカーがやたらと似合うクルマ美人たちが選ぶ、今乗ってみたい輸入車
1781	浴衣美人は帯がポイント。色・柄別に分かる帯チョイスレッスン

▶ 魅力的

「魅力的」「大人の魅力」という意味で、男性にも使われるが、同じ意味の「チャーミング」は、男性にはまず使わない。「その人の良さを引き出す」というような文脈で使われることが多い言葉。

別表現 チャーミング、魅惑的、愛される、人を魅了する

1782	女らしいって**魅力的**？40歳から考える「真の女らしさ」とは（Precious.jp、2020年1月）
1783	**魅力**溢れる大人の女性にふさわしいショルダーバッグ5選
1784	男性から見て、女性が**チャーミング**に見える瞬間

▶ おしゃれな

男性の場合は、「服装」に対して使う場合がほとんど。女性の場合は、服装以外に「髪型」や「小物」「メイク」も含めて、おしゃれの対象となるものが多いため、カバー範囲が広い。「こじゃれた」は本来「ふざけた」という意味だが、「おしゃれ」と同じ意味として使われることも多い。

別表現 こじゃれた、ゴージャス、デラックス

1785	美の果実・ブルーベリーの栄養＆簡単**おしゃれ**レシピ｜おもてなしメニューにもピッタリ！（美的.com、2020年1月）
1786	**おしゃれ**な照明でリビングの雰囲気を変えてみませんか？
1787	総合病院内に**こじゃれた**カフェを発見！

▶ ママ

ターゲットを「子供を持つ女性」に絞り込んで（N）いる。特に幼い子を持つ母親は、他の層が買わない特定の商品（おむつや離乳食、子ども服）を買う機会が多いため、独自のマーケットであると言える。もっとも、それらの商品は父親も買うわけだが、比率としては女性が買う機会が多いと思われる。

別表現 お子さん持ちの、お母さん、お母様、ファミリー

1788	シングル**ママ** 幼児2人連れスペインMBA生活24時（日経doors、2019年6月）
1789	イケてる**ママ**になるための2週間プログラム
1790	働く**ママ**の実態を職場でどう共有していますか？

絞り込みの誤解

COLUMN

　絞り込みと聞いて、「"○○のための"という風に言葉で相手を限定してしまったら、それ以外の人に売れなくなってしまう」と嘆く方もいるだろう。しかし心配ご無用だ。例えば、男性も女性もどちらも使えるパーカーがあるとする。この場合、商品はそのままに、メッセージだけ「男性向け」と「女性向け」に作り分ければいい。例えば、男性には「休日にカッコよく着こなすパーカー」、女性には「飾らない大人女子にピッタリのパーカー」といった具合に。このように、ビジネスのターゲットを絞ることと、メッセージのターゲットを絞ることは同じではないのだ。

Action

コピーライティングとは、新しい世界を作ることである。
あなたは、日々の生活の糧を稼がなければならない現実を超えて、
ロマンに溢れた大きな未来への橋をかけることができるようになる。

PASONAの法則 —— 行動（Action）

「行動」は、
真実の瞬間を作る

「行動（Action）」とは ——、
購買やクリックなどの行動を促す表現のことを言う。

それらを「反応」とひとくくりにすると、
ユーザーの「反応の確率（反応率）を高めるための言葉」とも言える。

あなたはこの言葉を使いこなすことによって、
これまでのメッセージを上手に締めくくり、
ユーザーを望ましい結果へと導くことができる。

オンラインの場合、ボタン上の、
もしくはボタンまわりに書かれているコピーであり、具体例をあげれば、

「お申込みは、いますぐ！」
「ご登録は、とっても簡単！」
「本日10時までにご注文いただけますと、明日までにお届けできます」

といった表現になる。

たかが、行動を後押しするだけの、ワンフレーズの言葉なのだが…、

あなどれない。

ちょっとした違いだけで反応率が大きく異なってしまうので、
稼ぐコピーライターは、細心の注意を払っている。

1. ユーザーに手間をかけさせない言葉を選ぶ

一番重要なのが、ボタンを押す前後で、
「顧客に努力をかけさせない」ことだ。

具体的には、最小限の画面遷移、シンプルな記入フォーム、抜け漏れない確認事項など、とにかくスムーズな体験を徹底しなければならない。

ユーザーの信頼やファン度を高めるためには、このように手間をかけさせないことが極めて効果的だと、米国企業における広範な調査の結果、分かっている。

（出典：『おもてなし幻想』実業之日本社、マシュー・ディクソン、ニコラス・トーマン、リック・デリシ著、
神田昌典、リブ・コンサルティング監修、安藤貴子訳）

「…それは文字を書いてる人ではなく、
ウェブデザイナーの仕事でしょう？」

確かにそのとおりだが、実は、ユーザーに同じ作業をさせたとしても、

言葉づかいの違いによって、
感じる労力は、まったく異なる。

調査によれば、言葉の違いは、実際の行動量のほぼ2倍の重要性を持つ。

（出典：同上、p,177）

ユーザーに努力を感じさせない、言葉づかいの原理原則は、

1）相手の立場に立って、
2）考えたベストな選択肢を、
3）親しみを感じる、肯定的な言葉でお伝えすることだ。

たとえば――

> 「○○日までは、発送できません。」
>
> ▼
>
> 「○○日より、いよいよ発送開始いたします！」

> 「時間指定はできません。」
>
> ▼
>
> 「あいにく時間指定は承れませんが、最短でお届けできます。」

> 「○○日以降は、自動課金となります。」
>
> ▼
>
> 「○○日までは無料となります。できる限りお手を煩わせないよう、お支払い情報をご記入いただいておりますが、ご希望でない場合には、○○日までにキャンセルください。3日前に、ご確認メールをお送りします。また、いつでもオンラインでキャンセルできますので、ご安心ください。」

要は、購入条件や文章、注意事項を書くというよりも、親しい友人とおしゃべりをするイメージで行動を後押しすると、読み手は労力を感じない。
結果、快適に購買できるので、再び戻ってきやすく、友人も紹介しやすくなる。

2. ユーザーに、あれこれ考えさせない

選択肢の多さが、購買にどう影響するかを、コロンビア大学で実験した。
店頭で、ジャムの試食会を開催したところ…、

- 24種類のジャムを用意した場合は、試食に来た3%の人が購入、
- 6種類のジャムを用意した場合は、試食に来た30%の人が購入

というように、少ない選択肢のほうが、購入率は10倍になった。

つまり、売り手は「あれもある、これもある」と、ついつい、
いろいろなものを紹介したくなってしまうが、選択肢を数多く提示するより、
「これがおすすめ」と絞ったほうが、反応率が高くなる。

3. FAQは、杓子定規ではなく、親しみやすい文章で

FAQ（よくある質問）は、むちゃくちゃ重要だ。
買い手からの質問に、あらかじめ誠実かつ
丁寧に答える充実したページを用意しておくのだ。

これは、購入にいま一歩踏み切れない方の不安感を軽減させるので、
成約率を大きく引き上げる。

多くのFAQの文章は、事務的に書かれている。しかし、ユーザーとの関係性を大切
にするならば、人間味を感じる、親しみやすい文章に変えることを検討すべきである。

事例をご紹介しよう。

米国の、ある自宅用プールの施工・販売会社が、株価の暴落で、
受注が一気にキャンセルされ、事業存続の危機にあったときの話だ。
訪問先がなくなった営業スタッフが、余った時間で、顧客からいただいた、
ありとあらゆる質問について、ホームページのFAQで、誠実にお答えし始めた。
すると、ほどなく、1000万円クラスの契約が決まり始めた。

その文面であるが、いままでは、「プール工事はいくらですか？」という質問につい
ては、「お電話ください」で済ませていたのだが、次のようにウェブ上で、包み隠す
ことなく、説明する方針に変えた。

「私たちへお問い合わせいただくお客様が、最もお知りになりたいのが、『ファイバーグラス製のプールはいくら？』という価格に関することです。これは、とてもお答えするのが、難しいご質問なのですが、一般的なお見積方法について、できる限り正確に、分かりやすくご説明させていただきます。スイミングプールをご購入されるということは、自動車、もしくは住宅をご購入されるのと同じようなもの —— いくつものオプションがありますので、価格帯は大幅に変わります。(以下、見積りの算出法を、他のタイプのスイミングプールの工事・施工・保守費用と詳細に比較)」

(米国リバープール社のウェブページより。価格に関するFAQページの文言を、日本語におけるニュアンスを感じとってもらうために、超訳。https：//www.riverpoolsandspas.com/cost)

このように商品に詳しい担当者が、目の前に顧客がいるかのように想像しながら、話す内容を文章にまとめっていったほうがいい。

FAQにお答えすることは、その後、ウェブサイトコピーやセールスのメールを書くうえで、非常にいいトレーニングになるので、コピーライティングのスキルアップを目指す人は、ぜひチャレンジしてみよう！

4. 最後に…、追伸

マーケティング・コピーライティングの世界では、
「見出し」が最も読まれて、次に「追伸」が読まれる
というのが、100年来の常識になっている。

では、追伸には、何を書くべきか？

答えは、**あなたが一番、印象に残したいこと**だ。

もちろん、購入決断を促すために、締め切りをリマインドするのもいいし、
見出しで取り上げた、商品ベネフィットを、再び強調するのが常套手段だ。

—230—

ただ、よくできた映画のラストシーンで見られるのは、
登場人物が総出で、お祝いをしている場面である。
そこでは、物語の、本当のテーマにさりげなく触れることによって、
余韻を醸し出している。

── では、
あなたの物語の、本当のテーマとは何か？

それは、アップルのような、美意識に満ちた創造性なのか？
グーグルのような、世界を駆け巡る技術なのか？ もしくは
リッツカールトンのような、思いやりのあるスタッフなのか？

あなたが、本当に大切にしているものを、
別れ際で、どう表現するか？

その一言で、読み手に遺す印象ががらりと変わる。
そして、その思いが込められた言葉が反響しながら、
あなたと顧客が出会う準備を整えていく。

コピーライティングの技術を高めることにより、
あなたは、日々の生活の糧を稼がなければならない現実を超えて、
ロマンに溢れた大きな未来への橋をかけることができるようになる。

それは、まさに新しい世界を作る仕事である。

マーケティング・コピーライターは、誇り高い職業だと、
私が思うのは、そういうわけなのである。

The Principle of Copywriting PASONA ▶▶ Action

具体的な行動を促す

　コピーライティングスキルのひとつに、**CTA（Call To Action、コール・トゥ・アクション）**というものがある。これは「**読み手にどんな行動をとってもらいたいのか、はっきりと具体的に呼びかける**」ことを意味する。身の回りの文章には、このCTAがない文章が多い。例えば、こんな案内文だ。

　「懇親会は19時開始です。お忙しいとは存じますが、時間通り始められるよう、皆さまのご理解、ご協力をお願い致します」。このような一見丁寧な文章を、よく見かける。しかし、この文の問題は、「**開始時間前に来てください**」という「**一番肝心なメッセージの目的**」が、どこにも書かれていないことだ。「そんなこと、書かなくても、分かるじゃないか」といえばそうかもしれないが、CTAを取り入れると、次のような文章になる。

　「懇親会は19時開始です。全員揃って乾杯をし、楽しい時間を満喫できればと思いますので、**18:50までに懇親会場に到着していただけますようお願いいたします**」。こうやって読み手にとってほしい行動（＝18:50までに到着）を具体的に描写することで、相手は「じゃあ、何をしたらいいのか」と考えなくて済む。当たり前に聞こえるかもしれないが、この差はとても大きい。**相手にしてほしい行動をしっかりと明言することで、その行動をとってくれる確率は劇的に上がるのだ。**

▶ 今すぐ＊＊してください

現代では大量の情報が毎日流れてくるので、後回しにされると忘れ去られる。そのため、読んだそのときに行動してもらうほうがよい。こちらの表現では、どんな行動をするのか（CTA）を、具体的にはっきり書くのがポイント。

別表現	すぐに＊＊をお願いします、至急＊＊ください
1791	今すぐ下のボタンを**クリックしてください**
1792	今すぐ申し込みハガキに必要事項を記入し**返送してください**
1793	フリーダイヤル0120-XXXX-XXXXに今すぐ**お電話ください**

▶ まずは＊＊ください

本当に売りたい商品を売る前の段階での行動を呼びかける場合は、こちらの表現のほうがよく馴染む。さらにニュアンス的に行動の「気楽さ」があるので、プレッシャーが少ない。ただ、使える場合と使えない場合がある。即時注文に繋がるボタンを「まずはクリックしてください」とは言わない。

別表現	とにかく＊＊ください、＊＊から始めましょう
1794	フリーダイヤル0120-XXX-XXXまで、**まずはお電話ください**
1795	まずはご相談ください
1796	まずは無料体験レッスンをご予約ください

▶ あとで知らせます

読み手に対して「謎掛け」をし、その問いの「答え」はあえて別の場所に設ける。「続きはCMのあと」といったように、TVなどでも頻繁に使われる演出で、見た人は答えを知りたくなってしまう。

別表現	答えは＊＊へ、＊＊でお話します
1797	あなたは、ポケモン、ウルトラマン、それとも？答えは、第1章へ（『インパクトカンパニー』PHP研究所）
1798	クイスの答えは12ペー ジへ！
1799	長くなりますので、続きは無料動画セミナーでお話しします

▶ こちら

ウェブ上で、文章が長かったりスペースが足りないとき、違うページに誘導するのに使われる。あるいは、「焦らし」の効果を狙って意図的に使う。一呼吸置くことで、興味をかき立てる。ただし、画面が遷移するほど、離脱につながるので、注意も必要だろう。

別表現	こちらをクリック、続きを読む、もっと見る
1800	答えはこちら ☞
1801	続きはこちら ☞
1802	詳しくはこちら ☞

▶ 追伸

かつて手紙を手書きしていた時代、本文に書き忘れた内容を補足する表現。コピーライティングで使う場合は、去り際で印象を残すため、伝えたいことを繰り返したり、本文であえて書かずに追伸を使って書くなど、意図的に用いる。

別表現	P.S.、最後に、補足ですが、忘れていました
1803	追伸　申し込み多数の場合は先着順とさせていただきますので、お早めにお申し込みください
1804	P.S. こちらは所得控除の対象になります。
1805	さいごに、講師の2人から…

▶ お急ぎください

急いで動いて欲しいことを、単刀直入に伝える。この表現を使うときのポイントは、「なぜ急がなければならないのか」を併せて表記すること。正当な理由なく「急いでください」と呼びかけるのは、読み手の信用を損ねるため注意が必要。

別表現	間もなくです、まだ間に合う
1806	お急ぎください。一度開いたチャンスの扉が閉じ始めています
1807	先着100名様にて、ご希望の方はお急ぎください
1808	在庫残少　お急ぎください！製造終了品につき在庫がなくなり次第販売終了となります

▶ あと◯日

「残り日数」を具体的に示すことで、行動を促す。申し込みなどに使う場合は、あまり長い日数をアナウンスしても、「まだ大丈夫」と思われてしまう。例えば、「申し込み締切まであと25日」と言われても、ピンとこないだろう。ただし、1811のように、漠然とした危機感を表すとき、月単位や年単位でも使える。

別表現 残り◯日、◯日後まで受付中

1809	申込締切まであと2日
1810	3つの特典つき申込期限は明日までです
1811	『最悪期まであと2年！次なる大恐慌』(ダイヤモンド社、ハリー・S・デントジュニア著、神田昌典監訳、平野誠一訳)

▶ 終了

「終わりが近づくこと」もまた、行動しなくてはいけない理由になる。電車が廃線になったり、テナントが閉店セールを開催したりすると、人が殺到するのは分かりやすい例だ。期限や締切を設けて、「終了タイミング」を明確にすることで、行動に駆り立てることができる。

別表現 もうすぐ終了、終わり、おしまい

1812	締切前でも定員になり次第募集終了となります
1813	本日終了！
1814	特別価格でのお申し込みは明日で終了です

▶ 最後

普段人が入らないために閉店するのにも関わらず、閉店セールをしたとたん、人が殺到することはよくある。同じように、「最後」をうたうことで集客力は上がるのだ。ただし、「最後」と言っておきながら、後日復活すると信用をなくすだろう。

別表現 完結、ラスト、ファイナル、クライマックス

1815	ベストセラーを書く方法について語った、最初で最後のノウハウを完全収録！
1816	消費税増税前の最後のチャンス
1817	そして、これが今年最後の開催です

ツギハギの見出しを紡いでいくと、メッセージが伝わる「仕掛け」 *COLUMN*

大見出しは「ヘッドライン」と呼ばれるが、文の途中にある小見出しのことを「サブヘッド」と呼ぶ。忙しい現代、机の上でモニターにしっかりと目を凝らしながら、じっくり丁寧に読んでくれる人は少ない。流し読みが前提なのだ。メッセージを届けるためには、だいたい何が書いてあるのかを、短時間で伝える必要がある。だから、「サブヘッドをつなぎ合わせて読むと要点が分かる」というような仕掛けを文章に埋め込んでいく。これもコピーライターの重要な仕事のひとつだ。

the Principle of Copywriting PASONA ▶▶ Action

流行りを演出する

　人間は、**多くの人が「良い」と言っているものは、自分にとっても良いものであるに違いにないと思ってしまう**。この心理は「バンドワゴン効果」と呼ばれ知られている。「バンドワゴン」とは、パレードの先頭で音楽隊（バンド）を引き連れる車（ワゴン）のことで、「流行」の比喩である。

　一般的に、「**日本人は横並び意識が強い**」と言われる。他の国と比べても、バンドワゴン効果の影響を受けやすいのだろう。このことを表す有名なジョークがある。沈没しかけている船から乗客を飛び込ませるとき、国に応じて、次のような言い方で説得すると効果的というものだ。

アメリカ人には、「飛び込めば英雄になれますよ」
イギリス人には、「飛び込めばあなたは紳士です」
イタリア人には、「飛び込めば女性にモテますよ」
日本人には、　　「みんな飛び込んでますよ」

　このジョークに同意するかはさておき、「今大ブームの」「今一番ホットな」などの文句で興味を持った経験は、誰しもあるだろう。人間は社会的な生き物で、周りを見て自分の判断を決めている。「**皆が同じ行動をしている**」というだけで、私たちは無条件に信用し、欲しくなる傾向にあるのだ。

▶ 今話題の

たくさんの人が見たり、買ったり、体験しないと、そもそも話題として成立しない。そのため、「話題」という言葉は巷の流行を表す。読み手がその話題の内容を知っていれば、「やっぱり流行ってるんだ」と確信が強まり、知らなければ「乗り遅れたくない」と焦りを感じるだろう。

別表現　噂の、巷で噂の、話題沸騰中、例の

1818	今話題のYouTuberをブレイクさせた「3つのキッカケ」
1819	沖縄でいま話題のマリンアクティビティ5選
1820	いま話題のドライブ・レコーダー　おススメは前後2カメラタイプ

▶ うわさの

「今話題の」と同じ意味。噂になるほどたくさんの人が見たり、買ったりしているというニュアンス。「乗り遅れたくない」「話題についていきたい」という感情に訴えることができる。

別表現　トレンディ、イケてる、ファッショナブル、旬の

1821	女子高生の間でうわさのタピオカ入りソフトクリーム
1822	練馬区で噂のラーメン店20選
1823	うわさの国産黒毛和牛希少部位を提供する焼肉店

▶ おなじみ

別表現 顔なじみ、よく知られた、皆様ご存知の

「いま話題の」や「うわさの」と似ているが、「みんなが知っている」というより「あなたがよく知っている」という意味で用いられることが多い。人は、既知の情報には親近感や安心感を覚える傾向がある。

1824	時代劇で**おなじみ**の、あの俳優が通うバーに潜入
1825	ドリンク剤で**おなじみ**「タウリン」、難病の治療薬に（朝日新聞DIGITAL、2019年2月）
1826	意外と知らない運動会で**お馴染み**のBGMの曲名

▶ 一番売れた

別表現 ベストバイ、選ばれてNo.1、ベストセラー

「たくさんの人が買っている」ということを表す。1827のように「いつ一番売れたか（期間）」、1828や1829のように「どこで一番売れたか（場所）」など、範囲を指定することでリアリティが増す。

1827	平成30年間で**最も売れた**軽自動車ベスト10
1828	当店で今年**最も売れた**ジーンズ
1829	日本で**一番売れ**ている健康管理アプリ

▶ ほとんどの方

別表現 たいていの方、だいたいの方、90%の方

「ほとんど」という言葉は、具体性に欠けている。しかし、抽象的ながら、この表現には人を動かす力がある。「みんなやってますよ」と伝えることは、具体的な人数や比率がなくても効果的であることが分かる。とはいえ、具体的な数値を入れられるなら、そのほうが望ましい。

1830	ご来店いただいた**ほとんどの方**が購入されます
1831	**ほとんどの方**が未経験からスタートです
1832	一度ご利用いただいた、**ほとんどの方**にリピートいただいています

▶ ＊＊（一般人）が選ぶ

別表現 ＊＊セレクト、＊＊チョイス、＊＊ピックアップ

「著名人・プロ」が選ぶ場合は、「権威性」を感じさせる。しかし、「一般人」が選ぶ場合は、権威ではなく、「親近感」を感じさせる。一部の「先を行く人」が選ぶものは、敷居が高かったり、遠いものに感じられたりするが、「身近な人」が選ぶものには、親近感を感じやすい。

1833	**公務員が選ぶ**「すごい地方公務員」12人　キーワードは官民連携（Forbes JAPAN、2018年8月）
1834	**社員が選ぶ**友人の結婚式につけていきたいアクセサリー10選
1835	**みんなが選ぶ**100均便利グッズベスト30

▶ 好評につき

「評判が良い」という意味。多くは「よく売れている」というニュアンスで使われることが多い。聞こえは少し違うものの、「賑わっている状態」を表すバリエーションとして、「盛況」や「活況」という表現もある。いずれも、勢いを感じさせる単語だ。

別表現 　愛されて、ご愛顧、大好評、大盛況、活況

1836 　ご好評につきスペシャル特典の期間を延長しました

1837 　内覧会は大盛況のうちに終了

1838 　アマゾンプライムデー活況（日経MJ、2018年8月）

▶ 行列のできる

「行列のできる法律相談所」（日本テレビ）登場以降よく使われるようになった。ラーメン屋のように実際に行列ができるものよりは、普通は行列にならないもののほうが印象的に聞こえる。「行列」は並んで待てば手に入るが、「予約が取れない」は待っても手に入らないため、さらに強い「人気」を演出できる。

別表現 　待ち焦がれた、予約の絶えない、予約のできない

1839 　行列のできるサービスエリアの名店10選

1840 　お客さんが行列をなす、湘南タピオカドリンク専門店の秘密

1841 　予約が取れない人気旅館に劇的変貌！

▶ みんなの

「たくさんの人に愛されている」という意味で使われることが多い。またそれだけでなく、その商品やサービスに何らかのファンコミュニティがあることを伺わせる。

別表現 　国民的、日本を代表する、愛される、一家に一台

1842 　みんなの体操（NHK）

1843 　みんなのHonda（本田技研工業）

1844 　みんなのとんかつ

▶ 苦手とおっしゃる方も

苦手意識が強い人は、「苦手な人でも大丈夫です」と言われただけでは、信用するかどうか分からない。そこで、さらに踏み込んで、「苦手だと言っていた人がどんどんできるようになっている」と聞かされれば、「もしかしたら自分もできるようになるかもしれない」と思ってもらえる可能性が高くなる。

別表現 　苦手でとおっしゃる方も、苦手意識のある方も

1845 　スポーツは苦手とおっしゃる方も、すでに大勢の方が楽しんでいます

1846 　「計算は苦手で」とおっしゃる方も、すでに大勢の方が青色申告をされています

1847 　音楽が苦手と言われた人でも、3ヶ月でピアノが弾けるようになります

The Principle of Copywriting PASONA ▶▶ Action

信頼感を得る

　例えば、あなたが洋菓子店でプレゼントを探しているとする。店員さんがこちらに気づき、「**この チーズケーキが当店のおすすめです**」と指差した。確かに店頭のガラスドアに留められた張り紙には、この商品の美味しそうな写真が載っていた。しばらく悩んでいたところ、隣にいた感じの良い2人組が、別種類のチーズケーキについて、「**この前、こっちをお土産に買ったら、すごく喜ばれた**」「**じゃあ私も買ってみる**」という会話をしているのを聞いた。…この場合、あなたはどちらの評判を信じるだろうか。店員さんが「良い」と言うより、隣りにいた2人組が「良い」と言うほうが信用できるような気がしないだろうか。

　このように、**人間がモノを買うかどうかの判断をするときに、「第三者の意見」のほうが信用され**やすいことが知られている。有名な社会心理学者ロバート・チャルディーニが、「**社会的証明**」と呼んだ効果である。広告やウェブサイトに「お客様の声」がたくさん載っているのは、この「社会的証明」によって、説得力を持たせようとしているのだ。「お客様の声」は、「実名・写真あり」が望ましいとされる。なぜなら、匿名だと「サクラ」を疑われるからだ。何より、自分の名前とともにコメントをくれるということは、それだけ、熱烈なファンがいるということの証明でもある。

▶ 顧客満足度

第三者の機関などによる調査結果であれば、力強い証拠として使える。実際には、顧客満足度は自社によるアンケート結果がほとんどなので、検証のしようがない場合も多い。だからこそ、正しく客観的に数値を取る努力が求められる。

別表現	○人のお客様が＊＊に満足しています
1848	「1円あたり**顧客満足度No.1**」という経営戦略の衝撃
1849	**お客さま満足度97.4%**（当社調べ）
1850	当塾に通う子どもの満足度95.6%（当塾調査）

▶ ○人が購入（申込）

比率や割合の場合、分母や母集団の検証のしようがなく、無責任なデータとなる可能性があるが、実数の場合、数値が違うと明確な「ウソ」になるので、より信用されやすいだろう。

別表現	○人が申し込み、○人が選んだ
1851	全国縦断講演ツアーには元気なイノベーションリーダーが累計22,075人参加しています
1852	創業10年で、累計3万人以上の方にご利用いただいております。
1853	「勇気をもらった」**25万人が参加**、女性プロジェクト（NIKKEI STYLE、2020年3月）

▶ 受賞

受賞実績は、「権威性」や「信頼性」を示す。グッドデザイン賞や内閣総理大臣賞などが思いつくが、小さくても何らかの賞があれば、品質の証明として使えるだろう。また、予選通過や入選なども考えられる。非対面のインターネットでは、信用作りが大切であるため、実績のPRは積極的に行うほうがよい。

別表現	＊＊を勝ち取った、アワード、入選、優勝
1854	工場の建物が都市景観賞を受賞しました
1855	SDA（公益社団法人日本サインデザイン協会）賞地区賞受賞
1856	第29回エクステリア施工コンクール　エクステリア部門入選

▶ 感謝状

公的機関などからの感謝状も、大きな信頼に繋がるだろう。1858や1859のように、一般の人や団体からの感謝状は、「お客様の声」としても使える。感謝状を作るには手間がかかることからも、感謝の度合いが大きいことが伺える。

別表現	認定、表彰状、お礼状、賞状
1857	＊＊警察本部長より感謝状をいただきました
1858	＊＊株式会社より品質優秀賞をいただきました
1859	＊＊小学校の皆様からかわいい感謝状をいただきました

▶ 効果実証済み

「効果があることが確認できている」と宣言している。そのため、別の部分でその根拠や証拠を示す必要はあるが、そのデータが信頼に足りるものであれば、とても強い説得力を得られるだろう。ノウハウやコンテンツが氾濫している昨今、効果検証された情報には、特別な需要があることが考えられる。

別表現	効果検証済み、科学的に認められた、実証済み
1860	35の見出しの型　効果は検証済み（『ザ・コピーライティング』ダイヤモンド社、ジョン・ケープルズ著、神田昌典監訳、齋藤慎子、依田卓巳訳）
1861	集客効果実証済みのホームページデザインテンプレート
1862	長期的な健康効果が科学的に確認された10の食品（Forbes JAPAN、2017年10月）

▶ ランキング第○位

「たくさんの人が買っている」ということを客観的に表現できる。1位が最もインパクトがあるものの、3位くらいまでであれば違和感なく使える。ランキングは変動するため、「瞬間的な1位には、あまり意味がない」という見方をされることもある。

別表現	TOP○に選ばれた、ベスト○ランクイン
1863	Amazonビジネス書ランキング第1位
1864	楽天ランキング第3位
1865	じゃらん・大阪のご当地グルメランキング第2位にランクイン

▶ 半信半疑

「全て疑うほどでもないが、信じてもいない」という意味。どちらかと言うと「疑い」のニュアンスが強い。読み手はモノを買うとき、自分が望む商品かどうか、あるいは期待する効果が得られるかどうか、疑いの目で見ることも多い。「心配していたけど大丈夫だった」という文脈で、ユーザーの声を代弁すると効果的。

別表現 疑わしい、心もとない、信じられない

1866 買って使ってみるまでは**半信半疑**だった高級家電製品のホントのところ

1867 **半信半疑**だった家庭用太陽光発電。導入後はその効果にびっくり

1868 正直なところ**半信半疑**でした。でも届いてみると・・・

▶ よると

データを引用する。データ以外にも、研究機関や会社、人物などに対しても使える。参照元の名前が有名だったり、社会的に信頼されている団体だったりすると、主張に説得力が増す。

別表現 よれば、出典、cf.、＊＊（機関）の調査が示す

1869 内閣府の報告書によると日本では書くことの比率が高くなっています

1870 高野連による全国の高校球児数の推移

1871 血液検査のデータによる、病気の早期発見のポイント

▶ 人気 No.1

「たくさんの人が買っている」ということを間接的に言っている。「多くの人が殺到しているのだから、良いものに違いない」という想像に繋がる。実際に使う場合は、範囲を示す。例えば、1872のように「店」だったり、1873のように「期間」だったり、1874のように「商品カテゴリー」だったりする。

別表現 空前の＊＊ブーム、今最も注目されている＊＊

1872 当店**人気No.1**メニュー

1873 今月の**人気No.1**

1874 結婚祝い**人気No.1** 当店自慢のイニシャル入りマグカップ

▶ システマチック

日本語で言えば「体系的」。つまり、秩序があり、理路整然としていること。より分かりやすく言えば、「キッチリしている」というイメージ。その情報や商品は雑多ではなく、何か筋道の通った内容であることが伝わり、信頼性を高めるだろう。少し硬い言葉のため、カジュアルなシーンには向かない。

別表現 体系的に、整然と、系統立った

1875 現役社長が語る　**システマチック**な法人営業で儲ける方法

1876 **システマチック**に口コミを起こす方法

1877 元大手IT会社のシステムエンジニアによる**システマチック**な結婚相談

▶実績

数値化できる過去の成果を表すときに使える。年数、売上、PV、契約件数など、さまざまな数字が考えられる。業界経験年数などは見過ごされがちだが、10年以上ともなれば、その事実だけでも一定の信頼性に繋がるだろう。

別表現	足跡、功績、業績、証（あかし）
1878	20年のコンサル実績！「日本一のマーケッターが待望の「売れる公式41」を初公開！（『稼ぐ言葉の法則』ダイヤモンド社）
1879	相談件数、累計7,000件以上の実績をほこるカウンセラーが明かす、NLPの極意
1880	累計施工戸数2312棟　地域の23件に1件が当工務店で施工

「ティーザー」というライティング・テクニック　*COLUMN!*

　メールに件名をつけるときには、細心の注意と最大の工夫を凝らしているだろうか。よくある間違いは、ただ単に、内容を集約したような件名をつけてしまうことである。

　一般的に、件名に載せる情報で大事とされているのは「差出人名」と「用件」だ。すなわち「誰からのメールだろう？」「何の目的だろう？」という読者が当然感じる疑問に答えるのである。会社名なのか、個人名なのか、個人名＋会社名なのかなど、どれが開封されやすいかを、慎重に検討して決める必要がある。

　しかし、それだけでは不十分だ。なぜなら昨今のような情報過多の時代、私たちは毎日山のようにメールを受信している。お得なクーポン、Facebookの通知、お気に入りの有名人のニュースレターetc…。混沌としたメールボックスの中で、読者が件名を見たときに「これは面白そう」と心をつかむフレーズがない限り、メールが開封されることはない。中にどんなに素晴らしいこと、役立つことが書いてあったとしても、開封されなければ読んでもらえる可能性は「ゼロ」。セールスのためのメールであれば、中にリンクを入れるが、そのリンクがクリックされることもない。

　かつてアメリカでダイレクトメールが主流だった時代は、「封筒をいかに開けてもらうか」が勝負だった。封筒ごとゴミ箱に捨てられてしまうからだ。そこでかの有名コピーライター、ロバート・コリアーは、開封を促すあらゆる工夫を施した。彼が編み出した手法の中でも「ティーザー（teaser＝焦らすもの）」と呼ばれるテクニックは極めて有効だった。中身をすぐに明かすのではなく、相手に興味を抱かせるイメージやヒントとなるコピーやビジュアルを用いるのだ。現代ではメールの件名こそが、ティーザーの役割を果たす。つまり、「メールは件名が命」なのだ。

The Principle of Copywriting PASONA ▶▶ *Action*

権威を借りる

ある実験。病院で風邪を引いた患者に処方された白い粉は、風邪薬ではなく、ただの小麦粉だ。白衣を着た医師が「これは喉の痛みによく効く薬ですよ」と言って飲ませる。すると、不思議なことに一定の効果が出るそうだ。これは、昔から「プラシーボ（プラセボ）効果」として知られている。

読み手からの信頼を得るには、「売り手の意見」より「第三者の意見」のほうが重要であることを、前項（p.238）でご紹介した。しかし、ここでは別のシチュエーションを考えてみよう。もし、チーズケーキを勧めたのが、ただの店員さんではなく、地元で有名なパティシエだったらとしたらどうだろう。そちらが欲しくなってしまうのではないだろうか。

上で挙げた2つの例に共通するポイントは、医師、有名パティシエという「権威」の存在だ。その道のプロや著名人の意見を聞くと、私たちはつい無条件に「彼（彼女）が言うなら…」と信じてしまう。人間は「何を言うか」に加えて「誰が言うか」を判断材料にしていることが多いのだ。

こういった心理を利用した広告もたくさんある。「○○プロ使用」とか「○○さん（芸能人）が使っている」などの表現を目にしたことがあるだろう。これらの広告メッセージからも分かるように、**権威を借りることによって、あなたの主張の説得力を高めることができるのだ。**

▌ ＊＊（プロ）が必ずする

権威となる職業や有名人の名を借りることによって、説得力を増している。「プロが必ずする」ということは、そこに何かのコツや習慣があることを伺い知れる。また、「同じようにやれば同じようにできるかもしれない」という期待にも繋がる。

別表現	＊＊が絶対欠かさない、＊＊がこれだけは押さえる
1881	医者が風邪のひき始めに必ず行う応急処置
1882	スゴ腕の弁護士が法廷に出る前に必ずやっている準備
1883	キャビンアテンダントがフライトの度に必ず持っていく便利グッズベスト3

▌ ＊＊認定（公認）

認定元の団体が有名であれば、とても強力だろう、逆に無名であれば、あまり効果は期待できない。「世界が認めた」というように少し抽象的にすることで、さまざまな場面で使うことができる。あるいは「＊＊さんのお墨付き」と言ったように人物を持ってくることもできる。

別表現	お墨付き、＊＊が認めた、＊＊絶賛、＊＊推薦
1884	公認プログラムWIN（Waseda Internship）（早稲田大学）
1885	BMW認定中古車（BMW）
1886	世界が認めた小さな美容室（日経MJ、2017年6月）

▶ ＊＊（権威）が選ぶ

別表現	＊＊セレクト、＊＊が愛用する、＊＊もうなる

権威の評価を得ている場合、そのことをアピールすると効果的なコピーが作れる。また、プロといえども自分に対してはできないことがよくある。典型的なのは外科医や美容師。そんなプロが自分のことを任せられるということは、それだけ確かな技術があるという証拠になる。

1887	外科医が選ぶ外科医
1888	株式投資のプロが選んだ、今後3年で株価上昇が期待できる銘柄10選
1889	フランスの一流レストランのシェフ3人に1人が選ぶ『日本の旬』

▶ ＊＊愛用

別表現	相棒、愛好、＊＊が愛した、愛してやまない

コピーを書こうとしている商品が、有名な人に使われていたり、有名な団体に採用されていないか探すことが大切だ。著名人に愛用されている実績があれば申し分ない。1892のように、著名人でなくとも、「愛用」と言う必然性のある職種やグループに用いることもできる。

1890	世界のセレブ愛用、ハイジュエリーブランドの生みの親
1891	今夏の相棒はこれ！エディター愛用のステディバッグ（VOGUE GIRL、2019年7月）
1892	文具会社の社員がプライベートで愛用する高級ボールペン

▶ ＊＊御用達

別表現	＊＊も夢中になった、＊＊も＊＊した

本来は、皇室や政府への指定納入事業者を表す言葉。実際には「愛用」とほぼ同じ意味合いで使われる。そのような由来から、「愛用」より少し仰々しいものの、「由緒ある」「公に認められた」といった雰囲気を併せ持っている。

1893	パリから「日本の農業」を応援する　スターシェフ御用達の食材店（Forbes JAPAN、2019年4月）
1894	王室御用達　ベルギーから直輸入の最高級ビターチョコレート
1895	リモートワーカー御用達　ポケットWi-Fiの新機種を一挙に紹介

▶ ＊＊はこう言っています

別表現	＊＊によると、＊＊も言うように

第三者の言葉を借りて、主張に裏付けをする。引用するからには、発言者は権威である必要があるだろう。また単に有名なだけでなく、その人がそのジャンルを話す必然性や説得力があるかも検討する。

1896	スティーブ・ジョブズはこう言っています。「未来は行動の先にある」
1897	エジソンはこう言ったと伝えられています。「困るということは次の新しい世界を発見する扉である」
1898	福沢諭吉はこう言いました。「天は人の上に人を作らず。人の下に人を作らず」

▶ ＊＊だけが知っている

秘密や秘訣がある、といったニュアンス。その秘密を知っている人に権威性があることがポイント。必ずしも著名人である必要はなく、1899や1900のような専門職の人だったり、1901のような「成功した」と認められている人や組織であればよい。

別表現 ＊＊のみが知っている、＊＊が言おうとしない

1899	グーグル社員だけが知っている単語19個（Business Insider Japan、2018年1月）
1900	ナースだけが知っている深夜の病院の一部始終
1901	あの急成長する会社は知っている！

▶ ＊＊（第一人者）が明かす

「その道で抜きん出た人には、長年の経験から得た何らかの秘密や秘訣があるはずだ」と、皆が思っている。そのため、その秘密を暴露してくれるとなれば、多くの人が知りたいと思うだろう。オーソドックスながら、確実に読者の興味を引くことができる王道のコピーである。

別表現 ＊＊が言いたくない、No.1＊＊が明かす

1902	巨匠デザイナーが明かす 東京五輪ポスター制作秘話（NHK SPORTS STORY、2020年1月）
1903	イーロン・マスクがStarshipの建造と飛行時期に関する詳細を明かす（TechCrunch Japan、2019年12月）
1904	銀座のNo1ホステスが明かす、出世する男がクラブでする話題

▶ ＊＊が絶対にやらない

うまくやれる人がそれを絶対やらないということは、効果がなかったり、間違っていたり、場合によっては有害である、ということが伺える。自分が今頑張ってやっている方法が、その間違った方法に該当しないか知りたくなってしまう。

別表現 まずやらない、普通はやらない

1905	無駄な言動見直しませんか？お金持ちが絶対にやらない5つの悪習慣（Precious.jp、2017年9月）
1906	仕事の速い人が絶対にやらない電子メール術
1907	できる人が絶対にやらないプレゼン資料のレイアウト

▶ ＊＊がやっている

うまくやっている人には共通点がある、と暗に示す表現。裏を返せば、うまくやれない人にとっては「それを知らないからうまくいかないのかもしれない」という考えにも繋がる。「やっている」、すなわち、実際の行動が伴っているということも信頼できるポイントだ。

別表現 実行する、続けている、＊＊がこっそり行う

1908	できるマネジャーが密かにやっている「部下プロモーション」の技術（DIAMOND online、2018年11月）
1909	東大に一発で合格する子どもたちが小学生の頃からやっている勉強法
1910	毎年最高益を更新し続ける会社が続けている数値管理法

The Principle of Copywriting PASONA ▶▶ *Action*

安心感を出す

損をしたくないという感情はとても強い。こんな実験がある。ある学校で、クラスの半分に校章が型押しされたコーヒーマグを渡す。渡されなかったもう半分の学生も、そのマグを念入りにチェックする。その後、マグを持っている学生は持っていない学生にそれを売るように勧められ、マグを持っていない学生はそれを買うように勧められる。そこで両者に、「いくらならマグを売ってもよい、あるいは、買ってもよいと思うか？」と質問する。マグの所有者がそれを手放すのに提案した価格の中央値は**5.25**ドル。かたや、未所有者がマグを手に入れるのに提案した価格の中央値は**2.75**ドル。つまり、ほぼ2倍の差だ（『セイラー教授の行動経済学入門』ダイヤモンド社、リチャード・セイラー著、篠原勝訳）。ここから分かるのは、人間は新たに何かを手に入れるよりも、すでに持っているものを失うほうが、大きな痛みを感じるということだ。これは「損失回避性」と呼ばれている。

これは逆に言うと、「損をすることはないですよ」と買い手に提案できるなら、それは購買へのとても強力な後押しになるということだ。「買っても損をしない」の典型的な例は、返金保証である。このように、買い手のリスクをあらかじめ取り除き、安心させることを、コピーライティングでは「リスクリバーサル」と呼ぶ。

▶ 一切

否定の言葉とセットで「まったく」という意味。「絶対ない」という文意で使われ、<u>商品への自信を感じさせる</u><u>とともに、買う人の不安を取り除く。</u>

別表現	まったく、完全、これきり、全額
1911	お試し期間内は 500 円以外の料金は**一切**かかりません
1912	資料請求していただいても、購入義務は**一切**ありません
1913	分割払い金利・手数料、送料、**一切**無料

▶ 返金

「気に入らなければ返金します」は、最もポピュラーなリスクリバーサル（買い手のリスクを売り手がかぶること）である。実物が見られないインターネットでは、<u>商品が望み通りのものであるか不安を感じるのが普通である</u>。そのため、<u>このような返金保証のオファーは、あらゆる商品で成約率を大きく高める。</u>

別表現	返品、お返し、金額保証
1914	ご満足いただけなければ全額**返金**します
1915	実際に試してみて、これは違うということであれば、メール1本で全額**返金**します
1916	理由をお尋ねすることなく喜んで**返金**いたします

代金はいただきません

結果的には返金と同じだが、最初からお金を払わなくてもよいという点で、この表現の方が強い。そして、バリエーションとして、約束が守られなければ、売り手側がペナルティを支払うというパターンもある。また、別のパターンでは、追加の代金がいらないという意味で、サービスの一環として使われることもある。

別表現 返金します、代金はお返しします

1917	もし結果が出なければ、**代金はいただきません**
1918	もし工事が5日以内に完成できなければ、**1日あたり3000円お支払いします**
1919	プロジェクターなど会場の備品のご利用**代金はいただきません**

お支払い

代金の支払いは、店頭の場合、商品を渡すタイミングだ。一方、インターネットでは「前払い」が一般的である。しかし、商品到着後や開封・使用後といった「後払い」のケースもある。初めての利用者や信頼関係ができていないユーザーは、このようなオファーで不安を取り除くことができるだろう。

別表現 入金、振り込み、決済、ペイメント

1920	代金は商品到着後10日以内に**お支払い**いただければ結構です
1921	商品到着後、同封の払込票にて**お支払い**いただくか、コンビニ後払い決済がご利用できます
1922	30日間実際に商品をお使いいただき、気に入っていただければ代金を**お支払い**ください

保証

保証の代表例は、機械製品に対する品質保証。標準の保証期間として多いのは1年間。長いほど安心感は増すのは言うまでもないが、そのぶんリスクも増える。その他にも、最低価格を約束する「最低価格保証」がある。

別表現 ＊＊をお約束、ギャランティー

1923	3年間延長**保証**が今なら無料
1924	過失による損傷でもカバーできる安心**保証**パッケージがおすすめ
1925	最低価格保証

後悔はさせません

当然のことながら、消費者はその商品を購入したあと、「あー、買わなきゃよかった」と後悔することがある。マーケティングでは「バイヤーズリモース（購買者の後悔）」という名で呼ばれることもある。「後悔させません」と断言されれば、購入を検討している人はその品質に自信を感じ、不安も小さくなるだろう。

別表現 損けさせません、がっかりさせません、失望させません

1926	私の提案にのっても、きっと**後悔させません**
1927	料理の味は折り紙つき　決して**後悔はさせません**
1928	仕上がり具合には自信あり！絶対に**後悔させません**

▶ 絶対もらえる

「抽選で○名」というキャンペーンは、たいてい当たらない。多くの人がそのことを経験しているだけに「必ずもらえる」というのは強いオファーになる。しかし、当然ながら「いらないもの」だと効果はないので、オマケだとしても価値あるものが望ましい。

別表現	必ずもらえる、もれなく＊＊がもらえる
1929	10個購入で絶対もらえる！熱伝導スプーン（ハーゲンダッツジャパン）
1930	絶対もらえる！冬のポカポカグッズ　お好きなものをどれか1点
1931	1000円以上ご購入時のスタンプを10個貯めると特製リハナサルが絶対もらえる

▶ リーズナブル

「妥当な」「合理的な」という意味だが、もっとシンプルに言えば「値段が安い」という意味で使われる。特に1932のように、「贅沢だと思われているものが、庶民も手に取りやすい値段になっている」という場合、買い手の心をくすぐる単語である。

別表現	妥当な、お得な、このお値段、コスパの良い
1932	3周年記念　感謝を込めて、先着15名様にあのドンペリニヨンロゼをリーズナブルな価格でご提供
1933	すべてのオプショナルツアーが徹底的にリーズナブルな料金設定の石垣島ツアー
1934	初めてでも、手ぶらでOK リーズナブルに楽しめる乗馬体験

専門用語は使うべき？避けるべき？

COLUMN

　洗濯バサミのような器具で指をはさんで、血液中の酸素濃度を測る機械がある。そうして測った酸素濃度のことを「サチュレーション」と呼ぶそうだ。もしあなたが病院と取引がある人で、相手が医師や看護師であれば、「サチュレーション」と言っても問題ないし、「ちゃんと分かっているな」という信頼感にも繋がるだろう。ところが、同じ言葉を病院に並んでいるおじいさんに向けて言っても、伝わらないだろう。

　コピーライティングでは、「読み手の頭の中にある言葉」を使うのが基本になる。書き手はつい「自分の頭の中にある言葉」を並べてしまいがちだが、読み手の考えていることに注意を払い、そこで見つけた言葉を使って作った文は、共感が得られやすい。

　そういう意味で、読み手に馴染みがあるのなら、専門用語を使ったほうがいいし、読み手が知らないのなら、専門用語は使わないほうがいい。知らない人に対して、どうしても専門用語を使う必要があるときは、ちゃんと補足説明をつけておくべきだ。逆に、よく知っている人に対して補足説明をしたりすると、「君に言われなくても知ってるよ！」と反感を買う。判断基準は常に「読み手の頭の中にある言葉」を使っているかどうか、である。

The Principle of Copywriting. PASONA ▶▶ Action

雰囲気を盛り上げる

　これからご紹介する表現は、**雰囲気を賑やかに盛り上げるための言葉**だ。「スーパー」「最強の」「めっちゃ」などから分かるように、言葉自体に大した意味がなく、いわば「**スパイス**」の役割を果たす。

　陳腐な言葉が並んでいたり、文全体が地味な印象ならば、これらのアクセントを"少し"付け足すことで、読み手の注意を引くことができる。例えば、「ホワイト」をうたう洗剤や歯磨き粉は溢れているが、「スーパーホワイト」と形容すれば、何か特別な清涼感を感じさせるのが分かるだろう。

　ただし、これらは注意も必要だ。スパイスを効かせすぎると、素材の味を殺してしまうばかりか、かえってマズくなってしまう。例えば、『60分間企業ダントツ化プロジェクト』（ダイヤモンド社）の表紙で、「顧客感情をベースにした戦略構築法　実践マーケッター神田昌典」と書かれている。これら全ての言葉を併せた中で、「ダントツ」という言葉がちょっとしたアクセントとして機能しているのだ。仮に、これが次のような表現になっていたとしたら？

　「**強烈！60分間企業ダントツ化プロジェクト　ヤバいくらいやみつきになる、神マーケッター神田昌典による、顧客感情をとことんベースにした、究極で最強の戦略構築法！**」。…いかにも胡散臭いだろう。しかし、ここまで行かずとも近い表現を巷ではよく見かける。くれぐれもスパイスはほどほどに。

▶ ダントツ

「断然トップ」の略。他を大きく引き離している状態。このコピーの裏にあるメッセージは、「競合とは比べ物になりませんよ」という商品やサービスへの自信である。また、現代ではたくさんの商品がある中、読み手は迷ってしまうが、1937のように「これが断然一番だ」と提示すれば、そのような迷いがやわらぐ。

別表現 ズバ抜けて、ブッチギリ、飛び抜けた、マネできない

1935	激戦区で売上ダントツのラーメン屋。密かな気配りが「テーブル」にあった
1936	使って納得！　効果ダントツ！（住友化学 i-農力）
1937	当店ダントツ人気No1メニュー

▶ 究極の

「行き着くところまで行き着いた」「至高の」という意味。実際には「とても優れた」というくらいのニュアンスで使われる場合も多い。1940のように、「塩ラーメン」のような一般的な商品でも、この言葉を使うことで「妥協せず、徹底的に品質を突き詰めた」という雰囲気を出すことができる。

別表現 至高の、天下一の、たどり着いた最高の＊＊

1938	**究極の**ロマンスパッケージ（RITZCARLTON.COM）
1939	「**究極の暗号**」で遺伝情報を伝送　東芝と東北大、初成功（朝日新聞DIGITAL、2020年1月）
1940	フランス料理店の店長も唸る、**究極の**塩ラーメン

▶ 最強の

「一番強い」ということ。本来の意味から派生し、広告などで実際に使われるときは、「とても優れた」「とても便利な」など幅広い意味を持つ。その場合、「最高の」と同じ意味ではあるが、こちらは少しカジュアルで口語的である。また、「強い」という言葉に憧れを抱く人には、特別な意味を持つだろう。

別表現 右に出る者がない、これ以上ない、類を見ない、ピカイチの

1941	1本30万円のお茶から学ぶ**最強の**ブランドづくり
1942	Mac史上**最強**のパフォーマンス（アップル）
1943	『統計学が**最強の**学問である』（ダイヤモンド社、西内啓著）

▶ すごい

ありふれた言葉ではあるが、あとに続く言葉を印象付ける。「すごい」というのは人間の驚きの現れであり、どこまでも主観的な言葉である。そのため、客観性が求められる内容には似つかわしくない。しかし、裏を返せば、「人の感情」が読み手に伝わり、親しみやすいため、読者の共感を誘いやすくなるだろう。

別表現 圧倒的な、素晴らしい、ヤバい、半端ない

1944	ドローン市場の**すごい**可能性
1945	リスニング能力を飛躍的に伸ばす、**凄い**英会話学習法
1946	**すごい**明日を、みんなのものに（SoftBank）

▶ スーパー・ハイパー

どちらも「超」というニュアンスだが、「ハイパーインフレ」「ハイパーレスキュー」など、「ハイパー」のほうが「スーパー」のさらに上というイメージで捉えられる。そのまま使うとありふれた印象になる言葉も、これらの言葉を付け足すことで、特別なものとして演出ができる。

別表現 超、大規模、グレート、ウルトラ、エクストリーム

1947	設立二年でトップ工務店になった**スーパー**社長の成功と影
1948	**ハイパー**ヨーヨー（バンダイ）
1949	半期に一度の**スーパー**セール20日まで実施中

▶ やみつきになる

何かに夢中になるという意味だが、「病み付き」という漢字からも、どこか病的なほどであることを彷彿とさせる。食品に使うことが多いが、1952のように、食べられないものにも使われることがある。「ハマる」という言葉であれば、食べ物以外にも、趣味や娯楽など、さまざまなものに使える。

別表現 クセになる、ハマる、首ったけ、胸を焦がす

1950	夏の疲れに、最高のデザート！甘酒パフェに**やみつき**
1951	超辛口だけど、一度食べれば**やみつきになる**辛口ソーセージ
1952	絶妙の履き心地が**やみつきになる**レザーシューズ

行動を促す｜雰囲気を盛り上げる

▶ とびきり

これより上がない、ずば抜けている、最上級といった意味。漢字で書くと「飛切り」だが、主にひらがなで使われる。どこか勢いを感じさせる。

別表現 とびっきり、格段、人一倍、ダントツ

1953	シンプルな和食メニューを**とびきり**極上に見せる盛り付けのコツ
1954	モサモサ感ゼロ　**とびっきり**美味しい当店自慢の米粉パン
1955	飛ぶように速く、**飛びきり**賢いストレージ（アップル）

▶ ヤバい

「ヤバい」は、時代とともに意味合いが変わった言葉である。本来は 1957 のように、「マズい」「よくない」という意味であったが、「すごい」というポジティブな感情を表すときにも使われるようになった。主人公の感情の高ぶりがありありと伝わる。

別表現 悲惨な、ハンパない、可哀想な、ありえない

1956	『**ヤバい**経済学』（東洋経済新報社、スティーヴン・D・レヴィット、スティーヴン・J・ダブナー著、望月衛訳）
1957	五輪選手村タワマンを買う人の**ヤバい**老後（PRESIDENT Online、2019年7月）
1958	一度食べたらやみつきに。**ヤバい**ウマさの特製酢豚

▶ めっちゃ

「めちゃくちゃ」の略。何かの度合いの大きいことを表す。あとに続く言葉によって、「ひどい」というネガティブな意味と、「すごい」というポジティブな意味に分かれる。フランクで口語的な言葉なので、1961 のようなエンターテイメントとは相性がいいだろう。

別表現 すごく、めちゃくちゃ、ガチ、鬼

1959	山陽新幹線　ひかり・こだま限定列車プラン　**めっちゃ**得博多・小倉（近畿日本ツーリスト）
1960	**めっちゃ**楽しい、新入生限定バトミントン教室
1961	**めっちゃ**使える！ディスニーランドマニアックガイド

▶ とことん

「最後の最後まで」「徹底的に」という意味で使われる表現。「とことん話し合う」と言った場合、「最後まで」とも取れるし、「徹底的に」とも取れる。腹八分目以上に味わいたい、という消費者の心に響きやすい。

別表現 どこよでも、徹底的に、たっぷり、心ゆくまで、存分に

1962	春こそ、**とことん**スキンケア。（CREA2019年4月号）
1963	ボルドーが最も盛り上がる5日間、**とことん**ワインを楽しむ！（Forbes JAPAN、2018年7月）
1964	赤ちゃんと一緒でも、**とことん**旅行を楽しめるとっておきのサービス

▶ 神

「素晴らしい、信じられない」という感動を、「神」と比喩して表す、極めてカジュアルな表現。神対応、神接客、神動画、神アプリ、神スイングなどさまざまなものに使われている。「神」に対する捉え方が寛容な、日本ならではの表現かもしれない。

別表現	アンビリーバブル、段違いの、神々しい
1965	渋谷のセレクトショップのカリスマ店長の**神**接客がスゴい
1966	**神**ってる（ユーキャン新語・流行語大賞、2016年）
1967	何度でも見たくなるYouTube**神**動画15選

▶ 爆発

ほとばしるようなインパクトがよく伝わる。急激に変化するさまを表現するときに使われる。ほとんどの場合、、「ものすごく」という程度に捉え、語感やイメージ優先で使うのがおすすめ。

別表現	炸裂、ほとばしる、はちきれんばかりの、逆上
1968	高校生の「探求学習」発成長モデルが、**爆発**する！
1969	「妖怪ウォッチ」、**爆発**的ヒットの極意（上）（東洋経済ONLINE、2014年8月）
1970	SNSで**爆発**的人気を誇るブロガー推薦のスマホケース

▶ 強烈

「ものすごく強い」というようなニュアンスの強調表現。良くも悪くも、強い印象を残り言葉のため、使いどころが難しい。「そのアーティストには個性がある」と言えば無難だが、「そのアーティストには強烈な個性がある」と言えば、少し危なっかしい印象が加わるので注意して使うとよい。

別表現	過激、猛烈、激烈、壮絶、パンチの効いた
1971	トランプ政権の歴史的な1日、相反する**強烈**な映像（ウォール・ストリート・ジャーナル［日本版］、2019年2月）
1972	支払い時に店員が唖然！**強烈**なインパクトの革財布
1973	**強烈**な直射日光から赤ちゃんの肌を守るベビーカー用アンブレラ

▶ 必殺技

穏やかではない字面だが、「強力な効果がある」「決定的な手段」ということを表現する場合、このような言い回しは見た人の注意を引く。また、何か「劇的な効果を上げる手段」があることを感じさせるため、そのような解決策（S）を求めている人が興味を持つだろう。

別表現	必殺の、決め手、フィニッシュ、秘密兵器、最終手段
1974	ユーザーを捉えて離さない！あるクリエイターの遊び心が編み出したウェブデザインの**必殺技**
1975	キッチンのガンコな汚れに**必殺**のアイテム5選
1976	法人営業で安易な「**必殺技**」を求めてはいけない理由（DIAMOND online、2019年1月）

▶ メガ・ギガ

パソコンやスマホなどのディスクやメモリの容量を示す単位として、馴染みがある表現。コピーライティングでは、データの容量とは無関係に、「とても大きな」というニュアンスで使われることが多い。ムーアの法則に終わりが来なければ、そのうち「テラ」や「ペタ」、「エクサ」が出てくるかも…。

別表現	テラ、ビッグ、キング、パワフル、グランド
1977	通常の2.5倍の大きさ メガとんかつ
1978	10年で世界は激変 10のメガトレンド（日経ビジネス、2019年4月）
1979	ギガ盛り天丼 海老がなんと10尾

▶ 超

「超」をつけるだけで、パワーアップした印象になる。口語的なので、浮ついて聞こえる可能性もある。1980や1981のように、一般的に広く使われる名詞に「超」をつけることで、意外性や良い意味での違和感を持たせることができる。

別表現	チョー、ウルトラ、マジで、並外れた
1980	コミュニティデザインから学ぶ超・影響力
1981	『自分を操る超集中力』（かんき出版、メンタリストDaiGo 著）
1982	一流ホテルの超お得なランチメニュー

▶ 爆

度合いの大きさを強調したいときに、よく伝わる。爆笑、爆音など日常的に使われるような言い方のみならず、爆買い、爆上げ、爆増、爆速、爆売りなど、色々な言葉と組み合わせられるため、融通が効く。

別表現	激、超ド級、ダイナマイト、豪快
1983	噂の麻婆豆腐。この味は激辛？それとも爆辛？
1984	仕事を「爆速で終える人」は何をしているのか（東洋経済ONLINE、2018年2月）
1985	向こう3ヶ月爆上げが期待できる10銘柄

▶ ジャイアント・ジャンボ

ジャイアントもジャンボも、大きさを形容する言葉としてポピュラーだ。ジャイアンツ、ジャンボジェットなど古くからよく使われている表現。かつて有名なプロレスラーにジャイアント馬場という選手がいたが、このようなリングネームからも大きさのイメージがよく伝わるだろう。

別表現	巨大、巨人、ジャイアント、キングサイズ
1986	モノグラム・ジャイアント・コレクション（LOUIS VUITTON）
1987	日本のIT界はまだ横並び 誰がジャイアントになるのか（東洋経済ONLINE、2017年4月）
1988	当店特製ジャンボサイズエビフライ

▶ デカ

「でかい」「でっかい」が縮まったもので、要するに「大きい」ということを表す。俗語的ではあるものの、「大きい」より「デカ」のほうが、親しみやリアリティを感じる場合も多い。「大きな文字」vs「デカ文字」だと、後者のほうがありありと大きさのインパクトが伝わるのがわかるだろう。

別表現	デカい、でっかい、ビッグな、メガトン級
1989	エリエール for MEN ドデカシート（エリエール）
1990	豊田章男社長「なぜ"デカい釜"を使うんだ！」（日経XTECH、2017年1月）
1991	大食いに自信のある人でも苦戦必至　都内のデカ盛りメニュー　特集

▶ クレイジー

「クレイジー」はネガティブな印象が強いが、普通とは違うものに対して「想像を超える」という意味で好意的に使われることも多い。例文からも分かるように、普通のやり方とは違うことを伺わせるので、その「違い」が何なのか知りたくなる。

別表現	狂気の、狂った、奇人変人、非常識な、ありえない
1992	クレイジーな企画を実現する！創造的な会社を築く仕組みと人材育成法
1993	クレイジーな時代を突破する、クレイジーな読書法（『バカになるほど本を読め』PHP研究所）
1994	「赤いクルマ」禁止ルールを変えたのは誰？クレイジーな偉人伝（Forbes JAPAN、2019年5月）

▶ 満載

「載」という字からもわかるように、雑誌などに情報がたくさん載っている状態のことだが、必ずしも印刷物に限らない。**1995**のような口頭の情報や、**1996**のようなIT機器まで、何かが「たくさん入っている」という状態を広く表す。

別表現	特集、＊＊でいっぱい、＊＊だらけの
1995	他では聞けない人生やビジネスの成功の秘訣が満載
1996	新機能満載のスマートウォッチ、12月にデビュー
1997	見てるだけで楽しい！遊びゴコロ満載のホームパーティメニュー

▶ てんこ盛り

茶碗にご飯が山盛り盛られている様子が「てんこ盛り」。語感からも、いかにも贅沢に山を作っているイメージが伝わる。食べ物などでよく使われるが、「たくさん」を強調する表現としてさまざまなものに使える。ちなみに「てんこ」は「天こ」で、「西日本などで頂上」（『広辞苑　第5版』岩波書店）のこと。

別表現	盛りだくさん、山盛り、色とりどり、軒並み
1998	機能はてんこ盛りなのに、使いこなせない最近の家電製品
1999	ハワイのお得な情報がてんこ盛り
2000	20種類以上の魚介がてんこ盛り！石川名物「能登穴水海鮮丼」とは？（CREA2016年8月号）

行動を促す｜雰囲気を盛り上げる

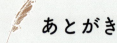
あとがき

　本書を手に取ったあなたは、どんなキッカケでコピーライティングに興味を持っていただいたのでしょう。売るために、苦手な文章と日々格闘されているのかもしれません。自分の考えを、人にうまく伝えられる言葉をお探しなのかもしれません。中には、売上を立てるために、言葉の力をよく理解し、さらに磨きをかけて、飛躍したい方もおられるでしょう。

　私の場合、コピーライティングとの出会いは、まったくの偶然でした。私には、脳性麻痺の子どもがおり、妻1人の介護で、会社員を続けることに限界を感じ、家でできる仕事はないかと探していたのです。恥ずかしい話ですが、最初は和菓子屋、次に洋菓子屋、そして整体師になることを真面目に検討していました。今までそんな経験は何ひとつなく、しかも、マーケティングもコピーライティングも知らずに、です。今思うとゾッとします。

　そうやって、家でできる仕事を探して迷走する中で、たまたまコピーライティングのことを知ったのです。そして、神田さんの『禁断のセールスコピーライティング』に出会い、この本の中に書いてあった次の言葉に衝撃を受け、第二の人生をかけてみようと思ったのです。

　　「ここで私が伝えているのは…。
　　単なるハウツーではなく、
　　焼け野原に立っても、翌日から、
　　紙とペンだけで、立ち上がる力だ」

　確かにこのスキルがあれば、まったくのゼロからでも、頭の中にあるアイデアを形にし、それを売れるようにできるのかもしれない。そうであれば、今後何をするにしても、このスキルだけは絶対身につけておくべきだと思ったのです。

そして、私が感じたのと同じことが、次のように書かれていたのです。

「今までセールスライティングという言葉になじみのなかった人が、
この分野に触れた時の最初の衝撃は、共通している。
『…こんな世界があったんだぁぁぁぁぁ！』」

もう、ホントにその通りでした。「こんな世界があったんだぁぁぁぁぁ」と。もしあなたが、コピーライティングというものを今回初めて知ったとしたら、きっと私と同じように感じたかもしれません。

もしあなたが、すでによくご存知だったとしたら、「ペンは、剣よりも強い」という言葉の可能性を改めて実感されたのではないでしょうか。

天職との出会い

そして、コピーライティングを学び始めて少し経つと、今まで会社で書いてきた起案書（稟議書）や、社内・社外への説明資料などにも、このスキルが活かせることが分かりました。「人を動かす文章は、こういう原理原則になっていたのか」と、すごく腑に落ちたのです。私は文学部でしたから、元々文章を書いたり、読んだりするのは好きなほうでした。そして、鉄鋼会社に入って30年弱、営業や企画の仕事で、人を動かすための文章に触れてきました。それらすべてのバラバラな経験が、コピーライティングというスキルを知ったことで、ひとつに繋がった感じがしたのです。

それと同時に、コピーライティングにはマーケティングの要素がふんだんに入っているので、売れるメカニズムが分かったことも、私にとっては大きな収穫でした。だから、焼け野原に立っても、また立ち上がれるだろうと思えるようになり、それが何よりの安心に繋がっています。このように、セールスから一歩踏み込んで、マーケティングに、よりウエイトを置くという意味で、私たちは「マーケティング・コピーライター」と呼んでいます。

私は、あなたが今どんな状況に置かれていたとしても、言葉の力を磨くことは、間違いなく人生にプラスになると考えてます。もしかすると、あなたの人生を大きく変えるキッカケになるかもしれません。実際、神田さんも私もコピーライティングとの出会いは、その後の人生に大きな充実感と成果をもたらしています。

　先ほど書いたように、私がコピーライティングを学び始めた頃は、立派な志やビジョンがあったわけではなく、自分と家族のために家で出来る仕事というだけでした。しかし、やり始めるとすっかりのめり込み、こんなところに天職があったのかと気づいたのです。

　そして、神田さんとの出会いがあり、コピーライティングを教える立場になりました。講座を受講される方が、悪戦苦闘しながらも、それぞれの人が持つ素晴らしいビジネスアイデアを、言葉で表現できるようになる姿を多数拝見する中で、改めてこのスキルの素晴らしさと奥深さを実感しました。そして、それぞれの人が、生まれ持った才能を表現する喜びを味わう一端を担えていることは、私にとっても望外の喜びです。

　また、「その人にしかないユニークな才能やアイデア」が売れるようになることで、その人がHappyになることはもちろん、それを買った人も、悩みから解放されたり、理想を叶えたりすることができて、またHappyになるのです。こんな連鎖を生み出せるのもコピーライティングの魅力です。

言葉の力で未来を切り開く

　神田さんと仕事をするようになった最初の頃は、神田さんのラフ書きアイデアを、私がランディングページに仕上げ、文字になったものを見て、またアイデアを練り直し、時には商品そのものも変える…。そんな風に言葉を介して、アイデアのキャッチボールをしている感じでした。私はテレワークですが、多いときには一日数時間、ほぼ毎日、ウェブミーティングをし、マンツーマンでアイデアを出し合いながら形にしていくのです。

　そうやって時間が過ぎるうちに、人の心に刺さる文章には、ある一定の決まった書き方

や言葉の使い方のパターンがあることが分かってきたのです。そうやって、私が学んだコピーライティングのエッセンスを、少しでも多くの方と共有したいというのが、本書のベースになっています。このスキルを、誤解されることなく正しい形で次の世代に伝承していくことが、私の役目ではないかとも思っています。

　本書の出版にあたり、SBクリエイティブ株式会社編集者の杉田求さんには、何度も、何度も、アドバイスをいただきました。杉田さんの「いい本を届けたい」という熱意に導かれ、素晴らしい言葉の世界をお届けできるようになりました。また、装丁については、ブックデザイナーの井上新八さんにお世話になりました。心から御礼申し上げます。

　そして、本書執筆の機会を与えてくれた神田さん、いつも支えてくれる家族とアルマ・クリエイションのよき仲間たち、そこに集い学び続ける方たち、退職後も応援してくれる多くの関係者の方たちにも、この場をお借りして深く感謝いたします。

　コピーライティングは、学校や職場で学ぶ機会がないから知らなかっただけで、少し学べば誰でも使えるようになるスキルです。しかも、他のスキルと比べると、学ぶべきことはかなり少ないと言えます。そして、まだまだ一部の人にしか知られていません。

　本書を読んでいただいた方にも、かつての私と同じように、悪戦苦闘しながら言葉の力を磨き、自らの未来を切り開かれる方もいるでしょう。いつか、どこかで、ご一緒できるのを楽しみにしています。そのときには、あなたがコピーライティングと出会って、どんなに劇的に人生が変わったのかを教えてください。

衣田 順一

▶ P.S.「あとがき」にも **PASONA** の構成が入っているのが分かりました？
　　（**P**＝あなたが今悩んでいる状況、**A**＝私の人生の奮闘とコピーライティングとの出会い、**S**＝コピーライティングはあなたの人生にプラスになる、**O**＝コピーライティングは誰でも学べる、**N**＝でもまだ一部の人しか知らない、**A**＝どんどん使って人生が変わった話を教えて）

（無料メールマガジン）
神田昌典の「シゴトのヒント365」

5秒で読めるから、高度な内容でも

100％ 気楽

毎日なぜか、その日にピッタリの
顧客の心に響くコピーや
話題にされるクイズや
目標達成に近づくアイデアが
自動的に届くので

知らず知らずのうちに 創造的な 仕事力が身につく

ご登録は、とっても簡単。
一瞬で、一生の効果

ご登録はこちら⬇

https://km.almacreations.jp/book365